全国高等院校学生素质提升系列教材
全国大学生就业能力训练系列教材
全国企事业单位职工职业能力提升教材
全国核心能力认证 CVCC 专用教材

团队合作教程

主　编：许湘岳　　徐金寿

副主编：胡赛阳　　周雪萍　　许　辉

编　者：姜　君　　周　岩　　张　瑜　　佘曙初

　　　　王红梅　　夏明君　　许芝平　　薛　婷

　　　　周　琳　　朱　丹　　邹磊磊

人民出版社

责任编辑：张　旭　余　亮

装帧设计：新立风格

图书在版编目（CIP）数据

团队合作教程/许湘岳，徐金寿主编. -北京：人民出版社，2011.1（2021.8修订重印）

ISBN 978-7-01-009532-5

Ⅰ.①团…　Ⅱ.①许…　②徐…　Ⅲ.①组织管理学-教材　Ⅳ.①C936

中国版本图书馆CIP数据核字（2010）第245271号

团队合作教程

TUANDUI HEZUO JIAOCHENG

许湘岳　徐金寿　主编

胡赛阳　周雪萍　许　辉　副主编

人 民 出 版 社　出版发行

（100706　北京市东城区隆福寺街99号）

北京市通州兴龙印刷厂印刷　新华书店经销

2011年1月第1版　2021年8月修订北京第19次印刷

开本：787×1092毫米　1/16　印张：18

字数：430千字

ISBN 978-7-01-009532-5　定价：39.00元

邮购地址 100706 北京市东城区隆福寺街99号

人民东方图书销售中心　电话（010）65250042　65289539

全国高等院校学生素质提升系列教材
全国大学生就业能力训练系列教材
全国职工职业能力提升教材
全国核心能力认证 CVCC 专用教材
编审委员会

教材订购、师资培训及认证：
010-84824728　　13910134319
邮箱：935491664@qq.com
官方网站：www.cvcc.net.cn
CVCC 官方微信：CVCC2006

全国核心能力 CVCC 认证项目系列教材书目：
职业沟通教程（人民出版社 978-7-01-009487-8）
团队合作教程（人民出版社 978-7-01-009532-5）
自我管理教程（人民出版社 978-7-01-009624-7）
创新创业教程（人民出版社 978-7-01-010197-2）
礼仪训练教程（人民出版社 978-7-01-010637-3）
职业素养教程（人民出版社 978-7-01-013624-0）
职业生涯规划（人民出版社 978-7-01-017476-1）
解决问题教程（吉林大学出版社 978-7-5601-8441-8）
信息处理教程（吉林大学出版社 978-7-5601-9648-0）
全国职业核心能力认证测试大纲（吉林大学出版社 978-7-5601-7122-7）

目　录
CONTENTS

序
PROLOGUE

职场需要什么能力

杨念鲁

中国教育学会秘书长

职场究竟需要什么样的能力？这也许是众多即将进入职场或已初涉职场却屡受挫折的人们共同面临的困惑。

按照传统的观念，一个人在接受过一定年限的正规教育之后，应该初步具备了从业的基本能力。然而，事实却告诉我们，职场与校园的差别是如此之大，以致许多学业成绩优秀的求职者苦苦追求却得不到用人单位的录用，而很多幸运的职场新人虽然求职成功却无法适应工作的要求，并由此产生自卑、抱怨、厌倦等情绪，甚至有人不得不从来之不易的工作岗位上"落荒而逃"。

这并不是职场新人的错，而是我们的教育存在着严重缺陷。多少年来，中国传统的重视成绩的成才观根植于社会的各个层面，包括每一个家庭和用人单位，这种观念直接影响着企业的用工机制和人才选拔制度。教育不得不屈服于来自社会的压力，迎合应试的社会需求，于是学业成绩成了衡量一个学生是否合格的唯一标准。在这种观念作用下的学校教育，忽略了人的综合素质培养，单纯以"识"取人，不同程度地背离了教育和人才成长的规律。

考试也是一种能力的培养方式，并非一无是处。它可以使人获得一定的知识和专业能力，也会有助于培养出一些优秀人才。但对于整个社会的发展和进步而言，显然是很不够的。当今社会之所以对"应试教育"批判得多，是因为它过分地强调学生的考试成绩，而忽略了他们作为未来职业人赖以生存所必需的某些关键能力，诸如自我管理、组织协调、适应环境变化、建立合作关系、应对突发事件，以及创造性地解决问题的能力等。而这些能力对于人一生的发展都是至关重要的，其重要性甚至超过了学业水平或专业能力。

不少职业类学校已经意识到了应试教育的这些缺陷或弊端，努力尝试在教学中还原职业场景，模拟工作过程，提炼和概括职场所需要的专业能力，并在这一理念的指导下训练学生。这种尝试无疑对学生的就业是有益的。可是，这种模拟过程往往还只是强调训练学生的专业能力。事实上，最先觉悟的是企业的人力资源管理者们。他们发现，很多拥有高分数的应聘者来到工作岗位后，面对新的工作常常显得困顿和无能为力，高分低能的现象十分突出。于是，越来越多的用人单位开始把选人和用人的目光从名牌学校和学业成绩转向综合素质和职业能力。如果说学业水平和专业能力可以使人胜任自己的工作的话，那么学业和专业以外的能力则可以帮助人获取更多的机会，为更好地从事专业工作创造条件、搭建平台，从而提升专业水准并从中获得更多的成功和职业幸福感，这种能力将使人终身受益。

什么才是"专业能力之外的能力"呢？我们称其为"职业核心能力"（Vocational Key Skills），并赋予它以下几个方面的内涵：职业沟通能力、团队合作能力、解决问题能力、自我管理能力、信息处理能力、创新创业能力。简单地说，也就是一个人适应工作岗位变化，处理各种复杂问题，以及敢于和善于创新的能力。它是职业活动中最基本的能力，适用于任何职业的任何阶段，具有普适性。

信息时代最显著的特点之一就是知识爆炸，没有人可以通过一段时期的学习就掌握一生所需要的所有知识和技能，不仅如此，有人把当今社会称为"服务业主导的后工业社会"，它与工业社会的主要区别之一就是从业者变换岗位的频率大大提高。工业社会里被附加了太多贬义的"跳槽"行为在当今社会职场中几乎成为普遍现象。变化，是我们这个时代的一大特点。

既然我们的教育存在缺陷，而时代又对现代职业人提出了更高的要求。那么，"职业核心能力"是否可以通过培训得到提高呢？现在，很多有识之士正在做着这样的努力。事实证明，科学合理的培训对于职场新人来说，可以从一定程度上弥补学校教育的不足，使他们可以更快地适应职场的要求。

本套教材作为职业素质教育和培训教材无疑顺应了时代的需求。它贴近职场实际，采用"行为引导"教学法，通过构建能力目标、案例分析、过程训练和效果评估这样一种训练程序的培训，达到提高人的职业核心能力的目的。希望这个从职业场景提炼出来的职业核心能力的认证培训项目能在我们的院校和企业中开花结果，真正造福于全社会有需要的人士，使大多数职业人通过培训重获职场自信，不断走向成功。

2010年11月3日　于北京

前言（修订版）
PREFACE

　　自2010年5月教育部教育管理信息中心授权立项全国职业核心能力认证（CVCC）项目以来，我们已经先后编辑出版了《职业沟通教程》、《团队合作教程》、《自我管理教程》、《礼仪训练教程》、《创新创业教程》、《解决问题教程》、《信息处理教程》等系列教材，逐步构建了完整的职业核心能力体系。CVCC项目也在全国150余所大中专院校得到推广，迄今已有数万人次的教师接受了职业核心能力和礼仪训练师资培训，每年有20多万学生系统学习职业核心能力课程，每年有数万名学生通过测评拿到了职业核心能力认证证书，职业核心能力的理念逐步为广大教师和学生所认可，并从中受益。在这之中，我们得到了来自全国各地的权威专家和一线教师的大力支持和帮助，特此表示感谢。

　　在CVCC项目推广的过程中，我们得到了很多一线教师、学生和职场人士的反馈、意见和建议，我们组织了相关专家对这些反馈进行了研讨，在吸收各地的经验基础上，决定对已经出版的职业核心能力认证系列教材陆续进行修订和完善，并不断开发新的内容，将继续推出《职业素养教程》、《执行力教程》、《领导力教程》、《职业生涯规划》等，使职业核心能力体系不断得到充实和丰富。

　　在此次修订中我们将在以下几个方面进行改进和完善：

更完备的理论体系

　　新版教材将对职业核心能力各模块的基本理论进行梳理，删减不合时宜的内容，增加更贴合学生和职场实际的基本理论分析，能够反映职业核心能力各模块的主要内容，并与实践相结合，对关键的概念和重要的理论都用在工作、生活和学习中常见有趣的实例加以说明，并配以拓展知识或案例，以便使学生能通过它们加深对理论的理解和掌握。

更典型的案例分析

　　新版教材将对案例进行重新筛选，着重挑选符合学生实际和职场中具有代表性的典型案例，并对案例进行点睛分析，让学生通过案例加深对理论学习的理解和提升，并与自身实践相结合，更大程度地给予学生启示和指导。

更适用的训练活动

　　新版教材在活动的设计上更注重可操作性，让每一个活动真正达到预期的教学目的，让教师可以更明确、简便地操作活动，让学生能快乐、积极地参与活动，在活动中体验，在活动中感悟。此外，新版教材还增强了活动的趣味性，使学生更乐于参加活动，使活动成为职业核心能力课程最具特色的内容。

更精准的能力测评

新版教材在效果评估的设计上更注重体系的设计，以更精准、更科学的测评体系对学生职业核心能力各模块中的细分能力和学习效果进行评估。新版教材在测评体系设计中以量化的评估标准，让使用者更易于掌握，评价效果更客观。

更新颖的表现形式

新版教材除了继续遵循能力目标、案例分析、过程训练、效果评估四大模块的学习步骤，更增加了很多小知识、小故事、小案例等以提升学生的学习兴趣，并对原有侧边栏的内容进行了精选，使之与正文联系更紧密，最大程度上拓展学习者的视域。

此外，也可在全国职业核心能力认证网（www.cvcc.net.cn）下载与教材相配套的教学大纲。

本系列教材作为介绍职业核心能力原理、方法和技巧的书，其目的是帮助学生更好地学习和提升包括职业沟通、团队合作、自我管理、解决问题、信息处理、创新创业、礼仪训练、执行力、领导力、职业素养等在内的职业核心能力，并在生活、学习和工作中应用它们，为自身生活幸福、职业成功助力。

全国职业核心能力认证教材编审委员会主任　许湘岳

2014年1月8日　于北京

前言（第1版）
PREFACE

创新工场CEO李开复曾预言：在今后很长时间内，中国都不会出现类似苹果和谷歌这类公司，"至少五十年到一百年不会这样，中国想要这样做的话需要重新建立一个新的教育体系"。

教育体系的缺陷和国情使得我们难以培养出斯蒂夫·乔布斯（Steve Jobs）、拉里·佩奇（Larry Page）和谢尔盖.布林（Sergey Brin）这样的人物，在他们身上，你能看到闪耀着惊人智慧的创新能力，天衣无缝的团队合作能力，八面玲珑的沟通能力，巧夺天工的解决问题能力……

时至今日，我们的教育似乎只在努力构建学生的知识体系。家庭、学校和社会的评估指标过于注重考试分数，学生们个个满腹经纶，走入职场，却缺失了职业人必备的专业以外的基本技能。

专业以外的基本技能应该是什么？德国劳动市场与职业研究所所长梅腾斯教授从20世纪60年代开始对此进行研究，于1972年提出了"核心能力"（Key Skills，又译作"关键能力"），一经提出，立即得到了全球认可。其实它一直存在于一些西方国家的教育体系中。在英国，14~19岁的青少年学生早已开始培养核心能力的沟通交流、团队合作、自我管理、解决问题、信息处理、数字应用6个模块，还配以1~5级的国家证书，2006~2007年度一年获得核心能力证书的英国学生有73万人之多。如今，该培训认证体系已延伸到了14岁以下和19岁以上的受教育人群。在美国，各州教育局早已把沟通、自我管理等列为中学生的必修课。美国全国职业技能测评协会（NOCTI）也提出了由沟通、解决问题、团队工作等8个模块构成的软技能（又叫基础技能）培训测评体系，而且还把这个测评内容与各专业测评相结合，并运行已久。欧盟、澳大利亚、新加坡、中国台湾、中国香港等国家和地区也都纷纷推出了各自的核心能力培训测评体系。时至今日，核心能力的培训测评已形成了全球气候。

自从核心能力的概念进入中国大陆，我们就努力为受训者构建完整的职业能力体系。我们先后编辑出版《职业沟通教程》、《团队合作教程》、《自我管理教程》、《创新创业教程》、《解决问题教程》、《信息处理教程》、《礼仪训练教程》、《营销能力教程》、《执行力教程》和《领导力教程》等系列教材就是这个努力的第一步。在各方专家的共同努力下，职业核心能力培训和测评体系（CVCC）已经建立。我们把中国版本的职业核心能力培训课程体系分为三个层次：

基础核心能力：职业沟通、团队合作、自我管理；

拓展核心能力：解决问题、信息处理、创新创业；

延伸核心能力：礼仪训练、领导力、执行力、营销能力、演讲与口才……

这是一个开放的体系，我们希望有志之士能加入我们的研发团队，以使职业核心能力CVCC体系更成熟、与职场接轨更紧密。我们希望能为提升国人的职业素质和职业能力尽自己的绵薄之力。

职业核心能力CVCC体系是一个提升就业者素质的综合工程，各位专家如果有意见和建议请发送至教育部邮箱 cvcc@moe.edu.cn。全国职业核心能力认证网（www.cvcc.net.cn）是一个信息共享平台，欢迎各方专家献计献策！

感谢国家教育咨询委员会委员、中国就业促进会副会长、北京大学中国职业研究所所长陈宇教授，是他把核心能力的概念引入中国，并亲自指导我们一步步建立起职业核心能力培训和测评体系。

感谢中国教育学会杨念鲁秘书长，是他一直对职业核心能力项目的发展提供宝贵的意见和建议，并为我们的努力指明方向。

教育和培训的成功与否决定职场的成功和幸福，职场是教育和培训的硬约束。让职业核心能力成为学生和职业人士高飞的翅膀，让他们在广阔的职场和快乐的工作中自由翱翔！

全国职业核心能力认证教材编审委员会主任　许湘岳

2011年1月8日　于北京

第一章　感受团队

有越来越多的公司和非营利性组织在推广团队这种形式进行工作，这不是因为"团队"这个词的时髦，而是因为采取团队形式工作能给他们带来真真切切的实惠。对大多数公司和组织来说，虽然有很多工作以团队形式进行，但从实际情况看来，充其量是伪团队，因为这些组织的领导者根本没有弄明白团队是怎么回事，就开口闭口说他们团队怎么怎么样。那么，团队到底是什么呢？

比尔·盖茨说："如果把我们公司顶尖的 20 个人挖走，那么微软会变成一家无足轻重的公司。"人不是万能的，都有许多缺陷。很多事情不可能独自一人完成，这就需要寻求帮助，通过与别人的合作来达成自己的目标。可以说，团队就是一种能够弥补你的缺陷，带你走出困境，达成你的目标并让你走向成功的资源和平台。

通过本章的学习，你将能够：
1. 了解团队的概念及优秀团队的特征。
2. 了解团队角色的相关内容。
3. 了解常见的团队类型。

> 团队是被定义为一个小规模人群，他们应彼此认识、相互作用，把他们自己看做一个单元，并且对完成工作任务具有整合效用。
>
> ——[美]E.舍因

第一节　认知团队

职场在线

　　梦寒毕业后在一家企业技术科任科长。技术科已有两个副科长：王副科长和夏副科长。该企业有一批新产品的开发工作相当复杂，开发能否成功，对企业有重大影响，所以，该企业成立了新产品开发领导小组，由一位副总经理任组长，梦寒任副组长，但由梦寒具体负责。小组成员还包括本科室的王副科长和夏副科长、两名技术人员，销售科和供应科各一名副科长。

　　梦寒感到自己虽然有较多的专业知识，但两位副科长和其他技术员都是自己的前辈，工作经验比较丰富。因此，在分配工作任务、确定技术措施、进行产品设计时，梦寒都会征求大家的意见，充分民主，共同商定。一段时间后，梦寒感到同事们提的方案不是很好，但好的方案又得不到大家的认同，往往还没有等到深入研究，大家就给予否定。王副科长按惯例向总经理汇报有关技术工作建议，这些建议往往与梦寒的建议相左，企业领导并不明确表示支持谁，仅强调精诚团结；夏副科长对新产品开发已有一套方案，但梦寒知道他的那套方案是不可行的，但又不好意思直接推翻，希望由新产品开发领导小组来作决议，但组长又不表态。有时王、夏二人对科里的一些工作意见不一致，让梦寒感到十分为难。此外，科里工作效率低，士气也不高，梦寒感到这个科长很难当。

　　团队脱胎于工作群体，又高于工作群体，它与工作群体最大的区别在于工作群体不能使群体的总体绩效大于个人绩效之和，而团队的总体绩效大大超过个人绩效之和，这是因为团队具有成员之间的积极的协同机制。

　　虽然这个新产品开发领导小组看上去是一个团队，有着明确的目标，也有相应的人员，但这不是一个真正意义上的团队，他们缺乏沟通、缺乏信任，团队角色也不明确，没有真正形成团队合力，工作也就难以开展。要想真正发挥团队作用，需要每个团队成员对团队有清晰的认识。

一、能力目标 Competency Goal

在行业、职业和岗位分工明确，对能力要求日益精细化的今天，靠单打独斗去取得成功是很困难的，个人能力总是存在着这样或那样的缺陷，只有在团队里，个人的缺陷才能得到弥补和避免。团队（Team）就是由管理者和成员组成的这样一个共同体，它合理利用每一个成员的知识和技能协同工作，解决问题，达到共同的目标。

通过本节的学习，你将能够：
1. 了解团队产生的社会背景。
2. 了解团队的概念。
3. 掌握高效团队的特点。

（一）团队的产生

20 世纪 60 至 70 年代中期，日本经济起飞，迅速成为世界经济大国，企业国际竞争能力跃居世界前列。美国和其他西方国家对日本式的奇迹产生了浓厚的兴趣，他们对日本企业展开了深入地研究，希望找出日本经济奇迹的秘密。与此同时，日本各界也对"日本式经营"进行了深入地探讨，以总结经验继续前进。有的研究把日本最优秀的员工与欧美最优秀的员工放在一起进行比较，结果发现，如果是个体之间的一对一竞争，日本员工多半不能取胜，但如果以班组和部门为单位进行对抗，日本员工总是能取胜。日本企业的员工对企业有一种强烈的归属感，同事之间精诚团结，共同维护团体利益，他们全身心投入到企业的事务上。而欧美企业的员工很难做到这一点，因为他们盛行个人主义，不能形成1+1>2 的团队竞争力。经过广泛而深入的研究，人们普遍认为，日本企业强大竞争能力的根源，不在于其员工个人能力的卓越，而在于其员工整体"团队合力"的强大，起关键作用的是日本企业当中的新型组织形式——团队。

欧美国家的组织猛然发现：死死地抱住传统的组织形式不放，不进行组织重整，光靠领导者殚精竭虑而没有员工的思考参与，只是提高员工的个人能力而没有有效的团队协作，在竞争日益加剧的今天已失去生命力了。要想取得成功，就必须充分运用人力资源，形成强大的团队合力。为此，欧美各国大力学习日本的团队建设经验，建立起一个个团队，努力培养团队精神。从此，一场浩浩荡荡的团队建设风暴在世界范围内的许多企业和组织中产生。

> 什么是团队呢？团队就是不要让另外一个人失败，不要让团队任何一个人失败。
> ——马云

小活动

组建团队合作课程学习小组

为了更好地开展团队合作课程的各项活动，培养学员的团队合作精神，本课程一开始就应组建学习团队，通过分成各个不同的小组进行课堂活动，引入竞争的机制，以培养学员的竞争意识、荣誉感和自信心。具体步骤可参考如下：

1. 一种非常好操作的方式是通过报数形式进行分组。如分六个小组，学员按顺序报数："1，2，3，4，5，6"，依次循环，报数字"1"的就是第一组，报数字"2"的是第二组，如此类推。

2. 选组长：每小组自行推选出组长。

3. 设计口号：设计出全体成员一致同意的口号。

4. 如果课程时间足够长，可根据需要设计队徽、队歌、章程、队服等。

5. 将以上内容在白板、大白纸上写出来，或在墙壁上张贴出来。

1994年，组织行为学权威、美国圣迭戈大学管理学教授斯蒂芬·罗宾斯首次提出了"团队"的概念：为实现某一目标而由相互协作的个体所组成的正式群体。此后，很多研究人员对团队的理论不断完善，团队合作的理念也越来越受到人们的青睐。

关于团队的定义，我们可以这样来表述：团队（Team），又称为工作团队（Work Team），是指为了一个共同目标而在一起工作的一些人组成的协作单位。团队合作指的是一群有能力、有信念的人在特定的团队中，为了一个共同目标相互支持合作、奋斗的过程。团队可以调动成员所有资源和才智，并且能驱除所有不和谐和不公正现象，同时会给予那些诚心、大公无私的奉献者适当的回报。如果团队合作是出于自觉自愿时，它必将会产生一股强大而且持久的力量。

小知识

美国人与日本人的工作态度

美国人对自己的工作非常专业，在不同公司之间跳槽之后，仍然会做同样的工作。而日本人则不一样，由于其传统的终身雇佣制，大多数日本员工一辈子只在一家公司工作，如果只做同样的工作势必会非常枯燥无味。因此，日本的企业通常倡导员工在不同岗位之间轮调，不仅提高员工的工作兴趣并且能够加深团队成员间的相互了解，从而形成人与人之间互相合作的关系。

此外，与日本人受社会规约的约束不同，美国人强调和接受的是极严格的法律约束。在美国企业的招聘环节中，这一点也表现得非常明显。应聘者特别注重合同中有关责任、权力、工作时间以及工作内容的条款，并且在再三协商的基础上，双方同意并签字才能生效。法律约束强化了其责权关系，因此，美国人只知道自己所做的事情，而并不了解也不关心周围其他人的工作内容。

> 村子团结力量大，
> 家庭团结幸福多。
> ——藏族谚语

（二）团队的构成要素

团队是指为了一个共同的目标而在一起工作的一些人组成的协作单位。因此，每一个团队都要具备五个构成要素，简称5P，如下表：

目标 （Purpose）	团队应该有一个既定的目标，为团队成员导航，知道要向何处去，没有目标，这个团队就没有存在的价值。
人员 （People）	人是构成团队最核心的力量。不同的人通过分工来共同完成团队的目标，在人员选择方面要考虑人员的能力如何，技能是否互补，人员的经验如何。
定位 （Place）	一是团队的定位：团队在组织中处于什么位置，由谁选择和决定团队的成员，团队最终应对谁负责，采取何种方式激励下属。二是个体的定位：在团队中扮演什么角色。
权限 （Power）	一是整个团队在组织中拥有什么样的决定权，如财务权、人事权、信息权等。二是组织的基本特征，如组织规模、业务范围。
计划 （Plan）	目标最终的实现，需要一系列具体的行动方案，可以把计划理解成目标的具体工作程序。只有在计划的操作下团队才会一步一步地贴近目标，从而最终实现目标。

小案例

1994年4月5日下午两点，一个德国经销商打来电话，要求海尔必须在两天内发货，否则订单自动失效。两天内发货意味着当天下午所要的货物就必须装船，而此刻正是星期五下午两点。如果按海关、商检等有关部门下午五点下班来计算的话，时间只有三个小时，而按照一般的程序，做到这一切几乎是不可能的。如何将不可能变为可能，此时海尔人优良的团队精神显示了巨大的能量。他们采取齐头并进的方式，调货的调货、报关的报关、联系船期的联系船期，全身心地投入到工作中，抓紧每一分钟，使每一个环节都顺利通过。当天下午五点半，这位经销商接到了来自海尔货物发出的消息，他非常的吃惊，吃惊再转为感激，还破了十几年的惯例向海尔写了感谢信。

（三）采取团队形式的目的

1. 创造合作精神

以团队方式开展工作，能促进成员之间的合作，并提高成员的士气。团队规范不仅能鼓励成员工作卓越，还能促进工作满意度的提升。

2. 使管理层有时间进行战略思考

当工作以个体为基础设计时，管理者往往要花大量的时间为每一个人制定工作计划并进行监督，还要解决随时出现的问题，他们成了"救火队长"，而很少有时间进行战略思考。采用团队形式，使得管理者得以脱身去做更多的战略规划，使得组织发展更为明确、有序。

3. 促进员工队伍多元化

由不同背景、不同经历的个人组成的团队，看问题的广度要比单一性质的群体更大，同时作出的决策也要比单个个体决策更有创意和更具操作性。

> 所谓团队，是一群具有互补技能、致力于共同目标而一起工作的人员。
> ——[美]卡曾巴赫·史密斯

4. 提高绩效

团队的工作绩效明显要高于单个个体的工作绩效。与传统的以个体为中心的工作设计相比，团队工作方式可以减少浪费、减轻官僚主义、积极提出工作建议并提高工作产量。

小寓言

狮子和熊在一起打猎。狮子发现了山坡上有只小鹿，正要扑上去，熊一把拉住他说："别急，鹿跑得快，我们只有前后夹击才能抓住它。"狮子觉得有道理，两人就分别行动了。鹿正津津有味地啃着青草，忽然听到背后有响声。它回头一看：哎呀，不得了！一只狮子轻手轻脚向他扑过来了！鹿吓得撒腿就跑，狮子在后面紧追不舍，无奈鹿跑得很快，狮子追不上。这时熊从旁边窜了出来，挡住了鹿的去路。它挥着硕大的巴掌，一下子把鹿打昏了。狮子随后赶到，它问道："熊老弟，猎物该怎样分呢？"熊回答："谁的功劳大，谁就分得多。"狮子说："我的功劳大，鹿是我先发现的。"熊也不甘示弱："要不是我出主意，你能抓到吗？"狮子很不服气地说："如果我不把鹿赶到你这里，你也抓不到啊！"它们俩你一言我一语地争个不休，谁也不让谁，说着说着，它们就打了起来。被打昏的鹿醒了过来，看到狮子和熊打得不可开交，赶紧爬起来，一溜烟逃走了。

> 大多数组织的成功，管理者的贡献平均不超过两成，任何组织和企业的成功，都是靠团队而不是靠个人。
>
> ——[美]罗伯特·凯利

（四）高效团队的特征

高效团队具有如下几个明显的特征：

1. 清晰的目标

高效的团队对要达到的目标有清晰的认知，并坚信这一目标包含重大的意义和价值，还要激励着团队成员把个人目标升华到团队目标。在高效的团队中，成员愿意为团队目标作出承诺，清楚地知道团队希望他们做什么工作，以及他们怎样共同工作以实现目标。

2. 相互的信任

团队成员间相互信任是高效团队的显著特征，每个成员对其他成员的品行和能力都确信不疑。因为信任是相当脆弱的，它需要花大量的时间去培养而又很容易被破坏。因此，只有信任他人才能换来被他人的信任，所以，团队内的相互信任是高效团队得以维持的关键。

3. 相关的技能

高效团队由一群有能力的成员组成。他们具备实现目标所必需的技术和能力，相互之间能良好合作的个人品质，从而出色地完成任务。

4. 一致的承诺

高效团队的成员对团队表现出高度的忠诚和承诺，为了能使团队获得成功，他们愿意去做任何事情，我们把这种忠诚和奉献称为一致承诺。其特征表现为对团队目标的奉献精神，愿意为实现这一目标而调动和发挥自己的最大潜能。

5. 良好的沟通

良好的沟通是高效团队一个必不可少的特点。团队成员通过畅通的渠道交流信息，包括各种言语和非言语交流。此外，管理层与团队成员之间健康的信息反馈也是良好沟通的重要特征，它有助于领导指导团队成员的行动，消除误解。良好的沟通使高效团队中的成员能迅速而准确地了解彼此的想法和情感。

▶ 小案例

总经理告诉秘书："你帮我查一查我们公司有多少人在上海工作，星期四的会议上董事长将会问到这一情况，我希望准备得详细一点。"于是，这位秘书打电话告诉上海分公司的秘书："董事长需要一份你们公司所有工作人员的名单和档案，请准备一下，我们在两天内需要。"分公司的秘书又告诉其经理："董事长需要一份我们公司所有工作人员的名单和档案，可能还有其他材料，需要尽快送到。"结果第二天早晨，四大箱资料快递到了公司大楼。

6. 谈判的技能

以个体为基础进行工作设计时，员工的角色有工作说明、工作纪律、工作程序及其他一些正式或非正式文件明确规定。但对高效的团队来说，其成员角色具有灵活多变性，总在不断进行调整。这就需要成员具备充分的谈判技能。

7. 恰当的领导

有效的领导者能够让团队跟随自己共同渡过最艰难的时期，因为他能为团队指明前途所在，他向成员阐明变革的可能性，鼓舞团队成员的自信心，帮助他们更充分地了解自己的潜力。优秀的领导者不一定要指示或控制，高效团队的领导者往往担任的是教练和后盾的角色，他们对团队提供指导和支持，但并不试图去控制它。

8. 内部和外部的支持

从内部条件来看，团队应拥有一个合理的基础结构，这包括适当的培训、一套易于理解的并用以评估员工总体绩效的测量系统，以及一个起支持作用的人力资源系统。从外部条件来看，管理层应给团队提供完成工作所必须的各种资源。

惠普的文化

惠普文化的核心是相信每个员工都有他的重要性，常常被人称为"HP Way"（惠普之道）。它有五个核心价值观：

1. 相信、尊重个人，尊重员工。

2. 追求最高的成就，追求最好。

3. 做事情一定要非常正直。

4. 公司的成功是靠大家的力量来完成，并不是靠某个人的力量来完成。

5. 观念不断地创新，做事情要有一定的灵活性。

二、案例分析 Case Study

案例一：一级方程式赛车世界锦标赛工作团队

F1，又称"一级方程式赛车世界锦标赛"，是方程式赛事中的顶级赛事。这项赛事中车手风驰电掣的表现让人目眩神迷，但大家可能不清楚，在这项赛事中团队合作的效率也是高得令人难以置信。

高效团队中的一个重要特点就是协作能力，在F1赛队中，影响效率的关键就是中途进站加油换胎环节的团队协作效率。在加油换胎中浪费一秒钟，就可能对比赛的胜负有关键的影响。停站时的失误不但会损失时间，也可能引起火灾，这会对比赛的结果产生直接影响。而比赛时的工作人员熟练的动作都来自平时的练习，车队通常会利用星期四下午和星期天的早上来练习加油换胎。加油换胎是一项危险的工作，所以每一位工作人员都必须穿着防火服，并且要带安全帽。这些工作人员在车队中还有另外的岗位，如技师、卡车司机、物品管理员等，而加油换胎只是他们工作中的一小部分。

赛车每一次停站，都需要22位工作人员的参与。从他们以下的分工便可看出其协作的精密程度。

1. 12位技师负责换胎（每一轮三位，一位负责拿气动扳手拆、锁螺丝，一位负责拆旧轮胎，一位负责装上新轮胎）。

2. 一位负责操作前千斤顶。

3. 一位负责操作后千斤顶。

4. 一位负责在赛车前鼻翼受损必须更换时操作特别千斤顶。

5. 一位负责检查引擎气门的气动回复装置所需的高力瓶，必要时必须补充高压空气。

6. 一位负责持加油枪，这通常由车队中最强壮的技师担任。

7. 一位协助扶着油管。

8. 一位负责加油机。

9. 一位负责持灭火器待命。

10. 一位被称为"棒棒糖先生"，负责持写有"BRAKES"（刹车），和"GEAR"（入档）的指示牌，当牌子举起，即表示赛车可以离开维修区了。而他也是这22人中唯一配备了用来与车手通话的无线电话的。

11. 一位负责擦拭车手的安全帽。

只有这22位技师各司其职，并且通力合作、配合无间时，"加油换胎"才能高效起来，不会因为在维修区停留的时间过长而错失领先机会，才可以帮助车手追回时间，反败为胜。22个人的团体协作才能完成，

高度融合的宜家家居

宜家家居是世界上品牌知名度最高的公司之一，而它所创建的团队文化更是独具特色，为人称道，也是它成功的关键所在。该公司的团队以家具的品类来分，一个团队共同负责同一家具部的工作（比如办公家具、厨房用品、地毯部、沙发部）。为了鼓励团队成员间的高度融合和协作，公司并不给每个员工明确的岗位说明，相反，他们要求团队成员自己商榷讨论决定谁负责什么，整个团队该如何运作最为有效等，然后如此执行。团队的领导人也没有特殊的头衔，与他人平等，主要起协调沟通的作用，理顺团队并让每个人都能充满乐趣地工作。

他们在赛车进站维修时都不可或缺。其效率高得难以置信：换胎4~5秒，加油一般是7~13秒（要看轻重油战术不同而定），再加上前后进站时间，也就是20~23秒左右。如此高效，团队合作得天衣无缝。

案例二：鼓励合作的星巴克咖啡

星巴克咖啡自1971年西雅图的一家街头小咖啡馆开始，发展到今天遍布全世界62个国家和地区的20891家咖啡店，除了它在打造其品牌上的独到策略之外，团队建设便是它维持其品牌质量的至关重要的手段，也是该公司不可替代的竞争力所在。以商店为单位组成团队，星巴克倡导的是平等快乐工作的团队文化（内部）。星巴克对自己的定位是"第三去处"，即家与工作场所之间的栖息之地，因此让顾客感到放松舒适、满意快乐是公司的理念之一。

与大多数企业不同，星巴克从不强调ROI（Return on Investment）即投资回报，却强调ROH（Return on Happiness），即快乐回报。他们的逻辑是：只有顾客开心了，才会成为回头客；只有员工开心了，才能让顾客成为回头客。而当两者都开心了，公司也就成长了，持股者也会开心。而团队文化则是他们获得ROH的最重要手段。那么星巴克是如何创造这种平等快乐工作的团队合作文化的呢？

首先，领导者将自己视为普通一员。虽然他们从事计划、安排、管理的工作，但他们并不认为自己与众不同，应该享受特殊的权利，不做普通员工做的工作。比如说该公司的国际部主任，就是去国外的星巴克巡视的时候，也会与店员一起上班，做咖啡，清洗杯碗，打扫店铺甚至洗手间，完全没有架子。

其次，每个员工在工作上都有较明确的分工，比如有的专门负责接受顾客的点餐、收款，有的主管咖啡的制作，有的专门管理内部库存，等等。但每个人对店里所有工种所要求的技能都受过培训，因此在分工负责的同时，又有很强的不分家的概念。也就是说，当一个咖啡制作员忙不过来的时候，其他人如果自己分管的工作不算太忙，会主动帮忙缓解紧张，完全没有"莫管他人瓦上霜"的态度。这种既分工又不分家的团队文化当然并不是一蹴而就的，而是有针对性的强化训练的结果。

第三，鼓励合作，奖励合作，培训合作行为。所有在星巴克工作的员工，无论你来自哪个国家，在商店开张之前，都要集体到西雅图（星巴克总部）接受三个月的培训。学习研磨制作咖啡的技巧当然用不着三个月，培训大部分的时间主要用于磨合员工，让员工接受并实践平等快乐的团队工作文化。由于各个国家之间的民族文化差异，有的时候在实施之中会遇到很大的阻碍。比如日本、韩国的文化讲求等级，

海豚在觅食时都会两三个一组的在海洋里四处搜寻。当他们发现了成群的鱼群时，不会因为饥饿而直接冲上前去，而是尾随其后，同时发出"吱……吱……"的声波召唤他们的同伴。一只、两只、三只……周围的海豚听到召唤纷纷聚拢到此，直到有了50只海豚之多。奇迹发生了，五十只海豚形成一个包围圈，把所有的鱼群困在包围圈里。他们将包围圈不断缩小，被围在中间的鱼群开始慌乱起来。这时，一只海豚冲进包围圈里美食一餐，当他吃吃饱了以后，他会快速离开，游到包围圈最外层，让他的同伴进去觅食。就这样循环交替，直到最后一只海豚觅食完成。

很难打破等级让大家平等相待。最简单的例子就是彼此之间直呼其名，因为习惯了加上头衔的称呼，不加头衔称呼对方对上下两级都是挑战。为了实践平等的公司文化，同时又尊重当地的民族文化习惯，结果就想出用给每个员工起一个英文名字的方式来解决这个矛盾。另外，公司还设计了各种各样有趣的小礼品用来及时奖励员工的主动合作行为，让每个人都时时体会到合作是公司文化的核心，是受到公司管理层高度认可和重视的。

团队的工作内容可以不同，团队成员的知识结构可以不同，团队本身的结构和组成可以不同，但只要抓准了团队的特征去有针对性地管理，各种各样的团队都可能被打造成优秀的团队。

三、过程训练 Process Training

活动一：我们是一家人

团队中交流信息需要反馈，这样交流者才可以确认他们发出的信息是否被对方接受，并做出适当的反应，团队的沟通才有效率。作为团队沟通的一个技巧，积极的反馈对帮助建立人际交往是很有效的。这个游戏就是让学员体会什么是积极的反馈，并鼓励他们用于课堂外的交流中。

（一）活动过程

1. 将全部人员分为几组，分别为 A1，A2，B1，B2，C1，C2。每组 3~4 位成员。

2. 先在组内进行学员间的自我介绍，要求介绍姓名、工作单位、职位和爱好等。然后推举一位小组成员代表小组进行介绍，要求将组内每一位学员的情况介绍完整，还可加上自己的评价。（大家可以提问）

3. 当 A1 小组介绍完，B1、C1 小组代表要对 A1 小组的发言做一句话的评价。（只可以是正面的：如 A1 小组成员都很年轻，非常有朝气；或者 A1 小组成员看来经验很丰富；或者 A1 小组成员都是女孩子，都很漂亮。）当 A2 小组介绍完，B2、C2 小组代表要对 A2 小组的发言做一句话的评价。以此类推，直到所有小组介绍完毕。

4. 每组介绍自己的代表和发表评价的代表不能是同一个人。

5. 每组时间不超过 2 分钟。

（二）问题与讨论

1. 你是否容易记住别人？用什么方法？

> 采用团队形式的一大障碍是个体阻力。员工的成功与否不再由个人绩效所决定。要成为一名优秀的团队队员，个体必须学会与别人进行开放而坦诚的沟通，学会面对差异并解决冲突，学会把个人的目标升华为团队的利益。这对许多员工来说，是一项艰难的任务。
>
> ——[美]斯蒂芬·P. 罗宾斯

2. 自我介绍和介绍别人，哪一种方法更容易令你印象深刻？

3. 你是否善于赞扬别人？

4. 你是否善于寻找其他成员的共同点？

（三）总结

1. 这个活动非常适用于大家初次见面，互相了解的阶段。如果彼此认识一段时间了，只要将问题做一下调整，也可以取得不错的效果。作为培训师，要鼓励学员们对别人的发言做出积极、正面的评价，这样可以使关系融洽，提高培训效果。

2. 作为学员，不要羞于发言以及对别人做出评价，因为自始至终你都要相信你在和自己的家人玩游戏，和家人一起玩有什么好放不开的呢？事实上，如果你在活动中表现得积极会收到意想不到的效果，因为你让别人非常充分地了解了你，会使你结交许多朋友。

活动二：驿站传书

（一）活动过程

每组排成一列，培训师将一个带有7位数以内的数字信息卡片交到最后一位学员的手中，学员要使用规则允许的任何手段把这个数字信息传递给最前面学员。当这位学员收到信息以后，要迅速地举手，并把获取的信息写在纸片上交给培训师。比赛共进行四轮。在信息传递的过程当中我们会有一些规则来约束。

（二）活动规则

项目开始后，即培训师喊开始起：

1. 不能讲话。

2. 不能回头。

3. 后面的学员的任何部位不能超过前面学员的身体。

4. 当信息传到最前面学员时，要迅速举手示意，并把信息交到培训师手中，计时以举手为准。

5. 不能传递和扔任何物品。

6. 活动进行四轮，每轮开始前分别给出8、7、6、5分钟讨论时间，以第四轮成绩决定胜负，前一轮所用方法后一轮不得使用。

（三）问题与讨论

1. 不能说话的时候怎么传递信息？

2. 是否强烈意识到团队成员之间沟通的重要性？

3. 是否意识到制度规则的建立对团队的重要性？

一支优秀的团队必须具备五个基本条件：

1. 团队要真实。

2. 团队要有令人信服的方向。

3. 团队需要建设性的结构。

4. 团队需要组织的支持。

5. 团队需要专家的指导。

——［美］理查德·哈克曼

团队建设的措施

1. 团队成员认同团队目标。

2. 设定共同的成功标准。

3. 建设"完整"的团队。

4. 让每一位成员都掌握相关技能。

5. 营造学习与积极关注文化的氛围。

11

四、效果评估 Performance Evaluation

评估一：你所在的是优秀团队么?

根据你所在团队的情况评定自己的团队是否具备了优秀团队的特征，还有哪些需要改进的?

优秀团队的特征	我的团队
1. 我们有明确的目标。	
2. 我能说出我们的目标是什么。	
3. 我致力于为我们的目标奋斗。	
4. 团队成员有足够的工作技能来完成工作。	
5. 团队成员在工作中扮演各种角色。	
6. 团队成员的工作技能得到充分的发挥。	
7. 团队成员之间相互尊重。	
8. 团队成员都能积极参与讨论。	
9. 团队成员之间互相支持。	
10. 团队成员拥有他们需要的信息。	
11. 团队的交流比较公开。	
12. 团队成员能够真正做到相互倾听。	
13. 出现冲突时，团队成员勇于承认。	
14. 团队能够积极利用冲突。	
15. 团队成员之间不隐瞒冲突。	
16. 团队日常工作安排程序清晰。	
17. 工作方法和程序团队成员都能接受。	
18. 定期检查工作进程。	
19. 定期检查团队的工作情况。	
20. 把困难和错误看作学习的机会。	

评估二：团队合作精神

团队合作是效率和品质的重要保证，每个人因为个人心理品质的不同，会对团队表现出不同的态度，这种态度可以判断这个人与团队的亲密程度，或者是作为是否具备团体合作精神的标准。下面的测试题需要你按照自己的真实意愿回答"是"、"不一定"或"否"。

（一）情景描述

情景描述	是	不一定	否
1. 当你看见前面的人掉了东西时，你会告诉那个人吗？			
2. 同事们一起出去娱乐时，总会叫上你一同去吗？			
3. 你是否知道如果自己不与同事合作会造成损失吗？			
4. 你时常与人发生争吵或矛盾吗？			
5. 你认为人们相互协作是一种崇高的思想道德吗？			
6. 你一直是很乐意地给予他人帮助吗？			
7. 一直以来，你与人相处融洽吗？			
8. 你是否认为，上司说的话一般不会错吗？			
9. 你认为，相互合作不一定给自己带来好处吗？			
10. 在公共洗手间，看到洗手池的水龙头没有关，你会顺手关掉吗？			
11. 你同事或好朋友总会来征求你对事情的看法吗？			
12. 你总能毫无疑问地去执行上司的正确命令吗？			
13. 你总是认为自己永远不会错吗？			
14. 一直以来，你都很相信自己的同事吗？			
15. 同事经常来请你帮助吗？			
16. 看到同事受到伤害你会感到难受吗？			
17. 你认为，团队中难以实现真正的人人平等，是吗？			
18. 你总是怀疑别人是错的吗？			
19. 为了团队的利益，你会放弃自己的利益吗？			
20. 在工作中，你总觉得其他人没有你尽力吗？			

（二）评分标准与结果分析：

4、9、13、17、18、20题，选"是"得0分，选"不一定"得1分，选"否"得2分；

其他选"是"得1分，选"不一定"得0.5分，选"否"得0分。

30~40分：你具有很强的团队合作精神，愿意为团队作出自己的贡献，你也很受同伴们的欢迎。

16~29分：你具有一定的团队合作力，但不够积极主动，容易使事情半途而废，应该纠正自己在团队合作方面的态度。

0~15分：你可要注意了，你可能总是我行我素，很少有朋友，不愿意付出自己的努力去解决问题，总认为自己是对的。

第二节　团队角色

职场在线

　　赵妍是某国际律师事务所（简称A所）北京分所的秘书主管，其部下有十余个专门为律师提供文秘服务的秘书。赵妍的直接上司是北京分所的行政经理艾米。而艾米的直接上司是A所设立在香港的亚太区行政经理爱丽丝。

　　赵妍当时尚在试用期内（为期3个月）。一天，有位英国籍G律师的秘书小K找到赵妍，说G律师要求她筹备一个北京分所的推广会，届时伦敦市长恰好访问中国，G律师将邀请伦敦市长出席，要求小K请北京周边的几位市长出席，小K不知如何是好。经赵妍了解，此会议纯属G律师自己倡议，北京分所并不知情。因为是自己下属遇到了困难，于是赵妍就开始与G律师进行直接的沟通。一来二去，市长会议的事便从小K的肩膀上转到了赵妍的肩膀上。

　　因为请北京周边市长的工作无法取得进展，赵妍只好请教自己的上司艾米。艾米又请示亚太行政经理爱丽丝，爱丽丝建议可以由英国本部最大的领导出面进行邀请，因此必须要召开一个伦敦本部行政总管怀特夫人、亚太区、北京三地网络会议。

　　会议中，怀特夫人宣读了下一步行动方案。赵妍发现了行动方案有四个小问题，并立即提了出来。怀特夫人当场表扬赵妍思维缜密，让她结合行动方案重新拟定一个方案，并于下周二发送给她本人。

　　会后，赵妍感觉不对劲。她没有将新的方案直接发送给怀特夫人，而是发送给了香港的爱丽丝并请其转呈，同时抄送了自己的上司艾米。结果呢，爱丽丝没有及时转呈。怀特夫人来电责问赵妍……没过几天，这个项目的事全部转手他人。赵妍虽多方努力想挽救，等来的还是一纸"休书"。

> 没有人十全十美，也没有人一无是处。只有合作才能弥补个体的不足，才可能创造出"完美"。

　　在团队中，每个人都有自己的角色，也有相应的责任。我为谁工作？我应对谁负责？本案例中，赵研显然没有弄清楚这个简单问题。

一、能力目标 Competency Goal

每一个人在团队中发挥的作用都是不同的，只有每一个团队成员找准自己的角色，并清晰地理解角色的定位，才能最大限度地发挥出应有的作用，团队工作才能有效地开展，并最终达成团队目标。

通过本节的学习，你将能够：

1. 了解团队角色的类型及其特点。
2. 了解不同团队角色在团队中的作用。
3. 认知自己在团队中角色。

如今的管理愈来愈重视"团队"。同群体不同，团队不是某个在一起工作的集体，不是一群人的机械组合。一个真正的团队应该有一个共同的目标，其成员之间的行为相互依存，相互影响，并且能很好地合作，追求集体的成功。团队工作代表的是一系列鼓励成员间倾听他人意见并且积极回应他人观点、对他人提供支持并尊重他人兴趣和成就的价值观念。一个优秀的团队必须是拥有创新能力的团队，团队中的每个成员都须习惯改变以适应环境不断发展变化的要求。

团队和一般群体不同，它是一个有机整体，团队成员除了具有独立完成工作的能力之外，同时具有与他人合作共同完成工作的能力。团队的绩效源于团队成员个人的贡献，同时，远大于团队成员个人贡献的总和。而这来源于团队成员在团队中扮演不同的角色，发挥相互协调的作用。

> 团队中的每一个人都是既能够满足特定需要而又不与其他角色重复的人。
> ——[英]贝尔宾

▶ 小案例

每年在美国 NBA 职业篮球比赛结束后，通常会从各个优胜队中挑出最优秀的队员，组成一支"梦之队"赴各地比赛，以制造新一轮高潮，但其比赛结果总是令球迷失望——胜少负多。原因在于他们不是真正意义上的团队，虽然他们都是最顶尖的篮球选手，但是由于他们平时分属不同球队，组成明星队后，无法固守自己的角色，无法培养团队精神，更不能形成有效的团队合力。

（一）团队角色类型

英国剑桥产业培训研究部前主任贝尔宾博士和他的同事们经过多年的研究与实践，提出了著名的贝尔宾团队角色理论，即一支结构合理的团队应该由八种角色组成。这八种团队角色分别为执行者 IMP

（Implementer）、协调者 CO（Coordinator）、塑造者 SH（Shaper）、智多星 PL（Planter）、外交家 RI（Resource Investigator）、监督员 ME（Monitor Evaluator）、凝聚者 TW（Team Worker）、完成者 CF（Completer Finisher）。每一种角色都有其不同的特征、积极特性、缺点以及在团队中的作用。

团队角色	典型特征	积极特性	能容忍的缺点	团队中的作用
执行者	保守、顺从、务实可靠	有组织能力、实践经验，工作勤奋，有自我约束力	缺乏灵活性，对没有把握的主意不感兴趣	把谈话与建议转换为实际步骤，考虑什么是行得通的，什么是行不通的，整理建议，使之与已经取得一致意见的计划和已有的系统相配合。
协调者	沉着、自信、有控制局面的能力	对各种有价值的意见不带偏见地兼容并蓄，看问题比较客观	在智能以及创造力方面并非超常	明确目标和方向，选择需要决策的问题，并明确它们的先后顺序，帮助确定团队角色分工、责任和工作界限，总结团队的感受和成就，综合团队的建议。
塑造者	思维敏捷、开朗、主动探索	有干劲，随时准备向传统、低效率、自满自足挑战	好激起争端，爱冲动，易急躁	寻找和发现团队讨论中可能的方案，使团队内的任务和目标成形，推动团队达成一致意见，并朝向决策行动。
智多星	有个性、思想深刻、不拘一格	才华横溢，富有想象力，智慧，知识面广	高高在上，不重细节，不拘礼仪	提供建议，提出批评并有助于引出相反意见，对已经形成的行动方案提出新的看法。
外交家	性格外向、热情、好奇、联系广泛、消息灵通	有广泛联系人的能力，不断探索新的事物，勇于迎接新的挑战	时过境迁，兴趣马上转移	提出建议，并引入外部信息，接触持有其他观点的个体或群体，参加磋商性质的活动。
监督员	清醒、理智、谨慎	判断力强，分辨力强，讲求实际	缺乏鼓动和激发他人的能力，自己也不容易被别人鼓动和激发	分析问题和情景，对繁杂的材料予以简化，并澄清模糊不清的问题，对他人的判断和作用做出评价。
凝聚者	擅长人际交往、温和、敏感	有适应周围环境以及人的能力，能促进团队的合作	在危急时刻往往优柔寡断	给予他人支持，并帮助别人，打破讨论中的沉默，采取行动扭转或克服团队中的分歧。
完成者	勤奋有序、认真、有紧迫感	理想主义者，追求完美，持之以恒	常常拘泥于细节，容易焦虑，不洒脱	强调任务的目标要求和活动日程表，在方案中寻找并指出错误、遗漏和被忽视的内容，刺激其他人参加活动，并促使团队成员产生时间紧迫的感觉。

如一个软件项目团队，执行者适合做模块设计、编写程序等工作；协调者适合做项目管理工作；塑造者适合做对项目进度影响较大的工作；智多星适合做系统架构设计工作；外交家善于做需求调研工作；监督员适合做 SQA 和测试工作；凝聚者适合做团队建设工作；完成者适合做需求、设计等一些重要产出物的评审工作。

成功的团队需要成员扮演所有的上述角色，并根据人们的技能和偏好来选拔成员扮演这些角色。在很多团队中，有时候一个成员可能同时扮演多种角色。作为团队的管理者，需要了解每一个成员的优势，并根据他们的特点进行分工，使团队成员的个人优势与团队角色相匹配，这样才能打造出完美的团队。

（二）认知自己的团队角色

作为团队成员，如果想要把工作做好，就得知道自己在团队中扮演的角色，并清晰地理解该角色的位置。

●具备工作能力，且乐于合作。这样你才会明白你所负责的工作在整体工作中的位置，并能根据工作程序的需要及时做出反应。

●认识自己的优势、劣势和性格。这样你才能最大限度地发挥自己的优势，避免自己的劣势，扬长避短。

●找到最佳时机介入团队事务。团队中的事务不是每一件都可参与并发表意见，何时以团队角色的身份出现，何时保持沉默，何时发挥作用，你都应有清晰的认知。

●能在不同的团队角色之间灵活转换。团队工作发生变化，你的角色也有所转换，你应主动适应这种变化，不能以不变应万变。

●要适当限制自己的团队角色。团队利益高于一切，你应适时地从团队利益出发，调整自己的角色行为。

●清晰认知他人的团队角色。经常、及时地与他人沟通，认知别人的角色，有时比认知自己的角色更重要。

> **执行者特征语言**
>
> 1. 如果这事不太可能，那我们再花一点时间。
> 2. 实践出真知。
> 3. 努力工作不会错。
> 4. 如果这样是可行的，我们立即去做。
> 5. 对于公司而言，宽容不是一个明智的做法。
> 6. 我们还是认真做好手头的工作。

▶ 小故事

从西游记人物看团队角色作用

《西游记》中唐僧师徒四人的性格、爱好、能力各不相同，但他们各自扮演了西天取经团队中不可缺少的重要角色，一路历经艰难险阻，斩妖除魔，达成了团队的终极目标——到达大雷音寺，拜见佛祖，求取真经。

唐僧是团队领导人和协调者，虽然处事缺乏果断和精明，但对于团队目标抱有坚定信念，以博爱和仁慈之心在取经途中不断地教诲和感化着众位徒弟。

孙悟空是一个不稳定因素，虽然能力高超，交际广阔，嫉恶如仇，但桀骜不逊，喜欢单打独斗。最重要的一点是他对团队成员有着难以割舍的深厚感情，同时有一颗不屈不挠的心，为达成取经的目标愿意付出任何代价。

猪八戒个性随和健谈，是唐僧和孙悟空这对固执师徒之间最好的"润滑剂"和沟通桥梁，虽然好吃懒做的性格经常使他成为挨骂的对象，但他从不会因此心怀怨恨。

沙和尚是每个团队中都不可缺少的员工，脏活累活全包，并且任劳任怨，还从不争功，是领导的忠实追随者，起着保持团队稳定的基石作用。

每个团队成员都有自己的个性，这是无法也无需改变的，而团队的艺术就在于如何挖掘团队成员的优缺点，根据其个性和特长合理安排工作岗位，使其达到互补的效果。

人性的弱点是容易看到自己的优点，不容易发现自己的缺点；容易看到别人的缺点，不容易发现别人的优点。作为团队成员，一定要善于克服这个弱点，并善于根据团队成员的特点来调整工作。

作为团队成员，我们在学会尊重其他成员的同时，需要善于和他们合作。同时，要善于扬长避短，学会把自己的缺点（或弱点）限制在可以接受的水平，不要让它们影响工作。

（三）完善团队角色的方法

每一个团队成立之初或运行过程都会发生这样或者那样的变故，以致团队角色在不断发生变化，使得团队存在漏洞，即缺少某方面的角色，而团队领导需要仔细思考，如何填补这些漏洞，且变化不能过于激烈，以影响团队的运行。下面一些做法可以用来平衡团队中的角色。

●招聘新人：当团队扩大或有人离开而导致团队人手不足时，招聘新人是最简便、有效的方法。

●工作分配：当团队某方面有所缺失，可以重新分配成员角色，将擅长此方面的成员转移到这个角色。

●委派任务：当团队某个成员有较高能力或技能时，可把一部分其他任务委派给他。

●学习技能：当团队找不到合适的方法填补角色漏洞时，可帮助成员开发或学习新的技能或能力。

●角色转换：当团队成熟时，可根据需要转换团队成员的角色，让其接替更富有挑战性的角色。

> **协调者特征语言**
>
> 1. 有人还要补充什么吗？
> 2. 前进之前我们先要达成一致。
> 3. 我们的目标在前方，只有朝它努力。
> 4. 把赞成表现在口头上。
> 5. 我们应该给某人一个机会。
> 6. 你的工作有什么需要帮助的？

二、案例分析 Case Study

案例一：失意的小刘

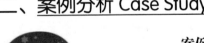

小刘硕士毕业后进入一家工业企业，半年后被公司任命为一个新项目的经理。此前，他做过用户服务部工程师，从事过新产品的市场调研、研发和新项目的可行性分析等工作。近来他感觉到一些来自项目组内部的问题，主要表现如下：

个别成员不及时向他汇报工作进度，需要他去询问；

项目组召开讨论会时，参会人员对一个方案发生争论，一人因意见相左而中途离开，退出讨论；

一次总结会议上，一位老员工当着很多人的面批评他工作中的一些问题，让他觉得很难堪。

小刘来到该公司仅半年多，他觉得这一点是员工不愿服从他管理的原因之一，他本人深知沟通在项目管理中的重要性，也尽可能地能实现项目各方之间信息的交流和共享，但初出茅庐的他面对现在的局面还是感觉有些手足无措。

小刘的失意在于他没有认清自己的优缺点，也没有认清自己在团队中的角色。随着时代发展，行业、职业以及岗位的划分越来越细，不同行业、职业以及岗位的发展也必然存在不平衡的地方。只有认清自己、结合自己的实际情况，才能在团队中找到自己的角色，才能使自己的努力获得最大的回报。

案例二：李先生的痛苦

李先生 2009 年 4 月加盟 A 公司担任软件实施顾问。他工作认真负责，服务态度极佳，辅导客户上线成功率达 100%，从未被客户投诉过。2012 年 1 月他调入业务部从事业务工作，1~9 月，李先生独立做单 20 件，成交额达 400 万元人民币，是 A 公司最优秀的业务员之一。2013 年 10 月，公司正值用人之际，李先生因业绩突出被任命为一个分公司的区域经理兼电脑培训学校校长，负责管理 5 名老师、8 名业务员。

因为当时情况较为紧急，李先生未经过任何培训就走马上任了。上任后，李先生立即着手打造一支高效的团队。但是 24 岁的他以前并没有管理经验，在成为经理不到三个月就表现出与所在的团队格格不入。员工的反馈显示，李先生试图掌控每个人的销售情况及学校管理的每一个环节，甚至于学校后勤的柴米油盐、卫生打扫等小事都由其本人负责监督管理，这使得他所领导的老师及业务人员显得极为清闲，工作热情极为低下，也找不到成就感，导致新到任的 2 位老师及 2 名业务人员突然离职，其余成员士气也十分低落。李先生的下属抱怨说，他每次开会都像个农村的长舌妇一样对大家喋喋不休，同样的问题重复多次，对下属未做好的工作，除了批评抱怨还是批评抱怨，从来不会表扬下属的优点、成绩与进步，在工作之余也从来不主动与下属进行沟通交流。

李先生本人也感觉在分公司工作非常疲惫，找不到做一个团队主管的乐趣，失去了其以往作为一个业务员的单纯与快乐，为此他感到非常痛苦。

在这个案例中团队的领导者未能对团队中的各个角色给予正确的定位，导致了整个团队运作的失败。作为团队的领导者，首先要掌握团队的特征，从而分析团队中角色担当的任务，才能有效地推进团队的运作。

请对照分析一下你自己，在团队中你扮演什么角色？同时请找出

塑造者特征语言

1. 你的做法很好。

2. 我们完成得还不够好，再加把劲。

3. 说"不"，然后磋商。

4. 我的态度也许是生硬了一点，但至少我说到了点子上。

5. 我会让事情有起色的。

一个你熟悉的工作团队，并分析其角色在团队中的作用。

案例三：克林顿的首次内阁会议

团队训练已经引起多方面的关注。克林顿就任美国总统后的第一件事，就是对他的主要行政人员进行团队建设的训练。

在克林顿政府的第一次内阁会议上，克林顿请来两位专家。这两位专家要求内阁成员们带上自己的简历，分别谈一谈自己生活中的经历。在又一次的内阁会议上，两位专家又让大家谈一谈在简历中没有提到的个人重大事件。轮到克林顿讲述的时候，这位新总统告诉大家，自己在童年时是个"小胖子"，别的孩子都嘲笑他，这自然大大拉近了总统作为"长官"这一团队首要成员与其他团队成员的心理距离。

克林顿进行团队建设训练的目的，是让团队成员们理解自己应如何运用自己的个性为团队做出贡献，即如何从仅仅是在一起的"一群"人变成真正合作共事的工作团队。

任何企业、组织中都会存在团队工作形式，团队组合要求成员之间地位更加平等，面临问题时更加主动，相互之间的协作关系也更加灵活，以便对待解决的问题做出最快速的反应，并找到解决措施，要求每一个成员快速地融合，并发挥出自己的能力。

> **智多星特征语言**
> 1. 只要有问题，就会有对策。
> 2. 挑战越大，我们越要付出更多的努力。
> 3. 总会有办法的。
> 4. 奇怪了，这算什么好主意？
> 5. 好主意是从异想中来的。
> 6. 只有创新才能生存。

三、过程训练 Process Training

活动一：和尚分粥

你有没有听过一个经典的和尚分粥的故事？怎样才能让他们分得足够公平呢？

（一）活动过程

1. 培训师首先给大家讲述下面这样一个场景：

有七个和尚曾经住在一起，每天分一大桶粥。要命的是，粥每天都是不够的。

一开始，他们抓阄决定谁来分粥，每天轮一个。于是乎每周下来，他们只有一天是饱的，就是自己分粥的那一天。

后来，他们开始推选出一个道德高尚的人出来分粥。强权就会产生腐败，大家开始挖空心思去讨好他，贿赂他，搞得整个小团体乌烟瘴气。

最后，大家开始组成3人的分粥委员会及4人的评选委员会，互相攻击扯皮下来，粥吃到嘴里全是凉的。

2. 直到现在，那七个笨和尚还在为吃粥的事情头疼不已，在座的诸位有什么办法吗？

（二）问题与讨论

1. 你有什么好办法能让大家都满意，从此不会争吵下去？
2. 这个游戏对我们的日常工作有什么启示？

（三）总结

1. 分粥的好办法还是有的：轮流分粥，但分粥的人要等其他人都挑完后拿剩下的最后一碗。为了不让自己吃到最少的，每人都尽量分得平均，就算不公平的，也只能认了。同样是七个人，不同的分配制度，就会有不同的风气。所以一个团队中如果有不好的工作习气，一定是机制问题。如何制订公平、公正的制度，并严格执行，是每个领导需要考虑的问题。

2. 寻找解决办法的过程是一个我们需要发挥想象力、逻辑能力、分析能力的过程，只有这样才可能会想出相对公平的解决办法。

活动二：课堂讨论

请列出你所在的团队成员构成的特点和角色定位，并说明你在你所在的团队的角色及其重要性。另外，说出你所扮演的五种角色（如，在学校你是学生，在企业你是职员，在家里你是孩子，等等）。它们各自要求什么样的行为？这些角色之间存在角色冲突吗？如果有的话，它们是怎样相互冲突的？你又是如何解决这些冲突的？

> **外交家特征语言**
> 1. 我发现了一条新路。
> 2. 大胆一点才可想出好主意。
> 3. 这条路走不通，我们再想办法。
> 4. 机会是从准备中得来的。
> 5. 我们可以对此加以改进吗？
> 6. 这个信息对我有用。
> 7. 不会浪费调查时间的。

四、效果评估 Performance Evaluation

评估：团队角色自测问卷

（一）情景描述

说明：对下列问题的回答，可能在不同程度上描绘了您的行为。每题有八句话，请将10分分配给这八个句子。分配的原则是：最体现你的行为的句子得分最高，以此类推。最极端的情况可能是10分全部分配给其中的某一句话。请根据你的实际情况把分数填入后面的表中。

1. 我认为我能为团队做出的贡献是： （ ）

    A. 我能很快地发现并把握住新的机遇

    B. 我能与各种类型的人一起合作共事

    C. 我一贯就爱出主意

    D. 我的能力在于，一旦发现某些对实现集体目标有价值的人，我就能及时把他们挖出来

    E. 我能把事情办成，这主要靠我个人的实力

    F. 如果最终能导致有益的结果，我愿面对暂时的冷遇

    G. 我通常能意识到什么是现实的，什么是可能的

    H. 在选择行动方案时，我能不带倾向性，也不带偏见地提出一个合理的替代方案

> **监督员特征语言**
> 1. 我们已经没有更好的选择了吗？
> 2. 我们再对各种选择权衡一下。
> 3. 我们的决定要经得住时间的考验。
> 4. 别急着做出决定，再等十分钟。
> 5. 现在看来，这是最好的选择了。
> 6. 明天再给你一个肯定的答复。

2. 在工作集体中，我常常有这样的感觉或者表现是： （ ）

    A. 如果会议没有得到很好的组织、控制和主持，我会感到不痛快

    B. 我容易对那些有高见又没有适当地发表出来的人表现得过于宽容

    C. 只要集体在讨论新的观点，我总是说的太多

    D. 我的客观看法，有时候太不近人情，使我很难与同事们打成一片

    E. 一定要把事情办成的情况下，我有时使人感到特别强硬以至专断

    F. 可能由于我过分重视集体的气氛，我发现自己很难与众不同

    G. 我易于陷入突发的想法之中，而忘了正在进行的事情

    H. 同事认为我过分注意细节，总是有不必要的担心，怕把事情搞糟

3. 当我与其他人一起进行一项工作时： （ ）

    A. 我有在不施加任何压力的情况下，去影响其他人的能力

    B. 我随时注意防止粗心和工作中的疏忽

    C. 我愿意施加压力以换取行动，确保会议没浪费时间或离题太远

    D. 在提出独到见解方面，我是数一数二的

    E. 对于与大家共同利益有关的积极建议我总是乐于支持的

    F. 我热衷寻求最新的思想和新的发展

    G. 我相信我的判断能力有助于做出正确的决策

    H. 我对那些最基本的工作都能组织得井井有条

4. 我在集体工作中的特征是： （ ）

    A. 我有兴趣更多地了解我的同事

    B. 我不愿向别人的见解进行挑战或坚持自己的少数派意见

    C. 在辩论中，我通常能找到论据去推翻那些不甚有理的主张

    D. 我认为，只要计划必须开始执行，我有推动工作运转的才能

    E. 我不在意使自己太突出或出人意外

    F. 对承担的任何工作，我都能做到尽善尽美

    G. 我乐于与工作集体以外的人进行联系

    H. 我对所有观点都感兴趣，但这并不影响我在必要的时候下决心

5. 在工作中，我得到满足，因为：　　　　　　　　　　（　）

　　A. 我喜欢分析情况，权衡所有可能的选择

　　B. 我对寻找解决问题的可行方案感兴趣

　　C. 我感到我在促进良好的工作关系

　　D. 我能对决策有强烈的影响

　　E. 我能适应那些有新意的人

　　F. 我能使人们在某项必要的行动上达成一致意见

　　G. 我感到我的身上有一种能使我全身心地投入到工作中去的气质

　　H. 我很高兴能找到一块能发挥我想象力的天地

6. 如果突然给我一件困难的工作，而且时间有限，人员不熟：（　）

　　A. 在有新方案之前，我宁愿先躲进角落拟定出一个解脱困境的方案

　　B. 我比较愿意与那些表现出积极态度的人一道工作

　　C. 我会设想通过用人所长的方法来减轻工作负担

　　D. 我天生的紧迫感将有助于我们不会落在计划后面

　　E. 我认为我能保持头脑冷静、富有条理地思考问题

　　F. 尽管困难重重，我也能保证目标始终如一

　　G. 如果集体工作没有进展，我会采取积极措施去加以推动

　　H. 我愿意展开广泛的讨论，意在激发新思想，推动工作

7. 对于那些在集体工作中以及在与周围人共事时所遇到的问题：（　）

　　A. 我很容易对那些阻碍前进的人表现出不耐烦

　　B. 别人可能批评我太重分析而缺少直觉

　　C. 我有做好工作的愿望，能确保工作的持续进展

　　D. 我常常容易产生厌烦感，需要一两个有激情的人使我振作起来

　　E. 如果目标不明确，让我起步是很困难的

　　F. 对于我遇到的复杂问题，我有时不善于加以解释和澄清

　　G. 对于那种我不能做的事，我有意识地求助他人

　　H. 当我与别人正面发生冲突时，我没有把握使对方理解我的观点

凝聚者特征语言

1. 怎样做才最好？

2. 我没问题，你以为呢？

3. 多听听别人在说些什么？

4. 这样的工作氛围好。

5. 我尽力使自己成为一个多面手。

完成者特征语言

1. 对这件事情我们丝毫不能分心。

2. 预计可能出错，往往会出错。

3. 工作就得力求完美。

4. 小洞不补，大洞吃苦。

5. 全都检查过了吗？

（二）评估标准及结果分析

示范：第一题，A给1分，B给1分，C给2分，D给2分，E给2分，H给2分，F、G不给分，以此类推，把题目对应的分数往里面套，最后把各项的总分加起来就是你扮演的各个角色的分数。

题号	执行者	协调者	塑造者	智多星	外交家	监督员	凝聚者	完成者
1	G	D	F	C	A	H	B	E
2	A	B	E	G	C	D	F	H
3	H	A	C	D	F	G	E	B
4	D	H	B	E	G	C	A	F

23

5	B		F		D		H		E		A		C		G	
6	F		C		G		A		H		E		B		D	
7	E		G		A		F		D		B		H		C	
总计																

　　分数最高的一项就是你表现出来的角色，分数第二和第三高就是你的潜能，如果分数在10分以上有三项，证明你这三种角色都可以扮演，这个主要看你的兴趣和能力在哪里了。如果你有一项突出，超过18分以上，你就是这类角色了，一般来说5分以下表示你不能去扮演这个角色，15分以上证明你特别适合这个角色。

第三节　团队类型

职场在线

　　国家电网公司为了整合各地的优势资源、降低运营成本，在公司内部组织了很多虚拟团队。虚拟团队人员由公司本部、各地区相关业务部门和信息部门人员共同组成。虚拟团队内部设立领导机构，负责制定团队目标、重大决策部署、资源调配与协调。在需要集中工作的情况下，设立专门的后勤保障工作小组，负责异地虚拟团队成员的衣、食、住、行等生活保障服务。

　　公司通过组建虚拟团队对分散在各地基层单位内部的人力资源进行充分利用。虚拟团队可根据实际需求临时组建，并能针对具体问题或者项目的需求而动态变化，当项目任务结束时，虚拟团队即可解散。虚拟团队成员可以通过网络、邮件、移动电话、可视电话会议等技术及时地进行信息交流，"一呼天下应"可以防止信息滞留，从而缩短了信息沟通和交流所用的时间。

> 在将来，人类成功的起源并非来自非凡的个体，而是来自人员的非凡组织。

　　团队不是一成不变的，要根据团队目标和资源的不同需要组建与之相适应的团队。随着网络的发展，团队不必要每天工作在一起，团队的沟通方式也发生了重大的变化，虚拟团队也就应运而生。相信随着人们对团队的认识不断加深，以及社会的发展，还会出现更多不同类型的团队。

一、能力目标 Competency Goal

每一个团队的工作目标和内容都不相同，如从事生产、提供服务、处理谈判、协调项目、产品研发、提出建议以及做出决策等，这些都决定了团队的组织结构和人员构成，其侧重点也会有所不同，团队的类型也有所不同。

通过本节的学习，你将能够：
1. 了解团队任务与团队类型的关系。
2. 了解问题解决型团队及其工作流程。
3. 了解自我管理型团队及其发展过程。
4. 了解交叉功能型团队及虚拟团队。

通常我们可能遇到的团队类型主要有四种：问题解决型团队、自我管理型团队、交叉功能型团队和虚拟团队。

> 一个不能从根本上发现问题的产生原因的人，就不能将问题解决好，也就不可能"顺其自然"走向成功。

（一）问题解决型团队（Problem-Solving Teams）

问题解决型团队是指组织成员就如何改进工作程序、方法等问题交换看法，对如何提高生产效率和产品质量等问题提出建议。

问题解决型团队的核心点是提高生产质量、提高生产效率、改善企业工作环境等。在这样的团队中成员就如何改变工作程序和工作方法相互交流，提出一些建议。成员几乎没有实际权利来根据建议采取行动。

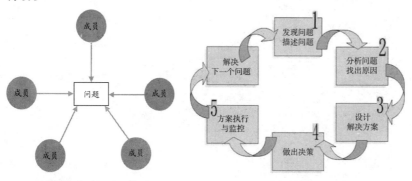

问题解决型团队示意图　　　　问题解决型团队工作流

问题解决型团队要找到存在哪些问题，并在众多问题中选择一些必须马上解决的。然后进行问题的评估与分析——如果不解决可能会带来什么样的损失，同时分析产生问题的原因。第三个部分是设计方案，要解决问题采取什么样的方式比较好？第四是做出决策，看看可行不可行，它的成本花费是多少。最后一部分是方案的执行与监控。

问题解决型团队通常由 5~12 名成员组成，他们每周有几个小时碰头，着重讨论如何改进工作，他们可以对传统的程序和方法提出质疑。我国国有企业的生产车间、班组等，大致属于问题解决型团队，即职工可对改进工艺流程以提高劳动生产率和产品质量等问题提出意见和建议，是团队建设的一种初级形式。

（二）自我管理型团队（Self-Management Teams）

问题解决型团队在员工参与决策方面权力缺乏，功能不足。弥补这种欠缺的结果，是建立独立自主地解决问题、对工作的结果承担全部责任的团队，即自我管理型团队。

自我管理型团队通常由 10~15 人组成，成员之间或者是工作业绩息息相关，或者是从事相互依赖的工作，他们的责任范围包括控制工作的节奏、决定工作任务的分配等。这种自我管理型团队甚至可以自由组合，并让成员相互进行绩效评估，而使主管人员的重要性相应下降，甚至可能被取消。

需要注意的是，自我管理型团队并不一定带来积极的效果。例如，其缺勤率和流动率偏高。这说明，对自我管理型团队这一形式的采用有一定的范围，需要具备一定的条件。

> 个人如果单靠自己，置身于集体的关系之外，置身于任何团结民众的伟大思想的范围之外，就会变成怠惰的、保守的、与生活发展相敌对的人。
>
> ——[苏联]高尔基

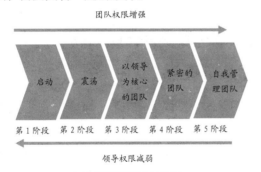

自我管理型团队的发展

从团队的成熟度角度来看，自我管理型团队的建设一般需要经历启动、震荡、以领导为核心的团队、紧密的团队、自我管理型团队五个阶段。

自我管理型团队的建设也伴随着决策权限的转移，随着团队的不断发展完善，团队的权限不断加强，管理者的权限逐渐降低。团队自我管理、自我负责、自我领导、自我学习的特点逐渐显现。

▶ 小知识

建设高效自我管理型团队的九要点

1. 学习与培训自我管理；
2. 清晰的、吸引人的共同愿景；
3. 一个实际的团队任务；
4. 对于团队杰出表现的奖励；
5. 基本的物质资源；
6. 管理工作的权力；
7. 团队目标；
8. 促进战略性思考的团队规范；
9. 使成员的才能与角色相匹配。

（三）交叉功能型团队（Cross-Functional Teams）

交叉功能型团队是团队形式的进一步发展。这种团队通常由来自同一等级、不同工作领域、跨越横向部门界线的员工组成，他们聚集在一起的目的就是完成一项特定的任务。可以说，盛行于今的项目管理与多功能团队有着内在的联系。

交叉功能型团队能使组织内（或组织间）不同领域员工之间交换信息、激发出新的观点、协调复杂的项目、解决面临的问题。但交叉功能型团队不是"野餐聚会"，而是有着硬任务，在其形成的早期阶段往往要消耗大量的时间，使团队成员学会处理复杂多样的工作任务，使背景不同、经历和观点不同的成员之间建立起相互信任的关系。在20世纪80年代末主要的汽车制造公司，包括丰田、尼桑、本田、宝马、通用汽车、福特、克莱斯勒等，都通过交叉功能团队来协调、完成复杂的项目。

> **自我管理团队行为**
>
> 1. 每个团队成员对自己的工作成果负责。
>
> 2. 每个团队成员监控自己的业绩和持续寻求反馈。
>
> 3. 每个团队成员管理他们自己的业绩并对其进行纠正。
>
> 4. 每个团队成员积极寻求公司的指导、帮助和资源。
>
> 5. 每个团队成员积极地帮助他人改善业绩。

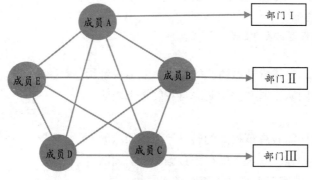

交叉功能型团队示意图

小案例

麦当劳有一个危机管理队伍，责任就是应对重大危机，由来自麦当劳营运部、训练部、采购部、政府关系部等部门的一些资深人员组成，他们平时在共同接受关于危机管理的训练，甚至模拟当危机到来时怎样快速应对，比如广告牌被风吹倒，砸伤了行人，这时该怎么处理？一些人员考虑是否把被砸伤的人送到医院，如何回答新闻媒体的采访，当家属询问或提出质疑时如何对待？另外一些人要考虑的是如何对这个受伤者负责，保险谁来出，怎样确定保险？所有这些都要求团队成员能够在复杂问题面前做出快速行动，并且进行一些专业化的处理。

（四）虚拟团队（Virtual Teams）

虚拟团队是虚拟组织中一种新型的工作组织形式，是一些人由于具有共同理想、共同目标或共同利益，结合在一起所组成的团队。换句话说，虚拟团队就是由一些跨地区、跨组织的、通过通讯和信息技术的联结、试图完成组织共同任务的成员组成的团队，其最显著的特征就是团队成员地理位置的离散性和采用电子沟通方式。也有人提出超越50英尺之外进行运作、通过电子沟通进行协作达到他们共同目标的团队，都可称为虚拟团队。

联信公司的博西迪说得好："不管火苗明不明显，领导者的任务就是去帮助每个人察觉变革之火已经烧起来了，不变不行。"

虚拟团队作为一种新型的组织形态，具有不少优于传统团队的特征。

人才优势	现代通信与信息技术的使用大大缩短了世界各地的距离，区位不再成为直接影响人们工作与生活地点的因素，拓宽了组织的人才来源渠道。
信息优势	虚拟团队成员来源区域广泛，能够充分获取世界各地的技术、知识、产品信息资源，从而能够全面地了解顾客，有利于组织尽快设计和开发出满足顾客需求的产品和服务。
竞争优势	虚拟团队集聚世界各地的优秀人才，他们在各自的领域内都具有知识结构优势，众多单项优势的联合，必然形成强大的竞争优势。
效率优势	虚拟团队利用最新的网络、邮件、移动电话、可视电话会议等技术实现基本的沟通，有效防止信息滞留。
成本优势	虚拟团队打破了组织的界线，使得组织可以大量利用外部人力资源条件，从而减轻组织内部人工成本压力。

虚拟团队要取得成功，首要的是认真选拔团队成员，团队成员必须具有自我开拓意识，较强的沟通能力和其他较高的虚拟团队技能，还要保持项目任务为中心，建立清晰的团队目标，使团队成员能测定自己的工作进程，明白自己是否处于目标方向之中。

二、案例分析 Case Study

案例一：自我管理团队的经验

R企业集团销售队伍绩效偏低，集团领导认为这是销售部门领导不力的结果，于是决定引入咨询公司进行分析，并提出解决方案。咨询公司的分析肯定了集团领导层的判断，并指出销售部门领导团队的问题：关注细节，缺乏对战略和长远问题的关注；缺乏领袖型人物；管理角色重合；缺乏有效的沟通与理解。

根据问题，咨询公司建议在销售部门推广自我管理团队模式，由员工自由组合，既管理自身又必须完成销售业绩。同时还给出团队运作的基本方向：调整或重构组织结构，规范管理职责关系，强化角色的层次功能定位；在团队中选任一名宏观战略意识强、思维敏捷、沟通说服能力突出的经营型人才充当领导；集团充分放权给各团队，但绩效考核的指标非常严格。

经过变革，销售部门业绩在一年内暴涨50%，并在其后连续几年保持20%的增长。

推行自我管理团队并不总是能带来积极的效果，虽然有时员工的满意度随着权利的下放而提升，但同时缺勤率、流动率也在增加。所以首先要看企业目前的成熟度如何，员工的责任感如何，然后再来确定自我管理团队发展的趋势和反响。

> 虚拟团队是以下几方面的结合体：
> 1. 现代通信技术。
> 2. 有效的信任和协同教育。
> 3. 雇佣最合适的人选进行合作的需要。

案例二：斯德恩斯公司的虚拟团队

斯德恩斯公司是美国的一家税务会计公司，主要为个人提供税务服务。公司的优质服务建立在优质建议和出色服务上。得到这些声誉的关键在于，公司拥有不断更新的电脑资料和分析工具，员工们都是运用这个工具为客户提供咨询的。而编写这些程序的几个人都受过相当专业的培训。他们编写的程序技术含量很高，无论是涉及的税务法律内容，还是使用的编程语言。

完成这项工作需要高超的编程技能，以及对法律的透彻理解。它要求人们迅速整合新的法律内容并对已有法律做出解释，然后准确无误地把它们编入已有规则和分析工具中。

这些程序的编写由4名分布在大波士顿地区的成员组成的虚拟团队完成。4个人都在家里工作，相互之间以及与公司的联系通过电子邮件、电话和会议软件进行。所有程序员之间正式的现场会议1年之中只有几次，不过他们有时会在工作之余进行非正式的见面。以下是4

个人的背景材料：

　　汤姆·安德鲁（Tom Andrews）是一名税务律师，缅因大学毕业生，曾是学校棒球队队员，单身，35岁。汤姆从事该项目工作已经6年，是小组里工作时间最长的成员。除了编写程序的责任以外，他主要担任与公司的联络工作，还负责对新成员进行培训。汤姆在南新罕布什尔自己的农场中工作，业余时间，他喜欢打猎和钓鱼。

　　克兰（Cy Crane）是一名税务会计师，毕业于麻省大学计算机系，32岁，已婚，有两个孩子，分别为4岁和6岁。他的太太在波士顿的一家法律公司做全职工作。克兰在业余时间喜欢骑车和钓鱼。

　　玛吉·戴克特（Marge Dector）是一名税务律师，毕业于宾州大学，38岁，已婚，有两个孩子，分别是8岁和10岁。她的先生在当地一家国防部指定公司做电子工程师。玛吉的爱好是高尔夫和冲浪。

　　迈根·哈里斯（Megan Harris）是一名税务会计，毕业于印第安纳大学，26岁，单身。她最近搬来波士顿，并在Back Bay区域附近的公寓中办公。

　　4个人每天大量交换邮件。事实上，对他们来说，为了登录和查询邮件而不见客人或家人是很正常的事。他们的邮件中除了与工作相关的内容之外，经常还有一些有趣的事情。有时工作的最后期限临近，而玛吉的孩子却生病在家，那么其他人会帮助她完成工作。汤姆偶尔也会邀请其他成员来自己的农场；玛吉和克兰好几次带着自己的家人共进晚餐。差不多每月1次，小组中的所有人会在一起共进午餐。

　　在薪水方面，与公司的惯例一样，每个人需要单独而且秘密地和管理层谈判。尽管在工作日每个人都会受到定期检查，但他们在受雇时就被告知，他们可以在任何自己想工作的时间里工作。显然，工作弹性是这些人工作的优势。当4个人聚在一起时，他们常常开那些绑在办公室里的管理者和员工的玩笑，他们把那些定点上班的人称为"面部计时器"，而把自己称为"自由代理人"。

> **自我管理型团队成员职责**
>
> 1．自我管理（计划、组织、控制、人员、监控）。
>
> 2．给成员分配工作（决定成员在什么时候什么地点做什么工作）。
>
> 3．计划和安排工作日程（开始和完成，工作速度，目标设定）。
>
> 4．制定生产相关的决策（存货、质量控制、工作控制）。
>
> 5．问题的解决（质量问题、客户服务、纪律）。

　　因被要求对程序做出较大改动，他们开发了一种名为"MACROS"的编程工具以帮助自己更有效率地工作。这个工具可以极大提高程序编写方面的速度，尤其是克兰，他非常喜欢使用MACROS。例如，在最近一个项目中，他非常着迷于使用这一工具来节约大量的时间。1周之后，他交给公司他的编程，以及编程记录。克兰向汤姆夸耀说，他编写了一个新版的MACROS，并且使他在1周里节省了8个工作时。汤姆对此半信半疑，但在试过之后，他发现确实节省了很多时间。

　　斯德恩斯公司有一个员工建议方案，对那些可以节省公司资金的革新建议进行奖励。公司会将革新项目在3个月内为公司产生的效益的5%作为给每个提出建议的员工的收入提成。公司还有一个利润分成计划。但汤姆和克兰都觉得从公司奖励中得到的那笔钱太少了，还不够抵消他们使用这个新的编程工具所赢得的时间呢。他们希望把时间用于休闲或工作咨询。他们还担心，如果管理层了解了这项革新后会对他们的小组不利；说不定会让3个人来完成4个人的工作，这就意味着其中1个人会失去工作。所以，他们并没有把这项革新告诉管理层。

尽管汤姆和克兰没有与管理层分享这个革新方案，但他们知道马上要进入紧张的工作季节，而且小组中的所有人都会承受很大的工作压力。他们决定告诉小组内其他人这一工具，但要求他们保密。

一天午餐后，小组共同确定了一个生产水平，这样不至于引起管理层的怀疑。几个月过去了，他们利用更多的时间来改进工作质量。另外，他们现在可以将更多时间花在自己的个人兴趣上。

戴夫·里根（Dave Regan）是该工作群体的管理者，在这项革新实施的几周后看到了它的效果。他很奇怪，为什么团队的工作时间有所减少，但工作质量却提高了。当他看到玛吉给克兰的一封邮件，感谢他给她带来了更多的时间以及他的"聪明头脑"时，他有点明白了。他不想让小组成员感到尴尬，于是暗示汤姆他希望知道所发生的事情，但是他什么也没得到。他没有向自己的上司报告这一情况，因为这个团队无论是在质量还是生产效率方面都很不错，他没有必要进一步深究。

但戴夫不久听说克兰向公司中另一个虚拟团队的成员夸耀自己的技巧。突然之间，情况变得有些失控了。戴夫决定请克兰共进午餐。吃饭时，戴夫请克兰解释一下所发生的事。克兰只是告诉他有了一些革新做法，但他坚持指出团队决定要保守秘密。戴夫知道，自己的老板很快也会听说这件事，而且会询问他。

为什么这一群体是个工作团队？你是否愿意在这种工作团队中工作？在这个例子中有人做得不够道德吗？请列举出案例中可能被认为是不道德的行为，并进行评价和说明。戴夫是一个有效的团队领导者吗？请解释你的立场。戴夫现在应该怎么做？

> **高效队友的行为**
>
> 1. 他十分坦诚，具有亲和力，不会使人产生防御心理。
>
> 2. 他充满活力，清楚地知道目标之所在，并且能够充分激发其他成员的潜能。
>
> 3. 他具有很强的领导能力，敢于提出新的问题。
>
> 4. 他非常关注团队成员之间的相互交流，是一个工作努力、值得依赖而且能力很强的人。
>
> 5. 他十分诚实，想法新颖，勇于指出问题，同时目标也十分明确。
>
> ——［美］弗兰克·拉夫托斯

三、过程训练 Process Training

活动一：游戏——导航塔

在轻松的游戏中把松散的工作小组转变为团结高效的工作团队。本活动需要准备如下物品：纸杯、报纸、透明胶带、吸管、橡皮筋和1把手工剪刀。

（一）活动过程

1. 培训师将大家分成5~8个人一组。

2. 培训师宣布每个小组的任务是要为本组建一座导航塔，越高越好。

3. 分发材料，宣布在规定时间内发动成员的创新意识建塔。

4. 所建的塔要接受其他组选出的检验员的检验，以吹不倒而且最高为胜利小组。

（二）问题与讨论

1. 你的小组是如何工作的？

2. 你的塔为什么最低？

3. 从高塔本身而言我们获得了什么团队管理的启示？

（三）总结

在一个比较复杂的任务中，每个人都要根据自己的特长，有明确的分工。组员有了很好的创意，也要通过良好的沟通使其他组员接受，并在可行性上加以推敲。同时，我们开始从事复杂任务时，都应该有一个系统方案，这样才能成为一个高效团队，才能解决问题。

> 贝塔斯曼公司是全球最大的传媒公司。它采取高度分权的结构，有300多个经营单位，每个单位都是独立的团队，他们在实施各自的目标方面有较大的自由度，但活动范围及文化理念受到组织的强大控制。

活动二：课堂练习

作为团队成员或领导，你参与过哪些类型的团队？你所参与的团队是通过什么样的形式进行管理和协作？

参与的团队类型	管理和协作模式

活动三：游戏——运输带

一台机器的正常运行依赖于大量齿轮之间的配合运转，同样在一个团队完成任务的时候，大家的紧密合作是非常重要的。

（一）活动过程

1. 培训师将大家分成 10~12 人一组。

2. 培训师将下述材料发给每个小组，分别为：每组 40~50 张废报纸、一卷大透明胶、两把大剪刀。

3. 每一个小组要能够运用这些材料制成一条运输带，将全体成员从起点运送到终点。

（二）问题与讨论

1. 你们小组最后是成功还是失败了呢？有没有什么总结的经验？

2. 成功的运作取决于什么因素？个人在团队里面的角色是什么样的？团队的协调又起到什么作用？

（三）总结

1. 正像传送带需要多个齿轮合作运转一样，团队在完成这个任务的时候也需要大家像齿轮和螺丝钉一样发挥自己的一份力量，共同完成集体任务。个人与集体之间是相互依赖、互为唇齿的关系，个人好，集体才能好；集体好，个人才能好。

2. 首先需要保证的是这条运输带的质量一定要过关，只有这样才能保证运输的正常进行，其次为了彼此之间的相互配合，团队中的每一个人都要同时扮演领导者和被领导者的角色，以保证任务的顺利进行。

四、效果评估 Performance Evaluation

评估：团队协作能力

（一）情景描述

在团队中，团队协作能力是指自己与团队成员间密切配合、相互协助，有效解决问题的能力。请通过下列问题对自己的该项能力进行差距测评。

1. 你如何看待团队成员之间的协作？　（　）

 A. 三个臭皮匠顶个诸葛亮

 B. 可以提高团队绩效

 C. 有时阻碍个人才能的发挥

2. 你如何看待团队成员的缺点？　（　）

 A. 缺点也可以转化

 B. 缺点不影响优点的发挥

 C. 缺点需要改正

3. 在团队中，管理者如何为团队成员分配工作？　（　）

 A. 根据其特长

 B. 根据其性格

 C. 根据其资历

4. 当你听到他人被认为能力不强时，你如何认为？　（　）

 A. 也许没有发现他的特长

 B. 他也许没有展现他的特长

 C. 他应该学习提高

低效队友的行为

1. 他轻视团队中其他人的努力。

2. 他不善于与他人合作，导致许多问题最后没有达到双赢，而是以一方的失利为代价。

3. 他我根本不信他能说到做到，他只会分裂团队。他讲求"企业政治"，认为个人目标比团队目标更重要。

4. 他总是作出过高的承诺，却又总是不能履行，导致许多问题产生，影响了成员之间的相互依赖程度。

5. 他固执己见，即便所持观点最初的理由由现在已经不再成立了，却依然不肯妥协。

——[美]弗兰克·拉夫托斯

5. 你如何评估团队中的每一位成员的价值？ （　）

    A. 既然是团队成员，都有价值　B. 可能能力不同价值不同

    C. 能力就是价值

6. 管理如何让你的团队成员间保持良好的协作关系？ （　）

    A. 建立适于发挥特长的协作机制

    B. 通过流程加以约束

    C. 通过硬性规定实现

7. 如果你的团队中，有成员确实影响了团队绩效，你如何办？ （　）

    A. 加强沟通，及时解决问题

    B. 用替补成员进行替换

    C. 限期改正，否则清除

8. 你如何理解"人多力量大"这句话？ （　）

    A. 只有协作好，力量才能大

    B. 可能不是个人力量的简单相加

    C. 有时未必这样

9. 当你成为团队中主要的成员时，你如何看待自己？ （　）

    A. 我离不开团队

    B. 继续发挥自己的作用

    C. 团队离不开我

10. 7 个和尚分粥，你认为哪种方式能够长期协作下去？ （　）

    A. 轮流分粥，分者最后取

    B. 一个和尚分，一个和尚监督

    C. 对分粥者进行教育

> 学习型组织由美国麻省理工学院彼得·圣吉教授在《第五项修炼》一书中提出，它使人们能够在工作中建立共同愿景，从而活出生命的意义。

（二）评估标准及结果分析

选 A 得 3 分，选 B 得 2 分，选 C 得 1 分。

24 分以上，说明你的团队合作能力很强，请继续保持和提升。

15 ~ 24 分，说明你的团队合作能力一般，请努力提升。

15 分以下，说明你的团队合作能力较差，急需提升。

第二章　加入团队

我们加入了一个团队，并非就是一个合格的团队成员。要想让团队中的每一个人都真正地融入团队，与团队同呼吸共命运，就需要团队成员一起解读彼此的感受和情绪，不断磨合，并相互适应，还要根据团队的实际情况，随时随地调整团队成员的行为方式，与团队成员充分沟通，彼此尊重，休戚与共，同时一起协商解决有争议的问题。在这个过程中，团队成员将一起共享彼此的资源和天赋，并有效地利用大家的技能和知识，互相信任、互相配合，慢慢形成独特的团队精神，最终融入团队，真正成为团队中不可或缺的一员。

通过本章的学习，你将能够：

1. 了解团队信任的重要性，掌握培养信任感的方法。
2. 了解团队精神的内涵和作用，学会解读自己所在团队。
3. 掌握融入团队的方法，以及学会团结。

> 用众人之力，则无不胜也。
> ——《淮南子》

第一节　团队信任

　　小白和小明是一家物流公司的职员，两人是工作搭档，他们工作一直都很认真努力，老板对他们也很满意，但一个意外使两人走上了不同的职场道路。

　　一次，小白和小明负责把一车货物送到目的地。这车货物很贵重也很有价值，因为是第一次做这家企业的业务，老板反复叮嘱他们要小心。

　　到了目的地，在小白把其中某件货物递给小明的时候，小明却没接住，货物掉在了地上，里面的东西摔碎了。

　　回来后，老板对他俩进行了严厉地批评。"老板，这真不关我的事，是小白不小心弄坏的。"小明趁着小白不注意，偷偷来到老板办公室对老板说。老板平静地说："谢谢你小明，我知道了。"随后，老板把小白叫到了办公室。"小白，到底怎么回事？"小白就把事情的原委告诉了老板，最后小白说："这件事情是我们的失职，我愿意承担责任。"

　　回去后两人一直等待处理的结果。老板把小白和小明叫到了办公室，对他俩说："其实，客户公司的人看见了你俩在递接货物时的动作，我也了解了当时发生的情况。还有，我也看到了问题出现后你们两个人的反应。我决定，小白留下继续工作。小明，明天你不用来工作了，有关赔偿，公司会再与你协商的。"

> 信任是高效的、团结一致的团队的核心。没有信任，团队合作无从谈起。团队信任要求团队成员彼此相信各自的正直、个性特点、工作能力。赢得他人信任是团队合作的前提，这种信任应做广义的理解，不仅包括对个人品质的信任，而且包含对专业能力的信任。

　　加入团队首先要得到团队的信任，而获取信任最关键的就是勇于承担责任，不敷衍塞责，推诿责任。在这个案例中，小白和小明的不同表现正是获得和失去信任的根本原因。在团队中，获得信任很难，而失去信任可能只是你的一句谎话就够了。

一、能力目标 Competency Goal

 职场新人刚进入工作团队，迫切希望工作会有成果，得到承认，这都需要与同事们建立团队信任关系。信任是合作的开始，也是团队管理的基础。一个不能相互信任的团队，无法完成任何的合作与交流，是一支没有凝聚力的团队，也是一支没有战斗力的团队。团队必须建立在相互信任的基础之上，才能通力合作完成大型的任务。团队成员彼此之间的信任程度，是影响工作绩效及成果的一个关键因素。

> 信任并放权给团队，才能获得团队的信任。
> ——李开复

通过本节的学习，你将能够：

1. 了解信任及其特征。
2. 了解团队信任的重要性。
3. 了解团队信任缺乏的原因。
4. 掌握培养团队信任的方法。

（一）什么是信任

信任是指对个人或事件的诚实、长处、能力和担保等有意愿之信赖。信任具有三个主要特征：

● 会增加信任者之风险。
● 被信任者的行为不受信任者的控制。
● 若某一方违约可获得短期利益。

信任可说是一种"心理契约"，此种心理契约是经济社会一切规则、秩序的根本所在，没有信任，就没有秩序。没有一个变数像信任一样，可以这么完美地影响人与人之间、群体与群体之间的行为。因此，信任可说是创造社会繁荣的关键，是经济社会中的无价之宝。

小案例

有三个和尚路过一个很破的庙宇，他们决定重修这个庙宇。甲和尚就开始悉心念佛，乙和尚便很辛苦地修补庙宇，丙和尚则外出化缘，扩大这个庙宇的影响。不久，庙宇有了名气，香火旺盛起来。但是这个时候，他们却开始争吵起来，每个人都说庙宇的兴盛是因为自己的原因，开始抢功劳，结果庙宇就在争论当中很快又衰落下去。

（二）团队发展与信任

新的团队组建时，信任是磨合期首先需要解决的重要问题。只有建立基本的信任，团队才能顺利开始工作；当遇到困难时，团队信任将有助于团队万众一心，共同度过难关；当团队解散时，原来建立的成员之间的信任（或缺乏信任）将会继续流传，对未来的工作继续产生影响。

一支团队的发展就好像一棵大树的成长过程，需要经历一系列的阶段，在不同的阶段，最显著的变化就是团队信任。下表是团队发展不同阶段中团队信任状态的变化：

团队发展阶段	团队信任的变化
形成阶段	彼此彬彬有礼，缺乏信任
波动阶段	彼此相互考验，信任加强
规范阶段	彼此尊重，团队信任形成
成熟阶段	彼此信任，万众一心，众志成城

（三）团队信任的重要性

信任对于一个团队来说，具有化腐朽为神奇的力量，它能够使团队凝聚出高于个人力量的团队智慧，造就不可思议的团队表现和团队绩效。团队信任是一个优秀团队成功的基石。

> 任人之道，要在不疑。宁可艰于择人，不可轻任而不信。
> ——欧阳修

●建立信任易于构建成员之间互相包容、互相帮助的人际氛围。

●建立信任易于形成团队精神以及积极热情的工作情绪。

●建立信任团队成员工作满意度会随之得到提高。

●建立信任能使每个人都感觉到自己对他人的价值和他人对自己的意义。

●提升信任有助于提高成员对团队的忠诚度及工作效率

●提升信任可以使团队成员之间更愿意进行合作，会主动给予更多的支持，可以减低领导者协调的工作量。

●提升团队信任有助于提高信息共享的效率。

●提升团队信任能有效地提高合作水平及团队和谐程度。

●提升团队信任能促进团队绩效的提高和团队的成功。

小故事

吐谷浑是我国古代西北的一个少数民族部落，是鲜卑族的一支，曾建立吐谷浑国。吐谷浑国王阿豺有二十个儿子。他在患病临近死亡时对他的儿子们说："你们各拿一枝箭给我，我要用。"然后吩咐弟弟慕利延说："你拿出一支箭来并且折断。"慕利延断了它。阿豺又吩咐说："你拿二十枝来，再折断它们。"慕利延却不能折断。阿豺对他儿子们说："你们知道了吗？一支箭十分容易折断，很多的箭在一起，则不可能折断，所以说，只要你们齐心协力，相互信任，国家就可以稳固了。"

（四）团队信任不够的原因

在团队中，团队成员之间彼此的信任关系会因对方的专业能力、敬业程度、对事情的理念等因素而受到影响。此外，因为个人的人格、人际关系、彼此互动程度等因素而影响了事情的成果，因此构成了不确定性与风险性。团队成员间彼此的信任与否以及信任程度的高低受不确定性和风险性的大小所致。信任程度越高，则不确定性与风险性越小；信任程度越低，则不确定性与风险性越大。总的来说，造成团队信任缺乏的原因可以归结为以下几点：

- 团队领导对成员能力的怀疑。
- 团队成员对领导和团队缺乏忠诚度。
- 团队目标不明确，团队成员看不到团队发展远景。
- 团队成员发展路径不明朗，对自身未来发展没有方向。
- 团队成员对团队文化和精神缺乏认同。
- 团队成员寻求短期行为，怀疑团队发展潜力。

> 假如我用个人的才能，可以赚一个亿，可能100%是我的；但我用十个人的时候，我们可能赚到十个亿，可能我只有10%，我同样是一个亿，但我们的事业变大了。

▶ 小寓言

三只兔子来到了一家饭馆，他们各自点了一份最爱吃的胡萝卜沙拉。当服务生把美味的食物端上桌时，兔子们发现她们都没有带钱。兔子老大说："我是你们的老大，取钱的事不该由我来做。"兔子老二说："我认为派小弟去取钱是最合适的，老大你说呢？"老大表示同意。兔子老幺说："我可以去取钱，但是你们谁也不能动我的胡萝卜沙拉！不然我就不去了！"老大和老二连声答应，并且保证绝对不会碰它的沙拉。于是兔子老幺走了。兔子老大和老二很快就把各自的沙拉吃得干干净净，连声说美味呀，还意犹未尽。他们看着兔子老幺的沙拉，馋涎欲滴，但是出于承诺，还是强忍着不去吃兔子老幺的沙拉。等了好久，兔子老幺还没有回来。于是兔子老大和老二就商量："我们还是把老幺的沙拉吃了吧！"正当他们准备吃的时候，兔子老幺刹那间从屏风后跳出来："哼，我就知道你们会吃我的沙拉，所以我一直躲在屏风后面看着你们，果然，你们要吃我的那一份，幸亏我没有相信你们，要不然就要吃大亏了！"

（五）培养团队信任的方法

任何能力和技巧都可以通过一些方式进行培养和提高，团队信任也不例外。如何快速地建立团队成员之间的信任，使大家密切联系在一起，创造一种相互支持的团队关系，从而达成团队的默契，提高团队的绩效，这是每一个管理者都关注的问题。培养团队信任，不仅要建立团队成员之间的信任，还要建立团队管理者与成员之间的信任，更重要的是建立团队成员对团队的信任。下表是培养团队信任的常用方法：

共同利益	你应该明确你的工作不仅是为自己取得利益，也是在为团队取得利益。不仅仅是在利用别人，同样团队也应该表明每个团队成员的工作都是共同利益的一部分。
言行支持	当你成为团队的一员时，要用言语和行动来支持你的团队。当团队或团队成员受到外来者攻击时，维护他们的利益，这样有利于获得团队及团队成员的信任。
开诚布公	人们所不知道的和知道的都可能导致不信任。开诚布公才能带来信心和信任。因此，团队成员应充分了解信息，解释决策的原因，对于问题则坦诚相告，并充分地展示相关信息。
公平公正	在进行决策或采取行动之前，先想想团队成员对决策或行动的客观性与公平性会有什么看法。该奖励的就奖励，在进行绩效评估或奖励分配时，应该客观公平、不偏不倚。
说出感觉	那些只是向员工传达冷冰冰的事实的团队领导，容易遭到员工的冷漠与疏远。说出你的感觉，别人会认为你真诚、有人情味，他们会借此了解你的为人，并更加尊敬你。
价值信念	不信任来源于不知道自己面对的是什么。让团队成员了解团队的价值观和信念，了解团队目标，使他们的行动与团队目标一致，进而为团队赢得信任。
保守秘密	保守团队秘密是团队成员最基本的要求。保守团队成员的个人秘密，也是你赢得他人信任的关键。如果团队或团队成员认为你会把秘密透露给他人，他们就不会信任你。
表现才能	表现出你的技术和专业才能，不仅能引起别人的仰慕和尊敬，还能赢得他们对你的信任。还要特别注意培养和表现你的沟通、团队建设和其他人际交往技能。

二、案例分析 Case Study

案例一：楚汉争霸，刘邦大胜

　　楚汉相争，又名楚汉争霸、楚汉之战，即汉元年（公元前206年）八月至汉五年十二月（约于前202年年初），西楚霸王项羽、汉王刘邦两大集团为争夺政权而进行的一场大规模战争。楚汉相争以项羽败亡、刘邦建立西汉王朝而告终。据《资治通鉴·太高祖皇帝》记载，在总结经验时，汉高祖刘邦指出了楚汉双方成败的关键："夫运筹帷幄之中，决胜千里之外，吾不如子房；镇国家，抚百姓，给饷馈，不绝粮道，吾不如萧何；连百万之众，战必胜，攻必取，吾不如韩信。三者皆人杰，吾能用之，此吾所以取天下者也。项羽有一范增而不能用，此所以为我擒也。"

　　团队中不乏项羽这样猜忌之心较重的人，容易被人离间。项羽中计之后，范增离世，楚营里再没人替霸王出主意了。作为团队的领袖，项羽没能做到用人不疑，疑人不用。"投之以桃木，报之以琼瑶"，刘邦充分尊重和信任人才，重用张良、韩信等人，使他们殚精竭力为自己出谋划策，开疆辟土。

　　职场中，有些人对团队中的同事全然不信任，疑神疑鬼，总担心下属内外相通，担心夺权造反，不敢授权；担心同事面前一套，背后一套，

　　信任是一种有生命的感觉，信任也是一种高尚的情感，信任更是一种连接人与人的纽带。你有义务去信任另一个人，除非你能证实那个人不值得你信任；你也有权受到另一个人的信任，除非你已被证实不值得那个人信任。

　　——［美］戴维·威斯格

事事搞阴谋给自己挖陷阱，工作开展起来十分缓慢；或者平日看似合作无间，其实相互信任没有基础，一旦患难或面临危机，信赖关系破裂，团队内部土崩瓦解，成员自己毫无所得。

案例二：大漠里的抽水机

有一个人在沙漠行走了两天。途中遇到暴风沙。一阵狂沙吹过之后，他已认不得正确的方向。正当快撑不住时，突然，他发现了一幢废弃的小屋。他拖着疲惫的身子走进了屋内。这是一间不通风的小屋子，里面堆了一些枯朽的木材。他几近绝望地走到屋角，却意外地发现了一座抽水机。他兴奋地上前汲水，但任凭他怎么抽水，也抽不出半滴来。他颓然坐地，却看见抽水机旁，有一个用软木塞，堵住瓶口的小瓶子，瓶上贴了一张泛黄的纸条，纸条上写着：你必须用水灌入抽水机才能引水！不要忘了，在你离开前，请再将水装满！他拔开瓶塞，发现瓶子里果然装满了水！他的内心，此时开始交战着。如果自私点，只要将瓶子里的喝掉，他就不会渴死，就能活着走出这间屋子！如果照纸条做，把瓶子里唯一的水，倒入抽水机内，万一水一去不回，他就会渴死在这地方了。到底要不要冒险？最后，他决定把瓶子里唯一的水，全部灌入看起来破旧不堪的抽水机里，以颤抖的手汲水，水真的大量涌了出来！他喝足后，把瓶子装满水，用软木塞封好，然后在原来那张纸条后面，又加上了他自己的话：相信我，真的有用。在取得之前，要先学会付出。

> **管理者在员工中建立信任的方法**
> 1. 开放沟通。
> 2. 支持下属团队成员的想法。
> 3. 对员工尊重、公正。
> 4. 办事前后一贯，具有可预测性。
> 5. 向员工展示自己的能力。
> ——[美]斯蒂芬·P. 罗宾斯

一个充满信任的团队或社会，需要每个成员随时随地投入并添加一分自己对他人的"信任"。"我为人人，人人为我"，因为这份人与人之间的信任，大地才会变得美丽。当然，作为一个团队的存在，信任能否为大家接受，首先得看这个团队的领导者是否值得信任。

信任是成功的前提，是突破心理"禁区"的利刃，能让人放下防备和顾虑，更积极地投入到团体工作中。我们要培养相互信任，一方面，同事间无论如何都要以诚相待。有些人认为迎合就能赢得信任，可这却让人觉得虚伪，倒不如坦陈己见。另一方面，在赢得别人信任的同时，要多看看别人的长处，相信他们有能力完成工作，不要总认为事情离了自己就做不成，地球可是离了谁都照转。

案例三：修渠的农夫

一年夏天，天气大旱，眼看辛辛苦苦播种的庄稼就要旱死了，农夫甲和农夫乙经过商议，决定修建一条水渠将山上水井里的水引下来灌溉庄稼。于是他们决定分别从地头和井口向中间挖，农夫甲从水井那端挖起，农夫乙从地头那端挖起，他们的老婆负责做饭和送饭。第一天活干完了，农夫甲这边土比较多，挖了五丈，农夫乙这边石头比较多，所以才挖了两丈。两个人都累坏了。农夫甲的老婆对农夫甲说："你今天挖了五丈远，而农夫乙才挖了两丈远。"农夫甲想："他该不会是在故意偷懒吧？明天我得少挖一点。"农夫乙的老婆对农夫乙说："农夫甲今天挖了五丈远。"农夫乙想："明天我要继续加油啊！"第二天活干完了，农夫甲挖了四丈远，农夫乙挖了三丈远。晚上，农夫甲的老婆对农夫甲说："今天农夫乙挖了三丈远。"农夫甲想："我偷懒还挖了四丈，他才挖了三丈，太过分了！"农夫乙的老婆对农夫乙说："你知道吗？农夫甲昨天挖了五丈，而今天才挖了四丈远。"农夫乙想："昨天能挖五丈，而今天却挖了四丈，农夫甲今天肯定偷懒了，明天我也少干点。"就这样，当他们终于把水渠修完的时候，庄稼早就旱死了。

团队缺乏相互信任将导致团队成员失去对客观事实的正确判断，给团队目标的实现带来不良后果。团队成员只有加强相互间的沟通，才能化解误会，保持相互间的信任。

三、过程训练 Process Training

活动一：信任之旅

通过不同角色的体验，团队成员可以认识到人际交往中自助与他助同等重要，感受信任与被信任、爱与被爱的幸福与快乐。同时，这个活动还可以锻炼心理素质，克服恐惧，对心理素质提升有很大帮助。

（一）活动过程

1. 在背景音乐声中，每个人戴上眼罩扮演一个盲人，先在室内独自一人穿越障碍旅程，体验盲人的无助、艰辛、甚至恐惧。

2. 全队一半人继续扮演盲人，另一半人扮演帮助"盲人"的"拐棍"，由"拐棍"帮助"盲人"完成室外有障碍的旅行，且活动过程中不准讲话，拍左肩代表上台阶，拍右肩代表下台阶，拍左腿代表上坡，拍右腿代表下坡。完成后交换角色重新体验。

（二）问题与讨论

1. 在不同情况下，扮演不同角色有哪些感受？扮演"拐棍"时，如何体现自己对"盲人"生命安全的责任感？扮演"盲人"时，是否

> 在现代社会，竞争是必然的，但管理更需要这张王牌——相互信任。
> ——[美]杰克·韦尔奇

感受到恐惧，能够充分信任自己的"拐棍"？

2. 如果面对未知的工作领域，你打算如何面对？

3. 请学员们进行"头脑风暴"，讨论建立信任的困难在哪里？

4. 请学员分享建立信任的案例。

活动二：信任背摔

通过这个活动建立起彼此间的信任关系、培养建立团队成员的责任感。同时，这个活动还可以锻炼心理素质，克服恐惧，对心理素质提升有很大帮助。

（一）活动过程

1. 全队每个人轮流上到背摔台上背向队友，双脚后跟 1/3 出台面，（培训师做示范动作）身体重心上移尽量垂直水平倒下去，下面的队员安全把他接住即为完成。

2. 这个项目的危险性大，所以一定要端正自己的态度，保持极高的警觉性，一丝不得懈怠，以保证队友的安全。队员进行项目前都要将身上的尖锐物品（如眼镜、发卡、手表钥匙、戒指等）放在一边，做完项目后再收回去。

> 信赖，是人生最高境界。
> ——[英]莎士比亚

（二）问题与讨论

1. 为什么信任？信任是如何产生并建立起来的？如何体现自己对背摔团员的生命安全的责任感？

2. 由孤立无助到感受团队力量（背摔者由空中无助到触及队友手臂的感觉）；为什么会恐惧？

3. 如果是未知的领域，你怎么去面对？

四、效果评估 Performance Evaluation

评估：团队信任能力

（一）情景描述

在团队中，团队信任能力是指自己与团队成员间坦诚相待、相互信任、互助互协的互信能力。请通过下列问题对自己的该项能力进行差距测评。

1. 在团队中，你如何看待诚信问题？ （　　）

　　A. 诚信是信任的基础　　　　B. 诚信影响信任关系

C.　诚信是个人品德

2.　管理者如何赢得团队成员的信任？　　　　　　　　　　（　　）

    A.　做事先做人，言行一致　　　　B.　按制度办事，一视同仁

    C.　保持行为的一贯性

3.　是什么让你信任团队中的其他成员？　　　　　　　　　（　　）

    A.　团队成员的品德　　　　B.　团队成员的能力

    C.　团队成员的经验

4.　你如何看待团队成员间的信任对团队的影响？　　　　　（　　）

    A.　信任会提高工作效率　　　　B.　信任会增进团结和沟通

    C.　信任会减少误会

5.　当团队某一成员的行为被其他成员怀疑时，你如何看待？（　　）

    A.　通过沟通了解真相　　　　B.　应继续相信他们

    C.　根据品行来决定是否信任

6.　管理者应如何看待信任团队成员的作用？　　　　　　　（　　）

    A.　激发团队成员的斗志　　　　B.　让团队成员顺利完成任务

    C.　增进双方的感情

7.　你认为团队成员间如何才能保持充分信任？　　　　　　（　　）

    A.　建立信息共享机制　　　　B.　定期沟通，消除疑问

    C.　遇到疑问及时沟通

8.　管理者应通过何种途径使团队成员之间相互信任？　　　（　　）

    A.　用统一目标增强凝聚力　　B.　团队成员间加强沟通

    C.　提高成员能力和道德水平

9.　管理者如何才能避免团队瓦解？　　　　　　　　　　　（　　）

    A.　让团队成员充分信任　　　B.　定期协调成员利益关系

    C.　跟进团队成员需求

10.　管理者对自己看到的状况和现象应该怎样认识？　　　　（　　）

    A.　自己看到的未必是真实的　B.　自己只看到一部分

    C.　眼见为实

> **高效解决问题成员的行为特征**
>
> 1．十分主动，在解决问题时表现得十分积极。
>
> 2．积极参与事关团队运作中所存在的各种问题的讨论，同时能够提出建设性意见。
>
> 3．努力使大家重视与面对团队所存在的各种问题。
>
> 4．对于事关团队生死存亡的问题分析理解得很透彻，能够提出切实可行的解决问题的议案。

（二）评估标准及结果分析

选 A 得 3 分，选 B 得 2 分，选 C 得 1 分。

24 分以上，说明你的团队信任能力很强，请继续保持和提升。

15~24 分，说明你的团队信任能力一般，请努力提升。

15 分以下，说明你的团队信任能力很差，急需提升。

第二节　团队精神

职场在线

　　2004 年 6 月，拥有 NBA 历史上最豪华阵容的湖人队在总决赛中的对手是 14 年来第一次闯入总决赛的东部球队活塞。赛前，很少有人会相信活塞队能够坚持到第七场。从球队的人员结构来看，科比、奥尼尔、马龙、佩顿，湖人队是一个由巨星组成的"超级团队"，每一个位置上成员几乎都是全联盟最优秀的，再加上传奇教练菲尔·杰克逊的整合，在许多人眼中，这是 20 年来 NBA 历史上最强大的一支球队，要在总决赛中将其战胜只存在理论上的可能性，更何况对手是一支缺乏大牌明星的平民球队。

　　然而，最终的结果却出乎所有人的意料，湖人几乎没有做多少抵抗便以 1：4 败下阵来。湖人的失败有其理由：球员相互争风吃醋，都觉得自己才是球队的领袖，在比赛中单打独斗，全然没有配合；而马龙和佩顿只是冲着总冠军戒指而来的，根本就无法融入整个团队，也无法完全发挥其作用，缺乏凝聚力的团队如同一盘散沙，其战斗力自然也就会大打折扣。

> 　　不管努力的目标是什么，不管他干什么，他单枪匹马总是没有力量的。合群永远是一切拥有善良思想的人的最高需要。
>
> ——[德]歌德

　　团队成员知道得越多，就越能理解团队的宗旨，就越关注团队的发展。明确团队目标，信任团队成员，建立团队发展的规则，激励他们，这就是活塞战胜湖人队的原因，也是团队精神的根本所在。

一、能力目标 Competency Goal

团队精神是指一个团队具有的共同价值观和道德理念在团队文化上的反映。团队精神是团队的灵魂。一个群体不能形成团队，就是一盘散沙；一个团队没有共同的价值观，就不会有统一的意志、统一的行动，当然就不会有战斗力；一个团队没有灵魂，就不会有生命和活力。

通过本节的学习，你将能够：
1. 了解团队精神及其内涵。
2. 了解团队精神的重要作用。
3. 了解影响团队精神的因素。
4. 了解培养团队精神的方法。

（一）什么是团队精神

所谓团队精神是团队个体为了团队的整体利益和目标而协同合作的大局意识。它表现为成员对团队目标的认同，对团队强烈的归属感和团队成员之间紧密合作共为一体的意识。

一个高效团队的灵魂就是团队精神。只有具有团队精神，一个团队才能发挥最大的力量，才能获得最佳效率。

> 五人团结一只虎，十人团结一条龙，百人团结像泰山。
> ——邓中夏

（二）团队精神的内涵

团队精神并不是虚无缥缈的东西，它可以体现为以下几个方面：

团队精神	具体表现
协作精神	团队成员愿意与他人建立友好关系和相互协作的心理倾向。团队成员在工作中互相依从、互相支持、密切配合，并建立了相互尊重相互信赖的协作关系。
全局观念	团队成员对团队忠诚度高，对团队有一种强烈的归属感，不允许有损害团队利益的事情发生，具有团队荣誉感，将个人利益与团队的整体利益联系在一起。
责任意识	团队成员有着为团队的成长和兴衰而尽忠尽责的意识，忠于团队的目标与利益，恪尽职守地完成任务并遵守团队规章制度等。
互助精神	团队成员有意愿将个人的信息与资源与团队其他成员共享，为了达到团队整体目标与利益互相帮助和互相交流，团队之间没有隔阂。
进取精神	团队成员为了实现团队的整体利益努力进取，在团队发展、团队战略和价值实现的过程中努力进取、齐心协力，为一个共同的目标而奋斗。

团队精神并不要求团队成员牺牲自我，相反，发挥个性、表现特长保证了成员共同完成任务目标，而明确的协作意愿和协作方式则产

生了真正的内在驱动力。

团队精神是组织文化的一部分，团队如果有良好的管理可以通过合适的组织形态将每个人安排至合适的岗位，充分发挥集体的潜能。一个团队如果没有正确导向的文化，没有良好的从业心态和奉献精神，就不会有团队精神。

▶ 小故事

一个装扮像魔术师的人来到一个村庄，他向迎面而来的妇人说："我有一颗汤石，如果将他放入烧开的水中，会立刻变出美味的汤来，我现在就煮给大家喝。"这时，有人就找了一个大锅子，也有人提了一桶水，并且架上炉子和木材，就在广场煮了起来。这个陌生人很小心地把汤石放入滚烫的锅中，然后用汤匙尝了一口，很兴奋地说："太美味了，如果再加入一点洋葱就更好了。"立刻有人冲回家拿了一堆洋葱。陌生人又尝了一口："太棒了，如果再放些肉片就更香了。"又一个妇人快速回家端了一盘肉来。"再有一些蔬菜就完美无缺了。"陌生人又建议道。在陌生人的指挥下，有人拿了盐，有人拿了酱油，也有人带来其他材料，当大家一人一碗蹲在那里享用时，他们发现这真是天底下最美味好喝的汤。其实，那不过是陌生人在路边随手捡到的一颗石头。只要大家愿意合作，就可以煮出一锅如此美味的汤。当你贡献自己的一份力量时，众志成城，汤石就在每个人的心中。

（三）团队精神的作用

团队精神是团队中不可缺少的因素，具有非常积极的作用，它具有如下几个功能：

作用	表现
团结凝聚	它通过对群体意识的培养，通过员工在长期实践中形成的习惯、信仰、动机、兴趣等文化心理，来沟通思想，引导人们产生共同使命感、归属感和认同感，产生一种强大的凝聚力。
目标导向	它能使团队成员齐心协力，拧成一股绳，朝着一个目标努力，使团队要达到的目标成为单个成员自己所努力的方向，整体目标顺势分解成各个小目标，在每个员工身上得到落实。
协调控制	团队成员和群体的行为都需要协调。团队精神产生的协调力是通过团队内部所形成的一种观念的力量和氛围去影响、约束、规范以及协调个体行为，使之不与团队的整体利益相冲突。
促进激励	它要靠员工自觉地要求进步，力争与团队中最优秀的成员看齐。这种激励是要能得到团队和他队员的认可，同时还要通过成员之间正常的竞争实现激励的目的。

团队精神能让成员互相关心、互相帮助，并努力自觉维护团队的集体荣誉，约束自己的行为。

团队精神能让每个团队成员具有高涨的士气，激发成员工作的主动性，能让团队成员自愿地将自己的聪明才智贡献给团队，同时也使自己得到更全面的发展。

团队精神能进一步消除内耗，总是能在第一时间界定责任，找到解决问题的责任人，增强团队的工作效率和凝聚力。

（四）影响团队精神的因素

1. 挥洒个性

尊重个性是团队精神的基础。团队所依赖的是个体成员的共同贡献，要求团队成员都发挥自我去做好这一件事情。团队效率的培养，团队精神的形成，其基础是尊重个人的兴趣和成就。设置不同的岗位，选拔不同的人才，给予不同的待遇、培养和肯定，让每一个成员都拥有特长，都表现特长。

小案例

IBM 最成功的经典就是三个字："尊重人"。这三个字既是 IBM 企业文化的核心，也是全体员工的基本信念：一，尊重机构内每一个成员的尊严和权利，充分调动员工的工作积极性；二，注重客户服务，力争百分之百的用户满意；三，精益求精，力求任何一项业务尽善尽美。

IBM 创始人托马斯·约翰·沃森坚信，一切成功都来自于每一位员工的努力，把尊重员工视为 IBM 发展、变革与成功的基础，因此，每位员工的独特个性和潜力在 IBM 都能得到足够的尊重。

2. 协同合作

协同合作是团队精神的核心。社会学实验表明，两个人以团队的方式相互协作、优势互补，其工作绩效明显优于两个人单干时绩效的总和。团队精神强调的不仅仅是一般意义上的合作与齐心协力，它要求发挥团队的优势，在工作中加强沟通，利用个性和能力差异，发挥积极协同效应。

> 团结就有力量和智慧，没有诚意实行平等或平等不充分，就不可能有持久而真诚的团结。
> ——[英]欧文

小实验

英国一位科学家做了一个实验，他把一盘点燃的蚊香放进一个蚁巢。开始，巢中的蚂蚁惊恐万状，约 20 秒钟后，许多蚂蚁见难而上，纷纷向火冲去，并喷射出蚁酸。可一只蚂蚁喷射的蚁酸量必竟有限。因此，一些"勇士"葬身火海。但它们前仆后继，不到一分钟，终于将火扑灭。存活者立即将"战友"的尸体移送到四周的一块"墓地"，盖上一层薄土，以示安葬。

一个月后，这位动物学家又把一支点燃的蜡烛放到原来的那个蚁巢进行观察。尽管这次"火灾"更大，但蚂蚁这次却有了经验，调兵遣将迅速，协同作战有条不紊。不到一分钟，烛火即被扑灭，而蚂蚁无一遇难。科学家认为蚂蚁创造了灭火的奇迹。蚂蚁面临灭顶之灾的非凡表现，尤其令人感动。

3. 奉献精神

这是团队精神的外在表现。实现团队目标不可能一帆风顺。团队成员应该以一种强烈的责任感，充满活力和热情，和同事一起，积极进取、创造性地工作。这就要求团队成员在自己的岗位上尽心尽职，主动为了整体的和谐而甘当配角，自愿为团队的利益放弃自己的私利。

（五）团队精神的培养方法

团队精神是一个重要的团队文化因素，它要求团队分工合理，将每个成员放在适合的位置上，使其能够最大限度地发挥自己的才能，并通过完善的制度、配套的措施，使所有成员形成一个有机的整体，为实现团队的目标而奋斗。团队精神的培养需要从以下几个方面入手：

方法	表现
明确提出团队目标	目标是把团队成员凝聚在一起的力量，是鼓舞团队成员团结奋斗的动力，也是督促团队成员的尺度。要注意用切合实际的目标凝聚人、团结人，调动人的积极性。
健全团队管理制度	管理工作使团队成员的行为制度化、规范化。好的团队都应该有健全完善的制度规范，如果缺乏有效的制度，就无法形成纪律严明、作风过硬的团队。
创造良好沟通环境	有效的沟通能及时消除和化解领导与成员之间、各部门之间、成员之间的分歧与矛盾。因此，必须建立良好的沟通环境，以增强团队凝聚力，减少"内耗"。
尊重个体独特优势	尊重人是调动人的积极性的重要前提。尊重团队中的每一个人，人人都感受到团队的温馨。关心成员的工作与生活，将会极大地激发成员献身事业的决心。
引导成员参与管理	每个成员都有参与管理的欲望和要求。正确引导和鼓励这种愿望，就会使团队成员积极为团队发展出谋划策，贡献自己的力量与智慧。
增强成员全局观念	团结出战斗力。团队成员不能计较个人利益和局部利益，要将个人、部门的追求融入团队的总体目标中去，才能达到团队的最佳整体效益。

二、案例分析 Case Study

案例一：采蜜

蜂王加加和蜂王利利各自领导着一个蜂群，蜜蜂的数量相同。有一天他们决定比赛看谁的蜜蜂产的蜜多。

加加想，蜜的产量取决于蜜蜂每天对花的"访问量"。于是他买来一套能准确测量记录每只蜜蜂每天工作量的绩效管理系统——在他看来，蜜蜂所接触花的数量就是其工作量。每月他公布每只蜜蜂的工作量，奖励访问量最高的蜜蜂。但他从不告诉蜜蜂们他是在与蜂王利利比赛，只是让他的蜜蜂比赛访问量。

蜂王利利可不这样想，他认为蜂蜜的产量关键在于蜜蜂们每天采回多少花蜜——花蜜越多，酿的蜂蜜就越多。于是他直截了当地告诉他的队员们，他在和加加比赛看谁生产的蜂蜜多。他花了不多的钱买了一套绩效管理系统，测量每只蜜蜂每天采回花蜜的数量，并把测量结果随时公布，月末除了重奖当月采蜜最多的蜜蜂外，如果蜂蜜总产量高于上个月，那么所有的蜜蜂都会受到不同程度的奖励。

三个月后，比赛的结果是加加的蜂蜜不及利利的三分之一，加加大惑不解，自己花钱费神设立的绩效评估系统怎么会不管用。

这时，采蜜主管告诉它，蜜蜂的访问量每月都增加一成以上，而每月产蜜量差不多下降一成以上。加加非常生气，连声问有没有谁偷吃了蜂蜜？酿蜜主管说："没有谁偷吃蜂蜜，问题出在没有足够的花蜜来酿蜜。为尽可能提高访问量，蜜蜂们都不采太多的花蜜，因为采的花蜜越多，飞起来就越慢，每天的访问量就越少。您有没有注意到，在给工作量最大的蜜蜂发奖的时候，其他蜜蜂立即一齐发出不满的嗡嗡声？蜜蜂之间竞争的压力太大，一只蜜蜂即使获得了很有价值的信息，比如蜜源，它也不愿将此信息与其他蜜蜂分享。"

加加这才知道自己的做法不太对头，于是虚心地向利利请教。

利利说："我之所以让蜜蜂们专注于采集更多的花蜜，是因为花蜜才是与最终的结果直接相关的。你的评估体系很精确，但你评估的绩效与最终的绩效并不直接相关。枝节越多，越容易走入歧途，越容易忘掉最终目的而把手段当成目的。"

"另外，你的奖励方法也有问题，本来是为了让蜜蜂搜集更多的信息才让它们竞争，由于奖励范围太小，为搜集更多信息的竞争变成了相互封锁信息。我的蜜蜂不一样，因为我不限于奖励一只蜜蜂，为了采集到更多的花蜜，蜜蜂相互合作，嗅觉灵敏、飞得快的蜜蜂负责打探哪儿的花最多最好，然后回来告诉力气大的蜜蜂一齐到那儿去采集花蜜，剩下的蜜蜂负责贮存采集回的花蜜，将其酿成蜂蜜。虽然采集花蜜多的能得到最多的奖励，但蜜蜂之间远没有到人人自危相互拆台的地步。激励只是手段，激励单个的蜜蜂更是手段的手段，相比之下，怎么激发起所有蜜蜂的团队精神才是最重要的。"

> **团队失败原因（一）**
> 1. 团队成员不信任团队领导者。
> 2. 团队成员不能分享团队成果。
> 3. 团队合作得不到奖励，团队不合作也得不到处罚。
> 4. 团队成员不能参与团队的重大决策。
> 5. 团队成员不经常开会或者只是假装开会。

一个简单的故事却让人深刻体会到团队精神的重要性。

第一，团队合作需要共同的奋斗目标。方向一致，目标明确，团队所有人才能齐心协力，众志成城，更快速、高效地实现最终目标。

第二，团队合作需要资源共享、能力互补。一队蜜蜂能够根据自身能力协同合作，另一队蜜蜂却敝帚自珍，将很多信息封锁起来，不愿与队员共享，各干各的，没能充分发挥团队的潜能。

第三，团队合作需要给予成员合理的激励。对团队成员的激励不仅要注意方式，更要注意奖惩范围。要把个体激励与团队激励相结合，既充分发挥团队成员的个体能动性，又照顾到集体的利益，使每个成员的个体利益与团队利益相结合，只有这样才能在团队内部形成良性的竞争，才能真正发挥团队的潜能。

案例二：林格尔曼效应

法国农业工程师迈克西米连·林格尔曼（1861~1931）在他著名的拔河实验中注意到，当拔河的人数从 1 个人逐渐增加到一群人时，集体的力量并不等于个体力量的总和：当增加到 3 个人时，力量仅仅相当于两个半人的总和。也就是说，在集合的过程中损失了半个人的力量（1+1+1=2.5）；当增加到 8 个人时，集体的力量竟然已经仅仅相当于大约 4 个人的总和（1+1+1+1+1+1+1+1=4）。

通过测试得到的数据如下：

级别	实际测得拉力（公斤）	平均 1 人单向拉力
1 对 1	63	63
2 对 2	118	59
3 对 3	160	53.3
8 对 8	256	32

结果表明，当人数愈多，内耗愈大。8 对 8 时，每个人的平均拉力只有 1 对 1 的一半。人大多有与生俱来的惰性，在独立工作时，能竭尽全力，一旦进入一个集体，反而会把责任悄然分解，推卸到其他人身上，这是集团工作中存在的一个普遍特征。

表面上看，众人拾柴火焰高和人多力量大，但实际上却存在着巨大的浪费和损失。林格尔曼由此得出结论：当人们参加社会集体活动时，他们的个体贡献会因人数的增加而逐渐减少，林格尔曼将其称之为"社会惰性"。从此，这个实验结果就称为"林格尔曼效应"。这一效应后来又被不同的科学家反复验证过，屡试不爽。而我们中国人对它的发现和研究甚至比法国人更早，描述得更加惟妙惟肖，分析得更入木三分——"一个和尚挑水吃，两个和尚抬水吃，三个和尚没水吃。"

当一个人在拔河时，他必定是竭尽全力，因为，此时别无他人可以依赖，出不出力一目了然，责任明确无可推卸。当人数逐渐增加时，人的心理活动发生变化：有人知道别人在偷懒，由此想到自己偷点懒理所当然，问心无愧无可指责，于是就松懈起来也心安理得；也有人想这么多人努力，自己稍稍松懈一点，不致影响大局，何乐而不为？所以也开始偷懒，岂不知这是一种相当普遍的心理，结果就是大局受到影响。

临时组成的拉绳的群体不可能是一个团队，所以，团队精神的培育

团队失败原因（二）
6. 团队成员不了解彼此的目标、压力和需要的帮助。
7. 团队成员之间没有明确的责、权、利的划分。
8. 团队成员之间缺乏互补的能力。
9. 团队没有明确的团队合作的流程。
10. 团队成员不认同团队流程和制度。

这一环节极为重要，一个团队应该让所有成员发挥自己最大的力量，要让每个成员都具有向目标进发的团队精神，才能创造一个高绩效团队。

三、过程训练 Process Training

活动一：无敌风火轮

无敌风火轮可以促进团队成员意识到团结一致、密切合作、克服困难等团队精神的重要性，培养团队成员之间的相互信任和理解。

（一）活动过程

1. 把学员分成若干小组，每个小组准备废旧报纸若干、剪刀和胶水。

2. 用报纸围成一个可以行进的履带式的环。

3. 各小组统一在风火轮内站好，身体的任何部分不得直接接触地面，由培训师统一发布口令出发。行进过程中若风火轮断裂必须在原地修复。

4. 各队从同一起跑线出发，以最快到达终点的队为优胜。

> 狼有三大特性：一是敏锐的嗅觉；二是不屈不挠、奋不顾身的进攻精神；三是群体奋斗的意识。
>
> ——任正非

（二）问题与讨论

1. 小组整体表现如何？原因何在？这样的活动方式对于各个小队来说有什么好处？

2. 你认为团队合作中需要注意哪些事项？团队合作精神的核心是什么？

（三）总结

1. 团队之中应该有明确的角色分工，所有人努力向前，也不一定取得胜利，还需要有人进行统一指挥，确保步调一致。

2. 只有一个团队积极向上、互利合作才能形成特有的团队精神，大家才能一起努力，做出骄人的成绩。

活动二：齐眉棍

（一）活动目的

1. 锻炼团队协作精神、形成默契。

2. 考察团队协作能力。

（二）活动过程

培训师准备一根2米长的铝合金管或PVC塑料管或是普通的木棍，要求队员面对面站成两排，伸出每人的双手食指，托着管子，将其放到地上，要求是每个人的手都不能离开管子。

采用不能讲话、把眼睛闭上等要求来增加难度及趣味性。

> 单个的人是软弱无力的，就像漂流的鲁滨孙一样，只有同别人在一起，他才能完成许多事业。
>
> ——[德]叔本华

（三）问题与讨论

1. 什么叫万众一心？什么叫众志成城？什么叫齐心协力？
2. 队长在里面起到什么作用？

四、效果评估 Performance Evaluation

评估：个人团队精神测评

（一）情景描述

以下测验能帮助你检查自己是否有团队技巧。以下每一项都陈述了一种团队行为，根据自己表现这种行为的频率打分：总是这样（5分），有时这样（3分），从不这样（1分）。

当我是团队成员时：

情景描述	角色	得分
1. 我提供事实和表达自己的观点、意见、感受和信息以帮助团队讨论。	提供信息和观点者	
2. 我从团队成员那里征求事实、信息、观点、意见和感受以帮助团队讨论。	寻求信息和观点者	
3. 我提出团队工作计划，提醒大家注意需完成的任务，以此把握团队的方向。我向不同的团队成员分配不同的责任。	方向和角色定义者	
4. 我集中团队成员所提出的相关观点或建议，并总结、复述团队所讨论的主要论点	总结者	
5. 我带给团队活力，鼓励团队成员努力工作以完成我们的目标。	鼓舞者	
6. 我要求他人对团队的讨论内容进行总结，以确保他们理解团队决策，并了解团队正在讨论的材料。	理解情况检查者	
7. 我热情鼓励所有团队成员参与，愿意听取他们的观点，让他们知道我珍视他们对群体的贡献。	参与鼓励者	
8. 我得用良好的沟通技巧帮助团队成员交流，以保证每个团队成员明白他人的发言。	促进交流者	
9. 我会讲笑话，并会建议以有趣的方式工作，借以减轻团队中的紧张感，并增大大家一同工作的乐趣。	释放压力者	
10. 我观察团队的工作方式，利用我的观察去帮助大家讨论团队如何更好地工作。	进程观察者	
11. 我促成有分歧的团队成员进行公开讨论，以协调思想，以增进团队凝聚力。当成员们似乎不能直接解决冲突时，我会进行调停。	人际问题解决者	
12. 我向其他成员表达支持、接受和喜爱，当其他成员在团队中表现出建设性行为时，我给予适当的赞扬。	支持者与表扬者	

以上 1 ~ 6 题为一组，7 ~ 12 题为一组，将两组的得分相加对照下列解释：

（6，6）只为完成工作付出了最小的努力，总体上与其他团队成员十分疏远，在团队中不活跃，对其他人几乎没有任何影响。

（6，30）你十分强调与团队保持良好关系，为其他成员着想，帮助创造舒适、友好的工作气氛，但很少关注如何完成任务。

（30，6）你着重于完成工作，却忽略了维护关系。

（18，18）你努力协调团队的任务与维护要求，终于达到了平衡。你应该继续努力，创造性地结合任务与维护行为，以促成最优生产力。

（30，30）祝贺你，你是一位优秀的团队合作者，并有能力领导一个团队。当然，一个团队的顺利运行除了以上两种行为以外，还需要许多别的技巧，但这两种技巧是最基本且较易掌握的。如果你得分比较低，也不要气馁，只要参照上面的做法，就会有所提高。

> 万夫一力，天下无敌。
> ——刘基

第三节　融入团队

职场在线

新人小琬在一家市场调研公司工作半年不到，已经想跳槽了。倒不是工作不适应，连不喜欢她的主管都说她特别适合做市场调研；也不是对工资有太多的不满意，缴完了保险，小琬的税后工资也能拿到3000元左右。小琬说她就是觉得跟同事越熟越有隔阂。譬如说，同事小娜喜欢在她面前说三道四，所以小琬不愿与小娜走得很近。来自山东的小琬虽说长得很南方，可性格却属豪放型，那次新员工评分，主管给她分数不高，她一急就找到了部门经理那里。结果，主管碍于经理的面子给她改了分，但从此主管再没给她什么好脸色。小琬很是苦闷，打电话给她的闺蜜珠珠说，自己想跳槽走人了。

珠珠觉得，小琬在这家公司碰到的问题在其他公司也一样会碰到，与其匆匆跳槽，倒不如就地学会如何适应新的环境。眼下，小琬首先要做的就是在最短的时间内融入集体，避免受到排挤和孤立。只有这样，才能与大家和谐相处，享受到融入集体的快乐。为此，珠珠给她出了几招：

（1）调整心态，不把同事当"怨家"，同事之间应该是相互合作的关系，而不是相互竞争的"敌人"；

（2）不过问别人隐私；

（3）不把个人情感带入办公室；

（4）积极参加集体活动，彼此增进了解，获得更多的快乐和放松，培养一个和谐的人际关系；

（5）说话要有分寸，不能想说什么就说什么，在每说一句话之前，都要先考虑一下是否合适。

互相尊重、配合，很快融入团队，这是进一步展示才华的前提。

> 融入团队意味着你能够遵循团队文化，而掌握团队语言是其中很重要的一部分。

一、能力目标 Competency Goal

职场环境与学校环境差异非常大。年轻人进入新的单位之后，要快速转变心态，通过正常工作交流，建立和谐的人际关系，找到融入团队的最快的途径。在团队中，过于浓厚的个人色彩会使人有"格格不入"的感觉，难以被团队成员接受。因此，成为一名合格的团队成员首先要"融"，与团队成员融为一体，融洽相处，和乐融融。更具体地说，就是你要成为团队中的一分子，也视他人为团队中的重要成员，更要被他人视为团队中的一员。

通过本节的学习，你将能够：

1. 了解融入团队的心态。
2. 了解融入团队的益处。
3. 学会团结团队成员的技巧。

（一）融入团队的心态

作为一名团队成员，首先要具有能融入团队的如下三个心态：

低	即放低姿态。无论你以前获得过多么值得炫耀的业绩，新到一个单位，切记自己是从新开始，尊重每一个老同事，不要对别人的行为评头论足。
忍	小不忍则乱大谋。面对周围人的冷言冷语甚至小动作，不公开、不回应、不传播、不介入，兢兢业业做好自己的工作。忍还表现为情绪克制和行为谦让，以免激起破坏性冲突。
和	即与团队融合。加快融入团队的进程，迅速变成"自己人"。沟通要从心开始，在新团队中尽快找一两个可以很好交流的新朋友，扎下根基，通过个别人的认可逐步获得整个团队的认可。

（二）融入团队的益处

作为一名团队成员快速融入团队有如下三个益处：

1. 有助于解决问题

我们常听到两个有意义的名词，其实就是指与团体成员融为一体的最高境界。其一，是综效，主要是指用团体的群策群力解决问题的能力及效果。其二是相乘效果，当然最适用于"一加一等于三"或是"三个臭皮匠，胜过诸葛亮"的说法。

> 团队的生命和战斗力不在于其规模和人才，而在于团队文化。

2．有助于获得安全感

在初入团队时，学习经验、知识技能等资源都会感到不足，团队能提供学习机会、犯错的包容以及发展空间。在团队中的安全感大于"单打独斗"。

3．能满足心理需求

在团队中可以得到归属感、亲和力、自尊心以及自我实现等心理需求。归属感及亲和性是由于工作场所已形成了一个小型的社交、联谊中心。遭受挫折时，有人给你安慰；得到奖赏时，有人和你分享。这些心理上的需求满足会给个人带来激励。

◤ **小故事**

　　一天，两个石匠在用砖头砌墙。一个学者路过，问第一个石匠："您在做什么呢？"第一个石匠回答："哎呀，我正在砌墙呢，一块一块真累人呀！"而问到第二个石匠："您正在做什么呢？"那个石匠一边干活一边很轻松自豪地回答："先生，我正在建造一座美丽的教堂啊！"

（三）融入团队的方法

　　要融入团队必须了解你的团队。如团队的历史、性质、产品、规模、体制、优劣势等；要融入团队必须要热爱你的团队，要热爱你的工作，要通过你的努力获得大家的帮助；要融入团队必须要竭力推荐自己，使大家了解你。此外，还要掌握融入团队的技巧和方法。

> 一堆沙子是松散的，可是它和水泥、石子、水混合后，比花岗岩还坚韧。

方法	表现
处理好与领导的关系	不同的领导需要我们用不同的方式去与其相处。要学会尊重领导和他的价值观、行为方式以及兴趣爱好，不要形成对领导的威胁。必要时还要有和领导共同的兴趣爱好，以便有更多的共同语言，不能让领导觉得你可有可无。
处理好与同事的关系	要有执行力，使你成为大家需要的人。要积极参与团队的各类集体活动，和大家建立良好的人际关系，以便大家能够尽快了解你，增加对你的信任感，解除对你的隔膜。但要对同事一视同仁，避免亲疏有别，把自己划入某个小圈子。
多为他人考虑	一个忠于职守的团队成员做事应多为团队考虑，大到出差，小到复印资料，在保证完成好本职工作的前提下，应该本着高效节约的原则，能省则省，一个处处为团队考虑的人肯定受欢迎。
做个好的听众	不要高谈阔论，滔滔不绝，当别人提出话题时，不能扭头就走。工作中仔细听，代表我们专心、认真、细心、想把事做好；同事或主管表达意见或提出指示时，应该专心而诚恳地倾听，好听众也是对他人的尊重。
承认别人的价值成就	当比人取得成就时，不能有如此的想法：他有什么了不起？那种小事，谁都可以做。这些想法会妨碍进步，更会制造隔阂。相反，应该随时让别人知道在你眼中他很有分量。

◤ **小案例**

　　大山大学毕业后来到一家企业，尽管表现不错，但经常因为一些他自认为是"小节"的问题，被主管批评。主管对他的评价是"大毛病没有，小毛病不断"：每天上班总是险些迟到；开会最后一个来，第一个走；有时候抱着办公室里的电话聊个没完；办公室里他的桌子总是最乱最脏；不管是给客户还是给主管打电话，第一声总是"喂"……尽管大山觉得自己是男生，大大咧咧是很正常的事情，但主管却对这些"小节"很较真，不仅因为开会迟到扣过他当月的奖金，一次竟然还叫清洁工把他桌上的杂物统统当作垃圾扔掉。他现在很郁闷，工作也提不起精神。大山的状况就是典型的没有融入团队氛围，与团队格格不入，他离真正成为团队一分子的路还比较漫长。

（四）学会团结

在团队中，无论你的经验有多丰富，水平有多高，单打独斗都是不可能取得大成就的。只有融入一个优秀的团队，才能实现优势互补，达到完美的境界。在新的工作环境中，你可以采用以下方法，快速团结其他成员。

1. 将工作视为团队的工作

在办公室狭小的空间里，以团队为重的姿态是最受推崇和欢迎的。不要幼稚地以为个人英雄主义就可以让自己出人头地，任何工作早已是系统控制中的一部分，越是管理好的公司，个人越权的机会越少，所以最清醒的工作态度就是视工作为团队的工作，这样的好处多多。

- 可以减少自己的心理压力，不用把沉重的压力一个人往身上扛。
- 会在不知不觉中调节与其他同事的关系，以求得稳妥的平衡状态。
- 会更专注自己的强项，并可随心采取最有效的方法去完成工作。
- 将工作简单化和程序化。

2. 多赞美，少批评

要想做个被人团结或者团结他人的人，一定要学会用赞赏的眼光看待同伴而非挑剔的眼光，我们每一个个体都会有自己的长处和短处，而且性格差异也会很大，所以一定不能用自己绝对主观的价值观去评判同伴。赞赏是认同的一种表现形式，赞赏也是同伴之间的润滑油。不需要虚伪，只要用心发现同伴的长处，那么所有的赞赏都是美丽的。赞赏一个点子，赞赏一次出力，赞赏一个拥抱，团结的气氛就会越来越浓烈。用建议替代批评，用赞美替代奉承，团结的力量就会越来越强大。

> 尽管信任别人是有风险的，但是，必要的时候，我们必须信任别人，与别人合作。
> ——［美］罗伊·洛维奇

 小案例

总统批评下属的艺术

柯立芝总统（美国第30任总统）执政时，对他的一位女秘书说："你今天穿的衣服很漂亮，真是位年轻漂亮的女孩子。"平常沉默寡言的柯立芝总统，很少这样赞美过别人，那位女秘书十分开心，脸顿时变红了。总统接着说："别难为情，我刚才的话，是在真心赞美你；从现在起，我希望你对公文的标点要稍微注意一下。"

3. 培养开朗的性格

如果你拥有一个开朗的性格，你的世界就会拥有快乐，其他团队成员就会主动拉近与你的距离。孤僻的人不但经常遭到非议，而且也很容易被孤立。融入新的团队的最好办法是主动出击，用你的热情来对待所有团队成员。如果暂时不够开朗，不要紧，从现在开始，露出你的牙齿，学会微笑。

4. 享受团队成功的喜悦

团结最简单的表现就是齐心协力。一个团结的队伍，首先要有享受团队成功的愿望和勇气，并愿意为此付出。相比办公室的环境，最好的团结就是认同一个团队的目标，并分工协助。这也是为什么那些对团队成功表现相当冷漠的人，自己非但没有动力而且也不会融于团队的氛围中。将团队成功的喜悦当成自己的喜悦，你才会发现工作是那么的有趣。

5. 与同事竞争不能太过张扬

面对晋升、加薪等职场上的关键问题，不能放弃与同事公平竞争的机会，但应抛开杂念，绝不能耍手段。面对强于自己的竞争对手，要有正确的心态，面对弱于自己的对手，也不能太过张扬和自负。千万要记住：如果与同事意见有分歧，完全可以讨论，但绝对不能争论，应该学会用无可辩驳的事实及从容镇定的态度来表达自己的观点。

二、案例分析 Case Study

> 学习是团队文化的根本，创新是团队文化的翅膀，激励是团队文化的驱动器，制胜是团队文化的目标，人本是团队文化的保障，沟通是团队文化的润滑剂，协作是团队文化的灵魂。

案例一：小细节，大乾坤

在某大型外企的面试中，有16个应聘者正紧张地等待着主考官的面试。这时，主考官带着几个工作人员进来了，他们拿着4个阔身窄口的透明玻璃瓶，还有16颗塑料球，每颗球的一端系着一根绳子。

主考官对应聘者说："为了让大家轻松地参加面试，我们先一起玩个简单的游戏。我们16个人分成4组，每组4个人。这里有4个玻璃瓶，还有16颗球，大家分一分。活动要求每个组有一个瓶子，瓶子的口很小，只能容得下一颗球。我把4颗球都放在瓶子里，4根绳子都留在瓶口外，给你们30秒时间进行讨论，随后进行比赛。哪个组最先把4颗球从瓶子里拿出来即获胜。"

应聘者被分为甲、乙、丙、丁四组。甲组的李某马上对其他人说："你们三个分别是1号、2号、3号，我是4号。我按顺序喊号，你们逐个快速地把球拽出瓶口，好吗？我们先练习一下。"被编为2号的马某嘀咕着："切，你以为你是谁，谁任命你做组长啊。"3号冯某正色说："不要吵，我们要团结，4号的方案听起来很好，我们抓紧练习，看有没有需要改进的地方。"1号梁某则一直没有出声。

比赛结束后，结果已经不再重要。因为在短短半分钟内，主考官和工作人员一直密切地注意着各组应聘者的反应，并进行记录。在问过几个问题之后，主考官宣布了录用名单。其中，甲组的李某和冯某被录用，而马某和梁某被淘汰了。

行为面试有助于用人单位观察和了解每一位应聘者的表现及其综合能力素质，目前成为大公司特别是外企的主流面试方式之一。通过观察应聘者在解决问题时的出发点和动机，用人单位推断出应聘者的团队合作能力、与人沟通能力、领导能力和创新能力等职业核心能力。李某和冯某的言行较好地体现出这些职业核心能力，能够迅速找准团队目标，融入新团队，适应新角色，成功胜出；马某则是团队中典型的不和谐分子，缺乏团队合作精神和合作意识，而梁某明显欠缺与人沟通能力和创新能力，二者落选是必然的。

案例二：傲慢自负的职场小丫

小丫从一所重点大学毕业后来到一家国企，与另外两名有经验的同事共同负责外事工作。同事见小丫初入职场，热情地指导她做每一项工作，还特地把较为简易的工作分配给她。但小丫脾气暴躁，骄傲自负，不把同事的殷切叮嘱当回事，也很少向前辈虚心请教，遇事我行我素，从不与同事商量。两个月后，小丫在工作中出现了许多漏洞，给部门捅了不少"娄子"，引起一些不必要的麻烦，还经常与同事在工作中发生争吵，向他人抱怨同事总是给她安排较多难以完成的工作，对上级交办的任务挑三拣四，总想找借口把任务分给其他人，导致领导、同事对其十分不满。渐渐地，小丫被同事孤立起来，自己也相当郁闷、沮丧，始终找不到自己的问题所在。

傲慢与自负是团队合作的杀手，也是职场新人容易出现的问题。一些当代大学生在家里过惯了"小公主"、"小皇帝"的生活，不会处理职场中的各种工作关系，做不到"低"、"忍"、"和"，很难融入到团队氛围，与团队格格不入。

案例三："奔跑的鸭子"

艾迪森是ABC公司的一名低级职员，他的外号叫"奔跑的鸭子"。因为他总像一只笨拙的鸭子一样在办公室飞来飞去，即使是职位比他还低的人，都可以支使他办事。

后来，艾迪森被调入了销售部。有一次，公司下达了一项任务：必须在本年度完成1000万元销售额。销售部经理认为这个目标是不可能实现的。私下里开始怨天尤人，并认为老板对他太苛刻。

只有艾迪森一个人在拼命地工作，到离年终还有两个月的时候，艾迪森已经全部完成了他自己的销售额。但是，其他人没有他做得好，只完成了目标的50%。

> 请记住：被解雇的人中，70%并不由于他们没有正确地完成他们的工作，而是他们不了解企业的文化，没有融入企业文化当中。

> 一滴水只有放进大海里才永远不会干涸，一个人只有当他把自己和集体事业融合在一起的时候才能最有力量。
> ——雷锋

经理主动提出辞职，艾迪森被任命为新的销售部经理。"奔跑的鸭子"艾迪森在上任这一段时间里，忘我地工作。他的行为感染了其他人，在这最后不多的时间里，他们部门竟然完成了剩下的50%。

不久，ABC公司被另一家公司收购。因为双方在商谈收购的过程中，这位董事长曾多次光临ABC公司，这位"奔跑的鸭子"艾迪森给他留下了深刻的印象，所以，当新公司的董事长第一天来上班时，就亲自点名，任命艾迪森为这家公司的总经理。

如果一个人对工作有激情，努力在各个方面以主动、积极的态度工作，那么即便是最平凡的工作，也能带给他成就感。要以高度的热忱对待自己的工作，你的工作态度会影响周围的同事，与你共享团队的利益。一个没有工作激情的员工不可能始终如一地高质量地完成自己的任务。

三、过程训练 Process Training

活动一：背夹球

（一）活动过程
1. 每8名学员分为一组，每组分为4对。
2. 准备活力球若干个。

3. 两名参赛学员背对背，双手在背后交握，用手托住球，学员以侧跑方式在规定的跑道内跑完30米，然后折返交给下一组本队学员。

4. 如果球落地，则要在球离开身体处由裁判重新放球继续赛程，如果学员跑到别的队伍的跑道里则为犯规，要从出发点再开始，最先完成赛程的队伍胜出。

> 你知道什么是沮丧吗？那就是你花了一生的时间爬梯子并最终达到顶端的时候，却发现梯子架的不是你想上的那堵墙。
> ——[美]约瑟夫·坎贝尔

（二）问题与讨论
1. 你所在的团队，成员中有没有不团结的情况？
2. 你们是怎样达到默契而形成优势互补的？

活动二：建立团队

通过建立新团队，提高团队成员的沟通能力，增进团队成员之间的熟悉程度，促进团队成员学会合作，明确团队合作的目标，提出本团队专属的团队文化，制定本团队的合作契约。

（一）活动过程

1. 将所有人分成四组，每组至少 6 人。

2. 小组讨论：选出队长，确定队名、队歌、口号，以及体现团队文化的标志性集体人物造型，并陈述其意义。

3. 在组长的组织下，向全体成员展示小组标志性集体人物造型，并介绍自己的小组。

4. 所有成员写出自己的期望，包括"我加入团队的希望是什么？"和"我希望我们的团队会怎样？"两部分，并选派代表发言。

5. 团队讨论，形成《团队契约书》。

（二）问题与讨论

1. 你熟悉自己所在的团队吗？你与成员沟通是否存在困难？

2. 在团队需要创新性的想法时，你能否积极建言献策？你能否成功动员其他成员积极参与活动？

3. 在团队中如何才能找到归属感？如何来帮助团队取得成功？

四、效果评估 Performance Evaluation

评估一：你的包容能力如何

（一）情景描述

下面所提供的测评，将帮助你了解自己的包容能力如何，本测评共 8 道题，请一一回答。切忌考虑过多，凭第一印象回答即可。

> 请记住：被解雇的人中，70% 并不由于他们没有正确地完成他们的工作，而是他们不了解企业的文化，没有融入企业文化当中。

1. 你对那些与你观点不同的刊物：　　　　　　　　　　（　）
   A. 从来不看　　　　　　　B. 如果碰到的话也可看看
   C. 看，而且还特别感兴趣

2. 你最同意下列哪种说法？　　　　　　　　　　　　　（　）
   A. 如果对犯罪行为惩办得更严厉一些，犯罪行为就会减少
   B. 社会的状况好一些，相应的犯罪就会少一些
   C. 我认为了解犯罪者的心理最重要

3. 你会允许自己的子女同外国人结婚吗？　　　　　　　（　）
   A. 会的　　　　　　　　　B. 不会
   C. 未经仔细考虑某些具体问题之前，是不会的

4. 当你的朋友做出你极不赞成的事时：　　　　　　　　（　）
   A. 你会跟他来往
   B. 你会把你的感受告诉他，但仍然和他保持友谊
   C. 你会告诫自己此事与自己无关，同他的关系依然

5. 你多数朋友在性格上： （　）

    A. 都和你很相像

    B. 与你不同，并且他们之间也彼此不同

    C. 与你大体相同

6. 如果在朋友聚会时，自己的言论被某人强烈抨击，你会： （　）

    A. 感到很愤怒，与他争执　　　　B. 觉得他也不无道理

    C. 不把这事放在心上，设法转移话题

7. 在外面玩的孩子害你不能集中精力工作时： （　）

    A. 你会因孩子们玩得快乐而高兴　　B. 你对他们发脾气

    C. 你会感到心烦

8. 有些上岁数的人喜欢大惊小怪或瞎操心，你对此的反应是： （　）

    A. 耐心地听　　　　　　　　　　B. 心烦

    C. 心不在焉地听

（二）评估标准

得分	1	2	3	4	5	6	7	8
A	4	4	0	4	4	4	0	0
B	2	2	4	2	0	0	4	4
C	0	0	2	0	2	2	2	2

（三）结果分析

8 分以下：你是一位很有包容力的人，能够充分考虑别人的情况与立场，理解他们的困难。你不在乎别人的意见和自己不同，能够容忍偏激和善变的意见。对别人来说，你是受欢迎的，会成为所有人的好朋友。

9~24 分：你具备一定的包容力，基本上能理解和自己想法不同的意见，可以接受新潮流、新思想。但当这些思想与你的信条矛盾时，你还会对其持怀疑态度。你需要注意的是不要过分坚持自己的原则，原则都有一定的适用条件。需要仔细分析再做决定。

25 分以上：你缺乏包容力，排斥和自己不同的意见，希望所有人和自己的想法一致。在别人的眼里，你可能是一个专横霸道、固执己见的人。如果你能试着关心别人的感觉，倾听他们的意见，你会发现与人的交往会容易得多。

> 只有对团队认真负责的人，才能对自己的人生和事业负责。

评估二：你适合团队工作吗？

（一）情景描述

越来越多的工作已经不是可以一个人独立完成的了。无论是在职

场上还是生活中，你认为自己的适合团体工作吗？你还不是很确定吗？
下面的测评能够给你一些启发。

1. 出门买衣服，你通常会：　　　　　　　　　　　　　　（　）
　　A. 自己一个人去　　　　　　　　B. 和家长一起去
　　C. 找朋友一起去买

2. 朋友请你吃饭，而你那天有工作，你会：　　　　　　　（　）
　　A. 坦白地说有工作　　　　　　　B. 和朋友说自己约了父母
　　C. 和朋友说有事，下次自己请对方补偿回来

3. 每天洗完脸之后，你都会：　　　　　　　　　　　　　（　）
　　A. 不用毛巾擦，等水自然干掉　　B. 用护肤品保养
　　C. 用毛巾擦干，不用护肤品

4. 你希望自己的恋人可以在什么方面帮助你？　　　　　　（　）
　　A. 生活方面　　　　　　　　　　B. 工作方面
　　C. 与其他人相处方面

5. 考试的时候，你每次都：　　　　　　　　　　　　　　（　）
　　A. 检查到最后一分钟　　　　　　B. 答完就交卷
　　C. 答完检查一遍就交卷

6. 你认为临时抱佛脚这种做法是：　　　　　　　　　　　（　）
　　A. 完全没有效果的　　　　　　　B. 至少比没有做的好
　　C. 没有能力的人的做法

7. 有限定时间的作业，你通常会：　　　　　　　　　　　（　）
　　A. 提前几天做好　　　　　　　　B. 到最后一天晚上赶
　　C. 经常交晚

8. 在公共汽车站有陌生人和你聊天，你会：　　　　　　　（　）
　　A. 很高兴地和他交谈　　　　　　B. 不理那个人
　　C. 马上跑掉

9. 你认为一个乞丐最需要的是什么？　　　　　　　　　　（　）
　　A. 尊重　　　　　　　　　　　　B. 金钱
　　C. 可怜的心情

10. 你心目中最幸福的生活是：　　　　　　　　　　　　（　）
　　A. 有用不完的钱　　　　　　　　B. 有很多漂亮的异性陪在身边
　　C. 和一个人平淡地过一辈子

> 我们从别人的发明中享受了很大的利益，我们也应该乐于有机会以我们的任何一种发明为别人服务；而这种事我们应该自愿地和慷慨地去做。
> ——[美]富兰克林

（二）评估标准

得分	1	2	3	4	5	6	7	8	9	10
A	1	3	1	3	1	5	1	5	5	1
B	3	1	5	5	5	3	3	1	3	3
C	5	5	3	1	3	1	5	3	1	5

（三）结果分析

得分	团队适合度	表现
≤18分	10%	你天生缺乏胆量，害怕受到伤害，又爱面子，即使跟一大帮朋友在一起玩，你也很被动，很在意人家怎样看你。
19~28分	30%	你是一个在生活中并不和大众同步化的人。你习惯做自己喜欢做的事情，不愿意也不会轻易听信别人的劝告或者意见。你不愿意被约束，哪怕很多时候知道自己失败的可能比成功还大，也要坚持自己的想法。
29~36分	50%	你是一个对于生活和工作并没有多少激情的人，你认为生活就是平凡的，工作或者做事也是平凡的。你没有办法让自己在群体中显得闪闪发光，一切对于你来说，都只是生活中需要做的事情和需要走的路。所以你也是一个不会介意和别人一起在团体中工作的人。
37~41分	75%	你是一个和同龄人比起来比较不愿意一个人独立完成工作或者任务的人。这和你比较强的依赖心理有很大的关系。尤其是在责任重大的工作面前，你显得比其他人都容易胆怯或者担心。团体工作对于你来说不但是锻炼的机会，也是给你适应工作环境的机会。
≥41分	95%	你是一个特别懂得人际交际的人，同时你也是一个喜欢和朋友在一起，喜欢做可以和很多人打交道的工作的人。对于你来说，团体工作简直是比个人独立工作好很多倍的事情。团体工作会让你觉得很幸福。

第三章　团队沟通

　　精诚合作是一个优秀团队的首要品质。团队以及团队成员之间有效沟通是消除矛盾、减少内耗、促进团结的最重要的途径。沟通还能促进信息的传递，只有信息得到理解，团队才能达成共识，形成决策。

　　给组织造成最大损失的原因，不是技术不先进，不是人才不丰富，不是资金不充裕，更不是理念不到位，而是团队与团队之间、部门与部门之间、人与人之间的沟通不通畅。团队的效率低下、执行力差、管理层和执行层的不和谐等问题在很大程度上都可归结为沟通不畅。有调查表明，一个组织中 70% 以上的障碍是来自沟通不畅，同时，由于沟通不畅给组织造成的损失超过总损失的 70%。

　　沟通在我们生活当中无处不在，从某种意义上讲，沟通已经不再是一种职业技能，而是一种生存方式。

　　通过本章的学习，你将能够：

1. 了解有效沟通的含义及重要性，掌握有效沟通的基本条件。
2. 熟悉日常沟通的方式和技巧，并能加以运用。
3. 了解工作沟通的技巧，避免工作沟通的误区。

　　沟通是一切成功的源泉。

第一节　沟通基础

不同的沟通，不同的结果

公司为了奖励市场部的员工，制定了一项海南旅游计划，名额限定为10人。可是13名员工都想去，部门经理需要再向上级领导申请3个名额，如果你是部门经理，你会如何与上级领导沟通呢？

第一种沟通：

"朱总，我们部门13个人都想去海南，可只有10个名额，剩余的3个人会有意见，能不能再给3个名额？""筛选一下不就完了吗？公司能拿出10个名额就花费不少了，你们怎么不多为公司考虑？你们呀，就是得寸进尺，不让你们去旅游就好了，谁也没意见。我看这样吧，你们3个做部门经理的，姿态高一点，明年再去，这不就解决了吗？"

第二种沟通：

"朱总，有件事我想请示您，能否将海南的旅游计划稍做改变？""为什么？怎么改？"。"我们部门共有13名员工，今年的表现都很出色，为了让他们都能感受到公司对他们的肯定和鼓励，避免不必要的矛盾产生，我想能不能对原有计划做这样的改变：降低这次旅游的食宿档次或缩短出游天数，在总预算不变的情况下再增加3个名额，你看行不行？"

第三种沟通：

"朱总，部门里的员工对这次海南旅游计划有些意见和建议，希望能够得到公司的支持？""什么意见和建议？"。"部门里的员工非常感谢公司对他们工作的肯定和鼓励，很希望能开开心心一起出游，可名额只有10个，但大家今年的表现都很出色，很难抉择谁去谁不去，因此让我来请示朱总，能否将原有计划做这样的改变：降低这次旅游的食宿档次或缩短出游天数，在总预算不变的情况下再增加3个名额，你看行不行？"

第一种沟通，肯定不能达成沟通的目的；第二种与第三种沟通，站在不同的立场提出请求，又能站在公司的角度考虑问题，更能让领导接受，达成目的的可能也就更高。

> 谈话的艺术是听和被听的艺术。
> ——［英］赫兹里特

一、能力目标 Competency Goal

沟通是指思想与感情的传递和反馈的过程，以求思想达成一致和感情的通畅。沟通包括对信息的发送和对这些信息的接收和理解。即沟通是信息被传递和理解的过程。只有沟通双方的共同努力，沟通才是通畅和有效的。

通过本节的学习，你将能够：

1. 了解沟通的含义。
2. 理解沟通的重要性。
3. 掌握有效沟通的原则和技巧。

（一）沟通的目的

为什么进行沟通，这是在沟通中首先要考虑的问题，不同的沟通目的决定了不同的沟通方式和内容。通常来说，沟通的目的主要有：

● 传递信息；

● 说服他人；

● 做出决策；

● 解决问题；

● 探求新知。

美国广告大王布鲁贝年轻时，他所在公司的经理问他："印刷厂把纸送来没有？"他回答："送过来了，共有5000令。"经理问："你数了吗？"他说："没有，是看到单上这样写的。"经理冷冷地说："你不能在此工作了，本公司不能要一个连自己也不能替自己作证明的人来工作。"从此，布鲁贝克得出一个教训：对领导，不要说自己没有把握的事情。

小思考

古罗马皇帝提比略（Tiberius）统治时期，一个金匠向他进献了一个不同寻常的餐盘。这个盘子是一件令人目眩神迷的绝妙的东西，它是用一种全新的金属制作成的，质地很轻，闪闪发光，几乎与银一样亮。这个金匠声称，制作盘子的金属是他从普通黏土中提炼出来的，当然，他采用了一种神秘的技术，这种技术只有上帝和他知道。金匠没有料到：提比略，这个罗马最伟大的统帅之一，是一个战争狂，他征服了今天欧洲大陆的大部分地区，并积聚了大量黄金白银，他同时也是一位财务上的行家里手，如果人们突然之间都转而青睐于这种闪闪发亮的新金属，而不再喜欢黄金，那么他的财富将会严重缩水。因此，提比略没有给这个金匠奖赏，而是下令将他斩首了。这种金属是我们今天常见的铝。令人遗憾的是，这种炼铝技术直到2000年后的19世纪才被重新发现。

如果你是那位金匠，你将如何与提比略皇帝沟通交流？

（二）沟通的过程

沟通是双方对所传递信息的理解和反馈。沟通的过程就是信息的传递者根据自己的理解对信息进行加工，然后通过一定的渠道传递给接受者，接受者再根据自己对信息的理解、加工，将信息反馈给传递者。整个沟通的过程，我们可以用图展示如下：

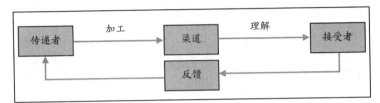

从沟通的过程看，一次有效的沟通必须具备以下条件：

●有信息的发送者和接受者。

●有完整、准确的信息内容。

●有能使接受者完整、准确的接受信息的渠道和方法。

小故事

耕柱是一代宗师墨子的得意门生，但他老挨墨子的责骂。耕柱觉得自己真是非常委屈，因为在许多门生之中，大家都公认耕柱最优秀，常遭指责，让他很没面子。一天，耕柱愤愤不平地问墨子："老师，难道在这么多学生当中，我竟是如此差劲，以致于要时常遭您老人家责骂吗？"墨子听后，毫不动肝火："假设我现在要上太行山，依你看，我应该要用良马来拉车，还是用老牛来拖车？"耕柱回答说："再笨的人也知道要用良马来拉车。"墨子又问："那么，为什么不用老牛呢？"耕柱回答说："理由非常简单，因为良马足以担负重任，值得驱遣。"墨子说："你答得一点也没有错，我之所以时常责骂你，也只因为你能够担负重任，值得我一再地教导与匡正你。"

> 对别人述说自己，这是一种天性；因此，认真对待别人向你述说的他自己的事，这是一种教养。
> ——［德］歌德

（三）沟通的重要性

沟通不仅与人们的日常生活密切相关，而且就团队管理而言，在团队成员之间如果不相互传递信息，团队就无法共同协作，这样，团队也就不能存在。沟通的意义不只是信息的传递，还在于得到理解，达成共识，只有这样的沟通才是有效的沟通。随着团队成员的多样化，他们之间也会有更多的差异，这也就更加需要团队成员之间进行有效的沟通。

学会积极主动地与人沟通，掌握沟通的技巧，真诚地与人沟通，有策略地与人沟通，应该能化解很多生活、工作中的误会和矛盾，使我们的生活和工作呈现良性循环。

有效沟通能在团队执行力上扮演润滑剂的角色。开诚布公地交流和沟通是团队合作中最重要的环节。人与人之间遮遮掩掩、言不由衷甚至挑拨是非的做法都会严重破坏团队中的工作氛围，阻碍团队成员间的正常交流，并最终导致项目或企业经营失败。通过有效沟通可以有效防止团队内部成员之间以及团队与客户之间由于文化语境的差异而带来的矛盾和冲突，维护团队目标的一致性，增强团队凝聚力，提高员工积极性，并能创作良好的外部环境。

▶ 小案例

　　小贾是公司销售部的一名员工，为人比较随和，不喜与人争执，和同事的关系处得都比较好。但是前一段时间，不知什么原因，同一部门的小李总是处处和他过不去，甚至有时候还故意在别的同事面前指桑骂槐，对跟他合作的工作任务也总是有意要小贾多做，甚至还抢了小贾的好几个老客户。

　　起初，小贾认为大家都是同事，没有什么大不了的，忍一忍就算了。但是看到小李做事越来越过分，对他越来越嚣张，小贾一赌气，就告到了经理那。经理把小李批评了一通，从此，小贾和小李就成了绝对的冤家了。

　　从个人的角度讲，良好的团队沟通，能增强成员对团队的忠诚度，提高工作的积极性；从团队的角度讲，良好的团队沟通，能提高团队决策的有效性、提高团队目标的执行效率，还能增强团队凝聚力，创造良好的外部环境。

> 管理者的最基本功能是发展与维系一个畅通的沟通管道
> ——[美]巴纳德

（四）沟通的原则

团队沟通遵循着一定的原则。具体来说，有如下四个方面：

原则	表现
及时与同步	沟通的双方或多方应当及时并同步进入沟通系统和角色，是双向的交流过程，不是单向或其中一方信息处于封闭或半封闭状态，双方处于平等交流地位，不是一方强迫另一方接受自己的信息，沟通各方均应及时、同步地作出反应，充分把握对方所传达信息的意义。
准确与简洁	沟通双方或多方将沟通渠道的结构、时间、地点、内容、频率等，进行准确、清晰告示，避免含糊不清，目的在于使成员准确理解，明白他们所担当的角色和应履行的职责和义务，最大限度地排除成员对沟通要求的模糊和误解，保证团队沟通能够顺畅高效地进行。
透明与公开	沟通的方式、方法、渠道和信息要求必须透明、公开。即应当对参与沟通的个人和团队都全面公开。只有所有成员都十分清楚地知道自己参与沟通的详细要求，才能遵循规则，产生正确、完整有效的沟通行为。
效益与效率	团队沟通活动应当追求效益与效率。效益与效率体现在沟通的各个要素与环节上，如编码、发送、渠道、接收、解码都有效益与效率的要求，以利于团队降低经营和管理成本，更快捷地达成团队的目标。

（五）沟通的技巧

1. 积极倾听

积极倾听是真正主动参与沟通，聚焦讲话者的需要，把注意力从自己转移至讲话者，不带偏见，不做预先判断，使讲话者从你的参与中受到鼓励。

人的大脑容量能接受的说话速度是一般人说话速度的 6 倍，这使得倾听时大脑有相当多的时间闲置未用。积极的倾听者精力非常集中地听说话人所说的内容，并关闭了其他成百上千混杂在一起、容易分散注意力的念头。

通过发展与发送者的移情，也就是让自己处于发送者的位置，可以提高积极倾听的效果。不同的发送者在态度、兴趣、需求和期望方面各有不同，因此，移情更易于理解信息的真正内涵。为了做到这一点，你需要认识情感，让说话者告诉你发生了什么，然后去鼓励他去找出问题解决办法。

小故事

美国知名主持人林克莱特一天采访一名小朋友，问他说："你长大后想要当什么呀？"小朋友天真地回答："嗯……我要当飞机的驾驶员！"林克莱特接着问："如果有一天，你的飞机飞到太平洋上空所有引擎都熄火了，你会怎么办？"小朋友想了想："我会先告诉坐在飞机上的人绑好安全带，然后我挂上我的降落伞跳出去。"当在现场的观众笑得东倒西歪时，林克莱特继续注视着这孩子，想看他是不是自作聪明的家伙。没想到，接着孩子的两行热泪夺眶而出，这才使得林克莱特发觉这孩子的悲悯之情远非笔墨所能形容。于是林克莱特问他说："为什么要这么做？"小孩的答案透露出一个孩子真挚的想法："我要去拿燃料，我还要回来！"

当你听到别人说话时，你真的听懂了他说的意思吗？如果不懂，就请听别人说完吧，这就是"听的艺术"。

2. 积极反馈

很多沟通问题是由于误解或不准确造成的。如果，沟通双方在沟通过程中运用反馈回路，则会减少这些问题的发生。反馈必须足以清楚、完整，反馈还应具体化，最好的办法是接受者用自己的话复述信息。积极反馈几乎总是被接受。

3. 控制情绪

情绪能使信息的传递严重受阻或失真。当信息发送者对某事失望时，很可能会对所接受的信息发生误解，并在表述信息时不够清晰和准确。最简单的办法就是暂停进一步的沟通直到恢复平静。

4. 简化语言

由于语言可能成为沟通障碍，因此沟通双方应该选择措辞并组织信息，以使信息清楚明确，易于沟通的接受者理解。另外，沟通的一方还要考虑到信息所指向的听众，以使所用的语言适合于接受者。有效的沟通不仅需要信息的被接收，而且需要信息的被理解。通过简化语言并注意使用与听众一致言语方式可以提高理解效果。

巴顿将军为了显示他对部下生活的关心，搞了一次参观士兵食堂的突然袭击。在食堂里，他看见两个士兵站在一个大汤锅前。

"让我尝尝这汤！"巴顿将军向士兵命令道。

"可是，将军……"士兵正准备解释。

"没什么'可是'，给我勺子！"巴顿将军拿过勺子喝了一大口，怒斥道："太不像话了，怎么能给战士喝这个？这简直就是涮锅水！"

"我正想告诉您这是涮锅水，没想到您已经尝出来了。"士兵答道。

5. 注意非语言符号

非语言沟通作为沟通活动的一部分，在完成信息准确传递的过程中起着重要的作用。行动比语言更明确，因此你必须注意行动，确保它们和语言相匹配并起到强化语言的作用。非语言信息在沟通中占据很大比重，因此，有效的沟通者十分注意自己的非语言符号的提示，保证它们也同样传达了所期望的信息。据研究，在沟通中，55％的信息是通过面部表情、形体姿态和手势传递的。

▸ **小案例**

张经理素有"铁面包公"之誉。在考核之后，分别找两名即将下放车间的干部谈话。

小路是公司里的新人，热情肯干但缺乏基层经验。张经理笑着说："到下面锻炼一个时期，机关还有工作等你回来。"

老王是公司成立时加入的，喜欢指手画脚，终日无所事事。张经理板着脸说："大家对你评价不高，要么到车间干点实事，要么请你另谋高就。"

后来，两人都在基层的工作中有出色的表现。

6. 建立和谐的人际关系

团队内部的人际关系是做好团队沟通的一项基本要求，人际关系的好坏直接决定了团队的沟通效率。要学会从内心深处去尊重他人。客观地评价别人，能找得出别人的优点，你会发现你的亲人、朋友、同事、上司或下属身上都有令你佩服、值得你尊重的闪光之处。你会发自内心去欣赏和赞美他们，你会在行为上以他们的优点为榜样去模仿他们。这时你就会发自内心去尊重和欣赏他人，你就达到了处理人际关系的最高境界，那么你在与他人沟通时就能事半功倍。

▸ **小案例**

在谷歌，每个员工都可以看到老板或是其他同事的工作计划，这样员工既能知道公司既定的发展方向和目标，可以提出建设性的意见，又能监督老板是否完成了目标。这种透明不仅有利于员工明确公司的方向，更是年终大家相互考评的重要依据。谷歌公司年终的考核与是否升职，是否加薪有关，而这个考核结果不是由某个上级领导说的，而是要同事间相互打分。谷歌公司员工的解释是，你干得好不好其实合作者最清楚。

团队沟通的功能

控制：团队成员必须遵守团队的规范或惯例，沟通可以实现这种功能；同时，非正式沟通还控制着行为。

激励：沟通可以使团队成员明确团队的目标和愿景，知道自己要做什么、怎样做，从而实现激励的功能。

情绪表达：团队成员在工作中有时会产生挫折感或满足感，这种情绪和感觉需要释放，而沟通就是良好的途径。

信息传递：团队工作中需要在成员间相互传递大量的信息，以实现团队的协同和高效，沟通在促进团队内部的信息传递方面起着至关重要的作用。

二、案例分析 Case Study

案例一：印度洋海啸之后

2004 年 12 月 26 日，一场突如其来的海啸席卷印度洋沿岸，给印尼、斯里兰卡、泰国、印度，马尔代夫等国造成巨大的人员伤亡和财产损失。截至 2005 年 1 月 20 日印度洋大海啸已经导致 22. 6 万人死亡。而这些损失中有很大一部分本来是可以避免的。

据《印度快报》报道，印度空军 26 日早晨接到警报说，印度设在孟加拉湾卡尔尼科巴岛的一个空军基地被海啸摧毁。当时，海啸距印度本土还有数百公里。由于地震震中在海底，波动传递到海岸一般需要 20 分钟到 2 个小时，"如果当地居民组织得力，这段时间足够多数人逃生了"，印度空军司令克里希纳斯瓦说。当天上午 8 时 15 分，他让一名助手向国防部发出警报，然而，政府方面并没有与军方进行沟通。

印度气象局于 26 日上午 8 时 45 分发出了一份警报传真，结果发给了前人力资源开发、科技兼海洋发展部长穆利·马诺哈尔·乔希，而不是现任部长。后来印度气象局又在当天上午 9 时 45 分给内政部发去一份警告传真。10 时 30 分，内政部将此事汇报内阁秘书处。而当时印度东南部沿海地区已经被巨浪所践踏。直到当天下午 1 时，印度政府的主要应急机构才举行会议商讨这一问题。

美国地质调查局在检测到大地震之后本来试图通知印度洋沿岸各国准备防护海啸，可是竟然无法找到与这些国家沟通的途径。"我一直在和我们搞海啸研究和预警的人说，但是他们竟然与这些国家在海啸方面没有任何联系，"帕森说，"我们没人在那边，我们只能通过媒体知道到底发生了什么。"

> 一个人必须知道该说什么，一个人必须知道什么时候说，一个人必须知道对谁说，一个人必须知道怎么说。
> ——[美] 彼得·德鲁克

印度洋海啸后，为什么各方没有得到及时、有效的沟通？如果在事先建立完备的沟通渠道，在海啸发生时又进行充分有效的沟通，这些巨大的损失能够避免么？根据本节学习的内容，你认为印度洋海啸后之所以沟通不畅的原因在哪？

案例二：巴别塔的故事

在《圣经·创世记》中有一个关于巴别塔的故事，说的是洪水之后诺亚的后代繁育得越来越多，到处遍布。那时候人们的语言与口音都没有什么大的区别。人们共同劳作，彼此配合融洽，他们努力建造了繁华的巴比伦城。他们为自己的成就而感到骄傲，为了显示自己的力量，传送巴比伦人的赫赫威名，他们决定修建一座通天的高塔。因为大家语言相同、齐心协力，阶梯式的通天塔建得非常顺利，很快就高耸入云。

上帝看到人类如此统一和强大，心想他们如果真修成宏伟的通天塔，那以后还有什么事干不成呢？他决定要制止人类的伟大行动。于是，上帝离开天国来到人间，按照肤色与长相大致相近的办法分批召集人群到一起。分别告诉每群人说："只有你们是最聪明能干的，你们的付出也最多，通天塔的所有权应当属于你们，你们要发明自己的语言来内部交流。"于是，人们便分成不同的族，各自使用不同的语言。从此人类的感情就无法交流，思想很难统一，就不可避免地出现了互相猜疑、各抒己见、争吵斗殴，由此导致了人类之间误解的开始，最后每族只好各找一块陆地来生存和繁衍。从此人类为争夺通天塔的主权开始了连绵不断的战争。而每一族内部，也因为每个人出于个人私利想当部族首领，开始了互相抵毁并玩弄政治阴谋。当人们忙于争斗时，修建通天塔的工程停止了，通天塔半途而废。上帝的目的达到了，从这以后，人类就再也没有共同完成过宏伟的工程。

> 你怎么说和你说什么同样重要。

虽然这只是一个传说故事，但它充分证明了沟通的重要性。对一个团队来说，缺乏有效及时的沟通，那么这个团队也就不存在了。

案例三：阿维安卡 52 航班坠机悲剧

1990 年 1 月 25 日 19:40，阿维安卡（Avianca）52 航班飞行在美国新泽西海岸上空 37000 英尺的高空。机上的油量可以维持近两个小时的航程，在正常情况下飞机降落至纽约肯尼迪机场仅需不到半小时的时间，这一缓冲保护措施可以说十分安全。然而，此后发生了一系列耽搁。20:00，由于严重的交通问题，肯尼迪机场航空交通管理员通知 52 航班的飞行员要求他们的航班必须在机场上空盘旋待命。20:45，52 航班的副驾驶员向肯尼迪机场报告他们的"燃料快用完了"。虽然机场航空交通管理员收到了这一信息，但在 21:24 之前，飞机没有被批准降落。在此之前，阿维安卡机组成员再没有向肯尼迪机场传递任何情况十分危急的信息，而在飞机座舱中的机组成员却相互紧张地通知他们的燃料供给出现了危机。

> 学而无友，则孤陋寡闻。
> ——孔子

21:24，52 航班第一次试降，由于飞行高度太低且能见度太差，无法保证安全着陆，试降失败。当肯尼迪机场指示 52 航班进行第二次试降时，机组乘员再次提到他们的燃料将要用尽，但飞行员却告诉航空交通管理员新分配的飞行跑道"可行"。21:32，飞机的两个引擎失灵，1 分钟后，另外两个引擎也停止了工作，耗尽燃料的 52 航班于 21:34 坠毁于长岛,机上73名人员全部遇难。当调查人员调查了飞机座舱中的磁带并与当事的航空交通管理员讨论之后,他们发现导致这场悲剧的原因正是沟通的障碍。为什么一个简单的信息既未被清楚地传递,又未被充分地接受呢?下面就是管理当局对这一事件进行的深入分析。

首先,飞行员一直说他们"油量不足",航空交通管理员告诉调查者这是飞行员们经常使用的一句话。当航班被延误时,航空交通管理员认为每架飞机都存在燃料问题。但是,如果飞行员发出"燃料危急"的呼声,则航空交通管理员有义务优先为其导航,并尽可能迅速地允许其着陆。一位航空交通管理员指出,"如果飞行员表明情况十分危急,那么我们会尽可能以最快的速度引导其降落的。"遗憾的是,52航班的飞行员从未说过"情况紧急",所以肯尼迪机场的航空交通管理员一直未能理解到飞行员所面对的真正困难。

其次,52航班飞行员的语调也并未向航空交通管理员传递有关燃料紧急的严重信息。许多航空交通管理员接受过专门训练,可以在这种情境下捕捉到飞行员声音中极细微的语调变化。尽管52航班的机组成员之间表现出对燃料问题的极大忧虑,但是他们向肯尼迪机场传达信息的语调却是冷静而职业化的。

最后,飞行员的文化和传统以及机场的职权也使得52航班的飞行员不愿意声明情况紧急。当对紧急情况正式报告之后,飞行员需要写出大量的书面汇报。另外,如果发现飞行员在计算飞行中需要多少油量方面疏忽大意,美国联邦飞行管理局就会吊销其驾驶执照。这些消极的强化因素极大阻碍了飞行员发出紧急呼救。

> 与人交谈一次,往往比多年闭门劳作更能启发心智。思想必定是在与人交往中产生,而在孤独中进行加工和表达。
>
> ——[俄]列夫·托尔斯泰

危机之下的飞行员没有把应该传递出来的信息发给到管理员,没有成功地说服航空交通管理员要紧急降落,而管理员也没有清楚地分辨出该航班处于如此严重的灾难边缘,沟通失败,从而导致一起严重的灾难。正是这次航空史上惨痛的教训,使得美国从航空业界开始关注沟通,并把沟通列为美国商学院的一门课程进行学习和研究。所以,我们一定要谨记:沟通就是有这么重要,不管事大事小,充分、完全的沟通永远是成功的基础。

三、过程训练 Process Training

活动一:电梯等候情景处理

(一)情景描述

设想你是一个咨询服务公司的高级顾问,你向一位客户准备了公司的咨询服务方案,报价为50万元人民币。就在你准备给客户讲解的时候，客户却接到了一个重要的电话，必须马上离开，此时你只有一个机会，就是说：我送你下楼吧，在等电梯的 3 分钟里，顺便讲讲我的方案。

你只有区区 3 分钟时间。你得在这 3 分钟内把你方案的精髓讲出来，让这个老板在上车前说，你们的方案不错，我接受你的方案和报价，具体的细节你与我的副手谈吧。这个 3 分钟里，你将说什么？

（二）讨论并设计方案
请设计你的方案，并在课堂上进行演练。

活动二：有效沟通的必要条件——交头接耳

（一）活动过程
1. 让学员以 12 人为一组，排成一列。每人佩戴一只耳麦。
2. 老师给第一位同学用文字的形式展示要传递的话。要求学生默记。
3. 以一对一"交头接耳"的方式，在过一定时间内，从第一个传达给最后一个人。在传递过程中，其他同学必须佩戴耳麦，并播放音乐，以不能听见外面的声音、不干扰"交头接耳"为宜。
4. 最后一个人将他听到的内容大声读出，最后由老师公布传递的最原始内容。

（二）问题与讨论
1. 为什么同样的文字，在不同的小组之间传递，最后的结果会不一样？
2. 如何能提高沟通的有效性？

活动三：认识沟通——剪纸游戏

（一）活动过程
1. 请拿出一张 A4 纸，进行三次对折后，撕掉右上角。
2. 请将撕掉一角的纸展开，相互之间进行比较。

（二）问题与讨论
1. 为什么不同的人会撕出不同的形状？
2. 沟通的必要条件有哪些？
3. 为什么同样的信息会产生不同的结果？

> 如果你是对的，就要试着温和地、技巧地让对方同意你；如果你错了，就要迅速而热诚地承认。这要比为自己争辩有效和有趣得多。
> ——[美]戴尔·卡耐基

> 管理者必须学习语言，了解如何遣词造句。最重要的是，要尊重语言，视其为最宝贵的天赋和遗产。经理人必须了解卓越口才的古老含义——它是唤起人们内心对真知追求的一门艺术。
> ——[美]彼得·德鲁克

四、效果评估 Performance Evaluation

评估一：沟通水平测试

按照你的实际情况，在三个等级中选择相应的分值："总是"5分，"有时"3分，"从不"1分，得分越低，说明沟通力越弱；得分越高，沟通力则越强。

情景描述	总是	有时	从不
1. 能自如地用语言表达情感。			
2. 能自如地用非语言表达情感。			
3. 在表达情感时，能选择准确恰当的词汇。			
4. 他人能准确地理解自己使用语言和非语言所要表达的意思。			
5. 能很好地识别他人的情感。			
6. 能在一位封闭的朋友面前轻松自如地谈论自己的情况。			
7. 对他人寄予深厚的情感。			
8. 不会盲目地暴露自己的秘密。			
9. 能与自己观念不同的人沟通情感。			
10. 能与自己观念相同的人沟通情感。			
11. 持有不同观念的人愿意与自己沟通情感。			
12. 他人乐于对自己诉说不幸。			
13. 不轻易评价他人。			
14. 明白自己在沟通中的不良习惯。			
15. 与人讨论，善于倾听他人的意见，且不强加于人。			
16. 与人争执，但能克制自己。			
17. 能通过工作来排遣自己的心烦意乱。			
18. 面对他人请教，能告诉他该做什么。			
19. 对某事持异议，能说出这件事的后果。			
20. 乐于公开自己的新观念、新技术。			

根据以上评估，请找出你在沟通中存在哪些不足？并找出相应的改善办法。

评估二：沟通能力

（一）情景描述

请按你的实际情况在三分钟内完成答题，不必过多思考。对每一个提问，你可以从如下三个选项中选择一个：从不、有时、总是

情景描述	总是	有时	从不
1. 在沟通中，我有意识地与对方保持目光交流。			
2. 在我与别人说话时，我会通过提问反馈让对方陷入思索中，对方也会对我说："这是个好问题。"			

3. 对于一些问题，我会从他人的角度看待和理解。			
4. 即使我的观点被否定了，我也会认真听。			
5. 在交谈中，我注意通过观察得知别人的态度。			
6. 如果其他人不同意我的看法，我能做到不心烦，特别是他人缺少经验时。			
7. 当我批评人时，我确信我提到的人们的行为，而不是人本身。			
8. 我解决问题时，能控制感情。			
9. 口头或书面沟通时，我能够提供其他信息让对方明白。			
10. 当下属或同事的工作取得成绩时，我及时表扬他们。			
11. 对下属沟通，我可以做到清晰且能很好地解释他们的想法。			
12. 当我不理解一个问题时，会提出并需要解释。			
13. 我与对方交流时，能及时地给与对方反馈，尤其是在他希望有所反应时，避免对方有独白的感觉。			
14. 当沟通出现争议时，我注意改变话题。			
15. 在给别人打电话时，不好意思直接提要求。			

（二）评估标准和结果分析

下面是沟通专家关于这项测试给出的评估和建议。

选项	答案数量	建议
从不	多于 9 个	绝对应加强训练沟通能力
有时	多于 9 个	还需训练沟通能力
总是	多于 9 个	基本掌握了沟通能力的技巧

第二节 日常沟通

职场在线

一个 IT 项目团队召开工作会议，分析客户的反馈。

该团队包括一个总承包商和三个分承包商，每个承包商都担负一定的工作责任。大部分反馈都良好，只有一个例外：不能远程登录邮箱。远程登录系统的负责人是网络工程师。他在质量会议上听到这个反馈后，十分不快，闷闷不乐。很明显，他认为错误不在自己：之所以没有达到客户期望值，是因为还有其他不可控制的因素。虽然他没有说话，但是他的表情和肢体动作说明了一切：他非常沮丧。团队也理解他的尴尬情绪，因为客户没有提到其他问题，仅仅说不能远程登录邮箱，所以大家没有说"这都是网络工程师的错"，而是认为"我们有问题"。随后，讨论的重点就转移到整个项目系统上，看整个项目是否协调，各个部门配合是否有问题。不管发现什么问题，都不应该只有一个人负责，而是整个团队都应该负责。团队最后做出决定，问题的责任不应该都推给网络工程师，而是专门成立了解决问题的小组，参与该项目的每个职责部门都参与其中。

> 洛克菲勒以谨慎著称，而且似乎经常很慢才做决定，他拒绝仓促下决定，他的座右铭是："让别人说吧。"

正确的沟通方式才能达到有效沟通的效果，凸显合作精神，避免无谓争论，保持自身凝聚力，有利于团队共同解决问题，有助于营造良好的情绪氛围，有助于发现有效的、基于团队的解决方案。

一、能力目标 Competency Goal

在团队合作中，沟通是无时不在的。选择恰当的沟通方式不仅有利于达成沟通的目的，还能提升沟通的效率。日常的团队沟通方式包括口头沟通、书面沟通、非语言沟通，这些沟通方式各有优劣，只有对这些沟通方式的恰当选择与组合才能使团队沟通畅通、有效。

> 上帝给我们两只耳朵，却只给了一张嘴巴，其用意是要我们少说多听。

通过本节的学习，你将能够：

1. 了解口头沟通的主要方式和技巧。
2. 了解书面沟通的主要方式和技巧。
3. 了解非语言沟通的要点。

（一）口头沟通

口头沟通是指运用口头表达的方式来进行信息传递和交流，是团队日常沟通中经常运用的方式。口头沟通具有快速传递、快速反馈、信息量大的优点，同时口头沟通时效性短，传递过程中经过的层次越多信息失真越严重，并且对信息的核实困难。常见的形式有：交谈或座谈、小组讨论、讲话或演讲、电话或视频等（见下表）。

口头沟通方式	优点	缺点
交谈	有针对性，有助于了解他人	不利于信息共享
小组讨论	讨论团队问题和不同意见	不适合于讨论涉及个人的问题
讲话或演讲	操作性强，传播面广	不能获得充分的反馈
电话或视频	及时反馈，及时沟通	间接、无现场互动效果，且不能得到全部反馈

在口头沟通过程中，一些意见和想法往往不是那么直接，而是需要通过讨论才能达成共识，在这个过程中会产生一些沟通障碍，如沟通双方表达不准确，言辞不当，姿态、表情、声调不当，方法不当等。

▶ 小案例

汽车销售大师级人物乔·吉拉德曾向一位客户销售汽车，过程十分顺利。当客户正要掏钱付款时，另一位销售人员跟吉拉德谈起昨天的篮球赛，吉拉德一边跟同伴津津有味地说笑，一边伸手去接车款，不料客户却突然掉头而走，连车也不买了。吉拉德苦思冥想了一天，不明白客户为什么对已经挑选好的汽车突然放弃了。夜里 11 点，他终于忍不住给客户打了一个电话，询问客户突然改变主意的理由。客户不高兴地在电话中告诉他："今天下午付款时，我同您谈到了我的小儿子，他刚考上密西根大学，是我们家的骄傲，可是您一点也没有听见，只顾跟您的同伴谈篮球赛。"吉拉德明白了，这次生意失败的根本原因是因为自己没有认真倾听客户谈论自己最得意的儿子。

在进行口头沟通的过程中，还要掌握一定的技巧，如下表：

口头沟通技巧	具体要求
建立友好关系	1. 坦言自己的一些私事，拉近彼此关系。如最近的工作进展或情感生活等。 2. 关心他人的处境遭遇，密切彼此关系。如对方工作中遇到的问题。 3. 寻找共同的兴趣爱好，巩固彼此关系。如体育、明星、文化等话题。
善于聆听反馈	1. 全神贯注，不要分散注意力，聆听时看着对方。 2. 站在对方的角度进行思考，适时对对方的观点加以总结复述。 3. 适时提出问题，弄清疑惑之处。
善于提出问题	1. 运用开放式提问鼓励对方发言。如：你觉得怎么样？为什么会这样？ 2. 避免误导性提问造成尴尬。如：你真的同意，是吧？你认为我的说法是错误的，是吗？ 3. 运用假设性提问获得更多信息。如：假如让你负责，你会怎么做？

有人说，所有的沟通都是一种"谈判"。谈判无非是要说服他人认可自己的观点与立场。那么，如何才能说服他人呢？如下方法值得我们去思考：

●用真诚、可靠、权威、魅力来建立信赖感。

●有理有据，运用逻辑的力量，以理服人。

●选择恰当的说服方式，情感真挚，以情感人。

●了解对方感受，站在对方的角度来换位思考。

（二）书面沟通

书面沟通是指用书面文字作为信息传递媒介的沟通方式，这种沟通具有明显的优点，即沟通准确，沟通内容可保存。缺点则是沟通速度较慢、形式单调，不能及时反馈。常见的形式有：报告、通知、信函、备忘录、电子邮件、博客和微信等（见下表）。

书面沟通方式	优点	缺点
报告	信息和观点系统完整	内容较长，缺乏趣味性
通知	传达信息准确、快速，一般较为短小	对于分散的团队较难得到信息
信函	能够保存信息	不能快速回复
备忘录	能够提供意见、参考、备忘	不能表达详细复杂的信息
电子邮件	信息简短、反应快速	过大的附件会降低网络速度
博客	综合文字、图像或多媒体，信息全面	保密性差
微信	速度快、影响广、互动性强、成本极低	容易被信息海量淹没、传播力有限

对于常用的书面沟通来说，SCRAP格式（事态描述 Situation、复杂程度 Complication、解决方案 Resolution、行动 Action、礼貌用语 Politeness）是一个万能的格式，它能够使你的文字简洁明了，但又不会漏掉任何基本信息（见下表）。

事态描述（S）	陈述事件当前的发展状况，让人知道你要说的事情，而且能够理解事件的前因后果。
复杂程度（C）	描述事件复杂程度的具体情况，并解释出现复杂状况的真正原因或可能原因。
解决方案（R）	情况比较复杂就需要找到合理的解决方案，解释你将准备如何来解决整个问题。
行动计划（A）	你的行动计划和步骤，不要忘记告诉别人你希望他们做什么，以及什么时候做。
礼貌用语（P）	要礼貌地进行书面沟通。你需多说几句"非常感谢"、"致以最美好的祝愿"等。

美国组织行为学家戴尔通过在美国一公司进行测验后对数据进行比较研究后认为：效果最好的沟通方式为口头和文字混用的沟通方式，其次是口头沟通，再次是书面沟通。

（三）非语言沟通

非语言沟通又称身体语言沟通，即通过眼神、手势、动作、面部表情等方式来传递信息。它在沟通中发挥着巨大的作用，一个不经意的眼神、语速的变化、语调的升降、微笑的面容、紧蹙的眉头等都会对沟通的效果产生不可估量的影响。通常将非语言沟通分为：面部表情、肢体动作、姿态、声音等。每一类别又有许多不同的表现，这些表现分别代表着不同的含义，给沟通赋予新的内涵。

> 成功的公式中，最重要的一项是与人相处。
> ——[美]罗斯福

▶ 小故事

曾国藩"一面识人"

有一次，李鸿章向曾国藩推荐三个人，希望他能给他们分派适合的职务。不巧，曾国藩不在，李鸿章示意三人等候。

曾国藩散步回来，李鸿章说明来意并有意让曾国藩考察三人能力。曾国藩讲："不必了，面向厅门、站左边的是忠厚人，办事小心，让人放心，可做后勤供应之类的工作；中间是个阳奉阴违、两面三刀的人，不值得信任，只宜分派一些无足轻重的工作，担不得大任；右边是个将才，可独当一面，将来作为不小应重用。"

李鸿章闻听此言，大吃一惊，问是何时考察出来的。曾国藩笑着说："刚才散步回来，走过他们身边时，左边的那人低头不敢仰视，可见是位老实、小心谨慎之人。中间那位表面上恭恭敬敬，可等我走过之后左顾右盼，可见表里不一、阳奉阴违，不可重用。右边的那位，始终挺拔而立如一根栋梁，双目正视前方，不卑不亢是位大将之才。"

曾国藩所指的那位"大将之才"便是淮军勇将，后来担任台湾巡抚的刘铭传。

非语言沟通分类见下表：

分类	示例	具体表现
面部表情	微笑	微笑是最常见的面部表情。它能够表达善意，传达出愉悦、欢迎、友好、欣赏或者是请求、理解等信息，也可以表示道歉、拒绝、否定等，对口头沟通有很好的强化作用。
	眼神	眼神是最准确的信号，能够透漏出人们内心的真实状态。专注的目光表示尊重、倾听；东张西望表示心不在焉或对谈话不感兴趣；斜视表示轻蔑；仰视表示尊重或思索。
	嘴巴	嘴唇半开或全开表示疑问、奇怪、惊讶；嘴唇撅着表示生气或不满意；嘴唇紧绷表示愤怒或意志坚决；注意倾听时嘴角往往会稍稍向上拉；不满或固执时嘴角往往会稍稍向下拉；咬嘴唇表示遭遇失败时对自我的惩罚，也表示自我解嘲时内疚的心情。
身体动作	手部	搓手表达一种美好的期待；双手摆在一起表示失望、消极的态度；两手指尖合拢，形成一种"教堂尖塔"式的手势是一种有信心的动作；用手捂嘴，拇指抵住下巴、触摸鼻子、揉眼睛、揉耳朵、拽领口是撒谎的明显姿势；把手放在面颊上表示对谈话者感兴趣；把手放在面颊上，并用手掌根部支撑头表示失去兴趣，已厌烦；用手拍打前额或后颈表示自责；双手交叉放在脑后显示自信和优越感。
	手臂	双臂交叉着横抱在胸前是防卫抗拒的信号，甚至是带有敌意的暗示；部分交叉着手臂通常用于掩盖自己的紧张情绪；双手叉腰表示信心、能力和进行控制的决心。
	腿部	腿交叉表示心中不安，或想拒绝对方；交叠脚踝表示紧张或压抑自己的强烈情感。
	肩部	肩部舒展表示有决心和责任感；肩部耷拉表示心情沉重，感到压抑；肩部耸起表示处在惊恐或愤怒中。
	头部	头部侧向一旁表示对谈话感兴趣，正在倾听；低头表示对谈话不感兴趣或持否定态度；头部向后表示惊奇、恐惧、退让或迟疑。
姿态	坐姿	坐下时身体略微倾向交谈的对方，并伴随着微笑、注视表示热情和兴趣；坐下时微微欠身表示谦恭有礼；坐下时身体后仰表示若无其事与轻慢；坐下时侧转身子表示厌恶和轻蔑；双方交谈时端坐微向前倾表示认真倾听。
	站姿	站立时把双手插入裤袋的人不轻易向别人表露内心，给人城府较深、保守和内向的印象；站立时把一只手插入裤袋，而另一只手放在身旁的人给人性格复杂多变的印象；站立时不能静立，不断改变站立姿势的人给人性格急躁、身心经常处于紧张状态、而且不断改变自己的思想观念的印象。
	走姿	走路时腆起肚子身体后仰给人一种傲慢的感觉；走路时拖泥带水、蹭着地走、耷拉眼皮或低着头给人一种不自信、不情愿的感觉。
声音	音量	音量即说话声音的高低，提高音量能够引起对方的注意。
	音调	音调即声音的高低起伏变化，较高的和富有变化的音调给人以自信、坚定的感觉；较低和一成不变的音调让人认为是没有把握。
	语速	不同的语速可以传达不同的情绪信息，正常沟通时每分钟在90~120个字之间；演讲、广播或小组讨论时每分钟在120~180个字之间；当演讲者情绪激动或小组讨论激烈争辩时每分钟可达180~220个字。
	重音	重音旨在引起对方对要强调的词或词组的注意，此外，不同的重音也能使句子的意思发生变化。

小活动

火车包厢情景处理

你得坐火车包厢花 12 个小时去另一个地方，而同时，与你同一包厢的是你一个甚至不愿意多讲话的同事。这个包厢只有你与他。你有办法让你的旅途不仅仅是读书、吃东西、听音乐、上厕所和昏昏欲睡吗？

不论你喜欢不喜欢他，你能在这 12 小时内发展到无话不说的程度吗？你得想办法让他说话，要了解他，找出共同话题。

现实中，我们经常会遇到这种沟通情况，如果你有信心战胜这种沟通障碍，你就有办法对付很多情况下的沟通困难了。

请设计出这种情况下的沟通方法。

二、案例分析 Case Study

案例一：最愚蠢的银行

2008 年 9 月 15 日上午 10:00，拥有 158 年历史的美国第四大投资银行——雷曼兄弟公司正式向法院申请破产保护，消息转瞬间通过电视、广播和网络传遍地球各个角落。令人匪夷所思的是，在如此明朗的情况下，德国国家发展银行于当日上午 10:10，居然按照外汇掉期交易协议，通过计算机自动付款系统向雷曼兄弟公司即将冻结的银行账户转入了 3 亿欧元。毫无疑问，这 3 亿欧元将是肉包子打狗有去无回。

转账风波曝光后，德国社会各界大为震惊，舆论哗然，人们普遍认为，这笔损失本不应该发生，因为此前一天，有关雷曼兄弟公司破产的消息早已传遍全球，全球各地只要是与银行证券业沾点边的人或是对经济形势稍有常识的人都已知道。德国国家发展银行应该知道交易的巨大风险，并事先做好防范措施才对。德国销量最大的《图片报》在 9 月 18 日头版的标题中，指责德国国家发展银行是迄今"德国最愚蠢的银行"。此事惊动了德国财政部，财政部部长佩尔·施泰因布吕克发誓，一定要查个水落石出并严厉惩罚相关责任人。

人们不禁要问，短短 10 分钟里，德国国家发展银行内部到底发生了什么事情，从而导致如此愚蠢的低级错误？一家法律事务所受德国财政部的委托，带着这个问题进驻银行进行全面调查。

法律事务所的调查员先后询问了银行各个部门的数十名职员，几天后，他们向国会和财政部递交了一份调查报告，调查报告并不复杂深奥，只是一一记载了被询问人员在这 10 分钟内忙了些什么。答案就在这里面。看看他们忙了些什么：

> ## 沟通不是件简单的事（一）
>
> 两个旅行中的天使到一个富有的家庭借宿，这家人对他们并不友好，并且拒绝让他们在舒适的客房过夜，而是在冰冷的地下室给他们找了一个角落。当他们铺床时，较老的天使发现墙上有一个洞，就顺手把它修补好了。年轻的天使问为什么，老天使答到："有些事并不像它看上去那样。"

首席执行官乌尔里奇·施罗德：我知道今天要按照协议预先的约定转账，至于是否撤销这笔巨额交易，应该让董事会开会讨论决定。

董事长保卢斯：我们还没有得到风险评估报告，无法及时做出正确的决策。

董事会秘书史里芬：我打电话给国际业务部催要风险评估报告，可那里总是占线，我想还是隔一会儿再打吧。

国际业务部经理克鲁克：星期五晚上准备带上全家人去听音乐会，我得提前打电话预订门票。

国际业务部副经理伊梅尔曼：忙于其他事情，没有时间去关心雷曼兄弟公司的消息。

负责处理与雷曼兄弟公司业务的高级经理希特霍芬：我让文员上网浏览新闻，一旦有雷曼兄弟公司的消息就立即报告，现在我要去休息室喝杯咖啡了。

文员施特鲁克：10:03，我在网上看到了雷曼兄弟公司向法院申请破产保护的新闻，马上就跑到希特霍芬的办公室，可是他不在，我就写了张便条放在办公桌上，他回来后会看到的。

结算部经理德尔布吕克：今天是协议规定的交易日子，我没有接到停止交易的指令，那就按照原计划转账吧。

结算部自动付款系统操作员曼斯坦因：德尔布吕克让我执行转账操作，我什么也没问就做了。

信贷部经理莫德尔：我在走廊里碰到了施特鲁克，他告诉我雷曼兄弟公司的破产消息，但是我相信希特霍芬和其他职员的专业素养，一定不会犯低级错误，因此也没必要提醒他们。

公关部经理贝克：雷曼兄弟公司破产是板上钉钉的事，我想跟乌尔里奇·施罗德谈谈这件事，但上午要会见几个克罗地亚客人，等下午再找他也不迟，反正不差这几个小时。

> **沟通不是件简单的事（二）**
>
> 第二晚，两人到了一个非常贫穷的农家借宿。主人夫妇俩对他们非常热情，把仅有的一点点食物拿出来款待客人，然后又让出自己的床铺给两个天使。第二天一早，两个天使发现农夫和他的妻子在哭泣，他们唯一的生活来源——一头奶牛死了。年轻的天使非常愤怒，他质问老天使为什么会这样：第一个家庭什么都有，老天使还帮助他们修补墙洞，第二个家庭尽管如此贫穷还是热情款待客人，而老天使却没有阻止奶牛的死亡。

从这个案例中不难看出，不良沟通不仅会招致个人失败，更会让企业承受损失。其实在这家银行，从董事长到交易员，每一个人都训练有素，职业素养非常高，但是由于每个人都想当然，不愿意多花几秒钟时间去沟通、确认，从而导致信息不对称，沟通渠道堵塞，最终招致如此重大的损失。其实，以上相关人员只要有一人与其他人进行了有效沟通，即可避免此事的发生。也正是因为这件事，德国国家发展银行被人称为德国"最愚蠢的银行"，沦为全球财经人士的笑柄，也成了 MBA 课堂里鼎鼎有名的、沟通失败的经典案例。

案例二：哈雷将军的故事

1910 年 5 月 19 日，哈雷彗星光临地球。

彗星光临地球前，美军曾经有一次非常走样的命令传达：

营长对值班军官说：明晚 8 点钟左右，哈雷慧星将可能在这个地区出现，这种彗星每隔 76 年才能看见一次。命令所有士兵穿上野战服在操场上集合，我将向他们解释这一罕见现象。如果下雨的话，就在礼堂里集合，我将为他们放一部有关彗星的影片。

值班军官对连长说：根据营长的命令，明晚 8 点哈雷彗星将在操场上空出现。如果下雨的话，就让士兵们穿着野战服前往礼堂，这个每隔 76 年才能看见的现象将在那里出现。

连长对排长说：根据营长的命令，明晚 8 点，非凡的哈雷慧星将身穿野战服在礼堂出现。如果下雨，营长将下达另一个命令，这个命令每隔 76 年才会出现一次。

排长对班长说：明晚 8 点营长将带着哈雷慧星在礼堂出现，这是每隔 76 年才会有的事。如果下雨的话，营长将命令彗星穿上野战服到操场上去。

班长对士兵们说：明晚 8 点下雨的时候，著名的 76 岁的哈雷将军将在营长的陪同下，身穿野战服，开着他那"彗星"牌汽车，经过操场前往礼堂。

看完这个命令传递的故事后，我们发现，信息从营长到士兵，仅仅经过 5 次传递就已经完全变了样。很显然，在这个团体中，信息的沟通发生了问题。造成这种现象发生的原因，一是采用的口头沟通，信息传达后，信息的接受者不能就信息的不确定内容进行进一步的核实；二是信息在传达后，没有得到及时的反馈；三是各信息的发送者，按照自己的理解，将信息加工后进行传递。

虽然看似可笑，但在团队沟通中，这种现象却经常发生。为了尽量避免信息在传递过程中的失真，我们要谨慎选择信息传统的方式，并且要及时得到信息的反馈，及时将误解的信息得到纠正。

小组讨论：采取头脑风暴形式，讨论如何避免这种信念失真的情况。

案例三：秀才买柴

话说大唐末年，正值兵荒马乱之时，物资奇缺。隆冬时节，有一秀才去买柴。他对卖柴的人说："荷薪者过来！"卖柴的人虽然听不懂"荷薪者"（担柴的人）三个字，但是听得懂"过来"两个字，于是把柴担到秀才前面。

> **沟通不是件简单的事（三）**
>
> "有些事并不像它看上去那样。"老天使答道，"当我们在地下室过夜时，我从墙洞看到墙里面堆满了金块。因为主人被贪欲所迷惑，我不愿意让他来分享这笔财富，所以我把墙洞填上了。昨天晚上，死亡之神来召唤农夫的妻子，我让奶牛代替了她。所以有些事并不像它看上去那样。"

秀才开口便问:"其价如何?"卖柴的人听不太懂这句话,但是听得懂"价"这个字,于是就告诉秀才价钱。秀才接着说:"外实而内虚,烟多而焰少,请损之。(你的木材外表是干的,里头却是湿的,燃烧起来,会浓烟多而火焰小,请减些价钱吧。)"

卖柴的人愣了半天,还是听不懂秀才的话,于是担着柴就走了。

寒风中等柴烧的秀才也是好不郁闷啊。

不成交的原因是秀才用了太多修饰的词语,而卖柴的人根本听不懂,所以达不成买到柴的目的。如果秀才用简单易懂的词语来传达讯息,掌握好说话的对象和时机,可能就能达到想要完成的目的了。

在沟通中,简单地认为所有人都和自己的认识、看法、经验、态度是一致的。对待不同的人,应该采取不同的沟通方式,要用别人听得懂的"语言"与别人沟通。是不是一个高水平的沟通者,并不是看用的词有多华丽,说的话有多文雅,而是看其能否准确快速地传达信息。管理者平时最好用简单易懂的语言。而且对于说话的对象、时机要有所掌握,有时过分的修饰反而达不到预期的目的。

三、过程训练 Process Training

活动一: 瞎子摸号

(一)活动过程

1. 每15名学员分为一组。

2. 给每位学员发一个眼罩和一个号码,但这个号码只能本人知道。

3. 学员戴上眼罩,根据每人的号数,按照从小到大的顺序排成一列或一排。

4. 全过程任何人都不能说话,只要有人说话或脱下眼罩即为犯规,此轮游戏结束,重发号码开始下一轮。

(二)问题与讨论

1. 你是用什么方法来通知你的位置及号数的?

2. 在沟通过程中你遇到了什么问题?你是怎样解决的?

3. 你觉得还有更好的方法么?

活动二: 游戏——找同伴

人是社会性动物,由于这种社会性,他(她)就总需要将自己置

> 你不可以只生活在一个人的世界里,而应当尽量学会与各阶层的人交往和沟通,主动表达自己对各种事务的看法和意见。
>
> ——李开复

于一个合适的团队当中，好为自己创造出这种归属感，本游戏将充分地体现这一点。

（一）规则和程序

1. 培训师首先根据人数给到场的学员每人发一小块拼图。培训师可以根据希望分成的组数，每组有多少人来设置可以拼在一起的块数。

2. 培训师告诉学员每个人根据自己手上的小拼图去寻找其他同伴，例如，每个小图案是由四小块拼图组成的，大家如果找到自己的同伴就请围成一圈拼好，看哪组最快。

（二）问题与讨论

1. 在寻找同伴的过程中，如何能最快的找齐自己的同伴？

2. 你是主动找寻还是被动等待？各有什么优缺点？

（三）总结

1. 人的团体归属性让他（她）们习惯于相信和信任与自己在某些方面相同的人或物，因为这样会给他们创造出一种集体的归属感，从而有助于他们在团队中的沟通和合作，帮助大家创造出更好的成绩。

2. 本游戏还可以增进学员之间的熟悉程度，活跃气氛，增进学员之间的凝聚力。

四、效果评估 Performance Evaluation

评估：沟通管理工作能力

（一）情景描述

以下题目，表示肯定的计 1 分，表示否定的计 0 分，做完后将总分与结果对照。

有一个古老的哲学问题："森林中一棵树倒了下来，那儿不会有人听到，那么能说它发出声响了吗？"

关于沟通，我们也可以问类似的问题：如果你说话时没有人听，那么能说进行沟通了吗？

情景描述	是	否
1. 习惯于行动之前制定计划？		
2. 经常处于效率上的考虑而更改计划？		
3. 能经常收集他人的各种反映？		
4. 实现目标是解决问题的继续？		
5. 临睡前思考筹划明天要做的事情？		
6. 事物上的联系、指令常常是一丝不苟的？		
7. 有经常记录自己行动的习惯？		

8. 能严格制约自己的行动？		
9. 无论何时何地，都能有目的地行动？		
10. 能经常思考对策，扫除实现目标中的障碍？		
11. 能每天检查自己当天的行动效率？		
12. 经常严格查对预定目标和实际成绩？		
13. 对工作的成果非常敏感？		
14. 今天预先安排的工作绝不拖到明天？		
15. 习惯于在掌握有关信息基础上制定目标和计划？		

（二）评估标准与结果分析

0~5分，说明你的沟通管理能力很差，但你具有较高的艺术创造力，适合从事与艺术有关的具体工作。

6~9分，说明你的沟通管理能力较差，这可能与你的言行自由，不服约束有关。

10~12分；说明你沟通管理能力一般，对你的专业方面的事务性管理能力尚可，管理方法经常受到情绪的干扰是最大的遗憾。

13~14分；说明你的沟通管理能力较强，能稳重，扎实的做好工作，很少出现意外或有损组织发展的失误。

15分，说明你的沟通管理能力很强，擅长有计划的工作和学习，尤其适合管理大型组织。

第三节　工作沟通

职场在线

　　某团队有两位 IT 工程师。在解决某个问题过程中，他们的意见出现了分歧。其中一位认为目前正是检修系统的好时机，提议立即进行系统大检修，以避免同样的问题再次发生。另一位则认为：为了取悦客户，应该先进行小范围修正，不应该着急做大规模检修。在讨论过程中，一位工程师生气了，说道："应该用我的方法。长远来看这样做更经济。"另一位工程师很快反驳道："如果问题不马上解决，客户就会和我们解约，还谈什么经济！"两个人都坚持自己的观点，越说越生气，不做任何妥协。一位工程师最后说道："咱们让所有团队成员来决定，看看大家认为谁的计划更好。"这两个人之间的冲突已经开始变味，有点演化成同事之间的矛盾了。于是，另一位成员说道："这不是你们两个人之间的冲突，而是你们两个人观点不同。两种提法都有道理，只不过是短期收益和长期收益的区别。"随后，团队的探讨始终围绕着两种方法各自的优点进行，没有一个人把冲突个人化。团队还回顾了自己核心价值，尤其是关于"客户满意度"和"长期稳固关系"两方面的价值观。最后，团队达成一致意见。他们结合二者之长，决定立即进行小型修正，又成立一个任务管理小组（包括客户方代表），以探讨大型系统检修一事。

> 沟通在我们生活当中无处不在，从某种意义上讲，沟通已经不再是一种职业技能，而是一种生存方式。

　　在团队工作中，良好的沟通是达成团队目标的前提。这是一个成功的团队沟通案例，问题出现后，团队成员的第一反应是综合双方意见的优点，并且在以后的讨论中，也没有把冲突个人化，没有激化对立双方的矛盾。因此，在团队沟通中，要充分理解团队成员的不同意见，才能化解矛盾，实现快速、有效的团队沟通。

一、能力目标 Competency Goal

 在团队工作沟通中，协调好领导与同事、同事之间的关系是构建和谐团队的基础，通过工作会议和工作报告则能将团队工作沟通的效率推向新的起点，有利于团队形成共识，增强团队凝聚力，还能有效地消除隔阂、化解矛盾。

通过本节的学习，你将能够：

1. 了解与领导沟通的技巧。

2. 了解与同事沟通的技巧。

3. 了解工作会议和工作报告的技巧。

> 向上司请示汇报时，你要：
>
> 1. 仔细聆听上司的命令。
>
> 2. 与上司探讨目标的可行性。
>
> 3. 拟定详细的工作计划。
>
> 4. 在工作进行中随时向上司汇报。
>
> 5. 在工作完成后及时总结汇报。

（一）与领导沟通的技巧

在团队中，与领导打交道，是多数人日常工作的重点，沟通的效果既体现你的沟通能力，又影响你在团队中发展，因此如何与领导沟通要高度重视。

1. 与领导沟通的原则

与领导沟通也是一门学问，既不能过于卑微，也不能高傲自大，更不能无事生非，在与领导沟通前需要做好充分的准备。

● 尊重领导，是你和领导沟通的前提。

● 踏实搞好本职工作，是与领导沟通的基础。

● 摆正位置，领悟意图是与领导沟通的根本。

2. 与领导沟通的技巧

根据不同的领导个性与工作作风，要掌握不同的沟通技巧，这样才能事半功倍，否则就会适得其反。

领导风格	特征	沟通策略
专制型／控制型	要求被领导者绝对服从，经常发号施令，雷厉风行，态度强硬，充满竞争心态。	1. 简明扼要，干脆利落，不拖泥带水，不拐弯抹角。 2. 无关紧要的话少说，直截了当，开门见山即可。 3. 尊重他的权威，认真对待他的命令。
民主型／实际型	注重集体智慧、人际和谐，能听取不同意见和建议，理性思考，缺乏想象力。	1. 积极建言献策，但要言之有物。 2. 直接谈感兴趣而且实质性的东西，不要东拉西扯。 3. 理性思考、讲究逻辑而不要过于感情用事。
放任型／互动型	喜欢授权，善于调动下属的积极性，随和，没有极端情绪，善于交际，享受他人的赞美。	1. 要善于发现领导的优点和长处并进行公开赞美。 2. 讨论问题要开诚布公。 3. 沟通时要多多留意自己的身体语言。

此外，还要树立与上司主动沟通的意识，要多请示、勤汇报。经常与领导沟通有助于建立起你与领导的融洽关系。汇报工作要把握分寸，选择时机，不要选择在领导很忙，以及领导心情不好的时候。

小故事

老练的秘书

有一家公司，新近招聘了几位员工，在全员大会上，老板亲自介绍这几位新员工，老板说："当我叫到谁的名字，就请他站起来和大家认识一下。"当念到第三个名字"周华"时，没有人站起来，"周华来了没有？"老板又问了一声，这时一位新员工怯生生站了起来。"您是不是在叫我，我叫周烨，是中华的华加一个火字旁。"人们发出一阵阵窃窃的笑声。老板脸上有些不自然。"报告总经理，"这时秘书小王站起来说："是我工作粗心大意，打字时，把烨字的火字旁丢了，打成了周华。""太马虎了，以后可要仔细点。"老板挥挥手，继续往下念，尴尬局面就此化解了。没过多久，秘书小王得到了升迁。

（二）与同事沟通

在团队中，与团队其他成员的沟通也是至关重要的，它关系到你能否快速融入团队，以及在团队中是否能快乐地工作。

1. 与同事沟通的原则

真诚	真诚是人与人相处的根本，沟通的有效性在于真诚。
平等	团队中的每一个人，你都应当平等对待，互学互助，建立起和谐的人际关系。
尊重	有效的沟通必须做到尊重和理解，不是所有的沟通都能使彼此达成共识，意见分歧、观点对立是常有的事，重要的是尊重和理解。
宽容	要学会积极主动地适应别人的性格特点；容忍别人有和你不同的见解和感受，体谅别人的处境；在心理上接纳别人，学会欣赏别人。

2. 与同事沟通的技巧

（1）灵活表达观点。和同事意见相左，或看到同事有明显错误或缺点，如果无伤大雅，不关原则，大可忽视，不必斤斤计较。即便是确有必要指出，也要考虑时间、地点、对象的接受能力，委婉指出。

（2）赞美常挂嘴边。同事的进步，要适时关注，适当赞美，同事的微小变化也要注意发现。要时常面带微笑，对他人微笑本身就是一种赞美。

（3）务必少争多让。不要和同事争什么荣誉，这是最伤害人的。你帮助同事获得荣誉，他会感激你的功绩和大度，更重要的是增添了你的人格魅力。

（4）同事经常联络。空闲的时候给同事打个电话、写封信、发个电子邮件，哪怕只是只言片语，同事也会心存感激，一个电话、一声问候，就拉近了同事之间的距离。

此外，在与同事沟通时，切忌背后打小报告，绝不能把同事的秘密当作取悦别人或排挤对方的手段。切忌将所有责任背上身，最好专注去做一些较重要和较紧急的工作，这比每件工作都弄不好要理想得多。

 小案例

打小报告不会为你加分

王凯和李冰同在一家公司工作。李冰在公司人缘极好，他不仅技术精湛，而且总是笑脸迎人，和同事和谐相处，乐于帮助别人，同事对他的评价很高。

一天，王凯有事找经理，到了经理门口时，听到里面正在说话，并且依稀有李冰的声音，他听到李冰正在向经理说同事的不是，平时很多不起眼的小事被李冰添油加醋地说着，并且还说了自己的坏话，借机抬高他本人。王凯不由一阵厌恶。

从此以后，王凯对于李冰的一举一动，每一个表情，每一句话都充满了厌恶和排斥感，他无论表演得多好，说任何好听的话，王凯都对他存有戒心。而经理对李冰的态度也发生了变化，他对李冰也变得很冷淡，因为他也有一双眼睛，他发现有些事并非像李冰所说得那样严重，他觉得李冰的人品有问题，因而在内心里也生出了厌恶之感。

（三）工作会议

团队工作会议是团队成员就具体问题达成共识的最好沟通方式之一。有研究显示，如果你是一个普通职员，你一生中用于开会的时间，保守估计也有 9000 小时以上；如果你是一个中层管理者，每周可能有大约 35% 的时间用于开会；如果是高层管理者，更可能超过 50%。

> **三星会议三原则**
> 第一个原则：周三不开会。
> 第二个原则：会议时长 1 小时，最多不超过 1.5 小时。
> 第三个原则，将会议内容整理成一张纸。

1. 工作会议的形式

根据会议人员的参与方式，工作会议有以下几种形式：

形式	特征	优势
现场会议	与会者当面沟通，讨论问题。	能够使与会人员充分地交换意见和想法。
电视会议	与会者利用远程音像通信设备异地实时观察和听取对方谈话，相互沟通。	与电话会议相比能够更充分地交流，能够看到对方的表情和动作。
网络会议	与会者通过互联网交流，如电子邮件、QQ 群、BBS 论坛等。	交流更加充分，对时间的安排也更为灵活，且有书面的会议记录可供查询，也能适应需要长时间讨论的问题。

2. 工作会议的困境

在工作会议上经常会因为各种原因导致会议进程缓慢、议题不清、争吵不休等，从而使会议效果大打折扣。因此，不仅要在召开工作会议前明确会议目的，更要厘清会议议程，加强会议控制，以更有效地达成会议目标。

会议困境	解决办法
偏离正题	讨论时偏题是最为常见的，开会时要紧扣主题，特别是主持人要适时地提醒与会者。
独霸会场	有些人在会议中发言时间过长，要让他们明白会议的目的是讨论和解决问题。
哑场或冷场	哑场或冷场是会议中最尴尬的情景，主持人要适时调节气氛，或把问题转向某件事。
私下开小会	与会者有时会私下交头接耳，影响会议秩序，必须要让他们回到议题和讨论中来。
争论不休	喋喋不休的争论对问题的解决没有任何帮助，主持人要采取适当的方法进行引导。

（四）工作报告

工作报告是团队会议沟通的一种特殊形式，它包括介绍团队情况、传达领导指示、介绍团队任务、说明工作进展等。在很多团队中，工作报告都是团队内部沟通的基石，在进行工作报告时必须要明确报告的意图和想要达到的目的，这样做可以将工作报告紧扣目的和意图，以达到你想要的结果，也能使工作报告更加有效。

小知识

工作报告的意图和效果

意图（目的）	效果（结果）
解释新生产流程的修改内容及其对团队的影响。	能够提高团队新操作程序的执行力。
说明团队采用新的客户服务系统的益处。	可以更有效地进行客户服务。
汇报产品不良事件投诉的处理过程。	团队自我提升并总结应对此类问题的方法。
说明市场调研项目的任务分配及人员安排。	明确团队任务和责任，达成团队目标。

一个成功的工作报告要想取得预期的效果还取决于听众的反应，因此，必须有效地与听众沟通，并取得他们的反馈。这就要求报告者要充分考虑听众的需求和期望，即他们参加工作报告的目的是什么，他们想从工作报告中获得什么，他们通过工作报告想要做些什么，以及其他特殊的需求。如果不能充分考虑这些问题而仅仅想当然地介绍某些情况，势必不能取得很好的效果。

在明确了报告目的，了解了听众需求之后，撰写一份条理清晰、内容翔实的工作报告就是最重要的工作了。

撰写工作报告需要注意以下几个方面：

（1）搜集报告材料，并对材料加以分析。

（2）确定报告的核心内容。

（3）考虑报告的时间长度。

（4）对材料加以整理归纳，使之条理化。

（5）寻找一些可以吸引观众的手段和方法。

（6）安排报告各个阶段的具体内容。

二、案例分析 Case Study

案例一：错误的沟通方式

作为圣地亚哥医院的护理部主任，珍妮·扬科维奇负责管理9名值班主管、115名注册护士和护士助理。她讲述了这样的亲身经历：7月9日，星期一，她刚一上班就意识到自己犯了一个极大的错误。

珍妮大约早上6:05分来到医院，她看到一大群护士（要下夜班的护士和即将上早班的护士），正三三两两地聚在一起激烈地讨论着。当她们看到珍妮走进来时，立即停止交谈。这种突然的沉默和冰冷的注视，使珍妮明白自己正是谈论的主题，而且看来她们所说的不像是赞赏之辞。

珍妮来到办公室，半分钟后一名值班主管迪·马考斯走了进来。迪直言不讳地说："珍妮，上周你发出的那些信对人们的打击太大了，它使每个人都心烦意乱。"

"发生了什么事？"珍妮问道，"在主管会议上大家都一致同意向每个人通报我们单位财务预算的困难，以及裁员的可能性。我所做的只不过是执行这项决议。"

"可你说了些什么？"迪显然很失望，"我们需要为护士们的生计着想。我们当主管的以为你会直接找护士们谈话，告诉她们目前的困难，谨慎地透露这个坏消息，并允许她们提出疑问。那样的话，可以在很大程度上减小打击。而你却寄给她们这种形式的信，并且寄到她们家里。天哪！周五她们收到信后，整个周末都处于极度焦虑之中。她们打电话告诉自己的朋友和同事，现在，传言四起，我们处于一种几乎骚乱的局势中，我从没见过员工的士气如此低落。"

珍妮犯了一个错误，或者应该说两个。首先，她所寄出的信件显然未能成功地向员工们传达她的意图；其次，选择信件作为媒介来传递她的这一信息是不合适的。有时以书面形式进行沟通很有效，而有时口头交流的效果更好。当珍妮回过头来反思这一举动时，她得出结论：和许多人一样，她倾向于回避口头沟通，因为她对这种方式心存疑虑。遗憾的是，在这件事上这种疑虑恰恰阻碍了她选择正确的沟通方式来传递信息。她知道这一消息会使员工产生恐慌和不安。在这种情况下，珍妮需要一种保证最大清晰度，并能使她和主管们迅速处理潜在危机的方法来传递信息。最好的方法是口头传达，而把这种未曾料到的坏消息以信件的形式寄至员工家中的决定，无疑是个极大的错误。

珍妮·扬科维奇的错误表明了重要的一点：沟通与管理成效密切

相关。管理者每天都离不开沟通，每件事都离不开沟通。决策前，得到信息；决策后，有效执行。最好的想法、最优秀的计划，不通过沟通都无法实施，因此，团队领导必须掌握有效的沟通技巧。

如果你是珍妮，你将如何与护士们沟通？

案例二：分身乏术的保罗

保罗在一家 IT 企业任部门经理，由于他的技术能力强、业务精，老板很器重他。当时，另一部门的总经理刚刚离职，考虑到保罗的业务能力，老板便找到他，希望他能同时担任两个部门的总经理。面对这一情况，保罗很为难，因为他知道虽然自己的技术过硬，但作为管理者还是缺乏一定的管理经验，更何况同时监管两个部门，由此，他决定找个合适的机会将自己的想法与老板进行沟通。

两天后的午休时间，保罗敲开了老板办公室的门，一番寒暄过后，保罗对公司安排他同事出任两个部门的经理一事，与老板交换了想法："我的强项是技术，但另一部门需要更有管理经验的经理。要我管理一个部门，我可以把这个部门各方面做精细，但要同时管理两个部门，就分身乏术了。"

接下来保罗又从公司利益的角度详细阐述了跨部门兼管的利弊，并为老板推荐了一位更合适的人选，老板对保罗的建议表示了认可。

其实，无论企业中层管理者还是普通员工，都可以向上司说"不"。但说"不"要注意方式，把握好火候。所以对上司说"不"时，不能仅仅站在自己的立场和角度上，更要站在对方的角度上考虑问题。

> **口头表扬**
> 表扬不但被认为是当今企业中最有效的激励办法，事实上这也是企业团队中的一种有效的沟通方法。日本松下集团，很注意表扬人，创始人松下幸之助如果当面碰上进步快或表现好的员工，他会立即给予口头表扬，如果不在现场，松下还会亲自打电话表扬下属。

案例三：谁更有说服力

甲、乙两位主管分别希望在天津和北京开设分厂，并为此向董事会提交了工作报告。

甲主管：关于在天津地区设立分厂的方案，我们已经详细论证了它的可行性，大概 3~5 年就可以收回成本，然后就可以盈利了。请董事会一定要考虑我们的方案。

乙主管：关于在北京地区设立分厂的方案，我们已经会同财务、销售、后勤部门详细论证了它的可行性。根据财务评价报告显示，该方案在投资后的第 28 个月财务净现金流量由负值专为正值，这预示着该项投资将从第 3 年开始盈利，经测算，该方案的投资回收期是 4 年。从社会经济评价报告上显示，该方案还可以拉动与我们相关的下游产业的发展。这有可能为将来的企业前向、后向一体化发展提供有益的借鉴。如果在北京的××区，当地政府还有相关的税收优惠和土地政策优惠措施。与该方案有关的可行性分析报告我已经带来了，请董事会审阅。

上述两位主管的报告，显然乙主管更具有说服力。

对于工作报告，光凭嘴讲，没有太大说服力。但如果实现搜集、整理好有关数据资料，做成书面材料，借助视觉力量，就会加强说服力。

记住：只有摆出新方法的利与弊，用各种数据、事实逐项证明，才能让上司不认为你有头脑发热、主观臆断的嫌疑。

三、过程训练 Process Training

活动一：案例讨论

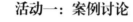

（一）阅读下面的案例，小组讨论

有一个企业老板写信骂了他的供应商老板，让秘书把信发出去。没过几天，老板对此事很后悔，不应该写信骂人。于是又写了一封信表示道歉，让秘书发走。这时秘书对老板说："上次见您写的信欠冷静，所以我并未把信发出去。这封道歉信您也不必发了。"

（二）问题与讨论

1. 秘书这么做，对不对？

2. 如果是你，你会怎么做？

活动二：游戏——走出地雷阵

此游戏主要体会与同事进行积极沟通的重要性，并练习与同事进行沟通所需要的技巧。训练人数为20~30人，以8~10人为一组。

训练道具：每组一块蒙眼布，两根10米长的绳子，一些报纸。

（一）活动过程

1. 选择一块宽阔平整的游戏场地。

2. 每组同学2人一对作为搭档，其中一个做监护员，一个闯地雷阵。（人数多时，是一个有利因素，场地会变得喧闹，增加游戏难度。）

3. 给每对搭档发一块蒙眼布，闯地雷阵的人蒙好眼睛。由监护员领到游戏场地。

4. 眼睛蒙好之后就开始过雷阵了。两条绳子平行放置地上，绳距

10 ~ 15 米，标志着地雷阵的起点和终点。

5. 在两绳子之间，尽量多放些报纸作为地雷。

6. 被蒙上眼的同学在同伴的带领下，来到起点，同伴则只能站在地雷阵外面指挥他闯过地雷阵，一旦踩到报纸，则宣告"阵亡"。

7. 几组可同时进行，到达对面，另两名同组队员接力，看看哪一组率先完成任务，且"阵亡"人数最少。

（二）问题与讨论

1. 游戏过程遇到哪些问题？

2. 在沟通时会遇到哪些障碍？

3. 指挥者能够清晰指挥吗？

4. 良好的沟通是保证任务完成的先决条件。

活动三：领导与下属

领导与下属考虑问题的角度永远不会一样。一个没有远见卓识的下属不会像领导一样去思考问题。如果，你事事都以领导者的心态去考虑问题，有朝一日你就可能成为领导。下面的活动时培养学员从不同的角度来考虑问题的能力。

（一）活动过程

1. 找两位学员扮演企业的领导和下属。

2. 让领导扮演着站在桌子上大声朗读附件中（不含括号中的内容）的相关文字。

3. 让下属扮演着在桌子前面对领导扮演者朗读附件中（不含括号中的内容）的相关文字。

4. 组织学员进行相关讨论。

（二）问题与讨论

1. 为什么考虑问题的角度不同会导致差异极大的结果？思维方式的不同在现实中主要有哪些方面的表现？

2. 作为优秀下属，应该怎样回答领导的问题？

3. 领导有没有可以对员工产生影响的地方？

4. 员工的思路可能会受到哪些方面的影响？

（三）总结

1. 要求下属天生具备上司的思维方式是不太可行的。

2. 下属的表现可能通过领导的影响而改变，培训师可以适当组织

优秀沟通者的特征（一）

1. 能够自我组织，表达内容尽量简洁、清楚。

2. 知道自己想说什么、和谁说、为什么说以及怎么说。

3. 主动考虑听众的感受，了解听众的语言能力、需求和期待值以及对沟通接受程度的差异。

学员模拟相关的场景。

3. 下属的不积极态度其实是我们很多人的常态，人本身就有惰性，同时也不想承担自己不应该承担的责任。事不关己，高高挂起，应该引导学员讨论一个团队中的主人翁心态和责任意识。

附件：领导和下属的对话

领导：你认为，要多久才能完成这个计划书？

（领导的理解：我请他参与决策。）

（下属的理解：他是老板，他为什么不直接告诉我？）

下属：不知道，你认为要多久？

（领导的理解：他拒绝承担责任。）

（下属的理解：我请他指示。）

领导：你自己应该清楚要多久。

（领导的理解：我逼迫他应该对自己的行为承担责任。）

（下属的理解：真是胡说！看来我必须要给他一个回答才行。）

下属：30 天。

（领导的理解：他缺乏估计时间的能力。）

（下属的理解：我就是随便说的，肯定不准确。）

领导：那么 15 天怎么样？15 天内完成？

（领导的理解：我和他约定，并希望他主动。）

（下属的理解：他在下达命令了，我只好接受。）

实际上，这个计划书需要 30 天才能完成。所以下属只好夜以继日地工作。但 15 天过得很快，他还需要一天的时间。

领导：计划书呢？

（领导的理解：我想确认他是否完成了工作。）

（下属的理解：他要看我的工作绩效呢。）

下属：明天就可以完成啦。

（领导的理解：我就知道他完成不了。）

（下属的理解：明明是要一个月的工作。）

领导：我们不是说好了，15 天完成，今天应该完工了。

（领导的理解：我要让他承担责任，完成工作。）

（下属的理解：他让我十几天就干了一个月的活，我不再替这样的人干活了。）

……

下属递交了辞职申请。（领导与下属的沟通不仅无效，而且还影响了工作进度。）

> **优秀沟通者的特征（二）**
>
> 4. 清楚自己无法控制听从对自己话语的理解，并坦然面对这种情况。
>
> 5. 尽量减少沟通对听众的影响，知道很多听众精力有限、容易分神。
>
> 6. 想方设法在沟通中给予积极的反馈。

四、效果评估 Performance Evaluation

评估：沟通交际能力

（一）情景描述

沟通交际能力对一个人在新团队中的开拓至关重要，本题将测评你的沟通交际能力，请仔细阅读下列各题，选择一个你认为最符合的答案，并将所选答案写在题后的括号内。

1. 出门旅行度假时，你会： （ ）

　　A. 通常很容易就交到朋友

　　B. 喜欢一个人消磨时间

　　C. 内心非常希望结交朋友，虽然不是很成功，但我仍然勇于实践

2. 和一个同事约好了一起去跳舞，但下班后你感到很疲惫，这时同事已回去换衣服，你会： （ ）

　　A. 决定不赴约了，希望同事谅解

　　B. 仍去赴约，尽量显得情绪高涨，热情活泼

　　C. 去赴约，但询问如果你早些回家，同事是否会介意

3. 你与朋友的交往能保持多久？ （ ）

　　A. 大多是天长地久型

　　B. 长短都有，志趣相投者通常较长久

　　C. 弃旧交新是常有的事

4. 结交一位新朋友，你通常会： （ ）

　　A. 由熟人的介绍开始

　　B. 通过某特定场合的接触开始

　　C. 经过考验而决定交往

5. 作为你的朋友，他首先应： （ ）

　　A. 能使人快乐轻松

　　B. 诚实可靠，值得信赖

　　C. 对我很欣赏，关心我

6. 你和人们交往中的表现是什么样的： （ ）

　　A. 我走到哪儿，就把笑声带到哪儿

　　B. 我使人沉思，能给人带去智慧

　　C. 和我在一起，人们总是感到随意自在

7. 别人邀你出游或表演一个节目，你往往： （ ）

　　A. 借故委婉推托

　　B. 兴致勃勃地欣然允诺

　　C. 断然拒绝

团队沟通不畅的原因

　　1. 成员缺乏常识，随意性大。

　　2. 内部等级观念强，部分成员不能平等地对待他人。

　　3. 措辞不当，内容空洞，不能引起对方的兴趣。

　　4. 不能换位思考。

　　5. 不习惯倾听，只习惯于表达自己。

　　7. 成员之间缺乏互信。

　　8. 管理者缺乏沟通意识。

8. 与朋友相处，你通常的情形是： （　）

    A. 倾向于赞扬他们的优点

    B. 以诚为原则，有错就指出来

    C. 不吹捧奉承，也不苛刻指责

9. 如果别人对你很依赖，你的感觉是： （　）

    A. 我不太在意，但如果他们有一定的独立性就更好了

    B. 我喜欢被依赖

    C. 避之唯恐不及

10. 来到一个新的环境，对那些陌生人的名字和特点，你会： （　）

    A. 常能很快记住

    B. 想记住，但不太成功

    C. 不在意这些东西

11. 对你来说，与人结交的主要目的是： （　）

    A. 使自己生活得热闹愉快

    B. 希望被人喜欢

    C. 想让他们帮你解决你应付不了的问题

12. 对身边的异性，你会： （　）

    A. 只在必要的情况下才去接近他们

    B. 与他们互不来往

    C. 乐于接近他们，彼此相处愉快

13. 朋友或同事劝阻或批评你时，你总是： （　）

    A. 非常勉强地接受

    B. 断然否定

    C. 愉快地接受

14. 在编织你的人际关系网时，被考虑的人选一般是： （　）

    A. 上司及有钱有势的人

    B. 诚实且心地善良的人

    C. 社会地位和自己差不多的人

15. 对那些精神或物质上帮助过你的人，你会： （　）

    A. 铭记在心，永世不忘

    B. 认为是朋友间应该做的，不必牵挂在心

    C. 时过境迁，随风而逝

> **有助于建立有效沟通机制的方法**
>
> 1. 缩短信息链，保证信息得到及时沟通，避免信息失真。
>
> 2. 增加沟通渠道。如领导经常走出办公室与下属进行面对面沟通等。

（二）评估标准

得分	1	2	3	4	5	6	7	8	9	10	11	12	13	14	15
A	1	5	1	5	3	1	3	1	3	1	1	3	3	5	1
B	5	1	3	1	1	5	1	5	1	3	3	5	5	1	3
C	3	3	5	3	5	3	5	3	5	5	5	1	1	3	5

（三）结果分析

15~29 分，你非常善于交际，人生经验丰富，你凡事处理得当，合乎情理，很有艺术，但不八面玲珑，圆滑奉迎。你无论走到哪里，笑脸和友善总伴随在你的周围。

30~57 分，你会有不少相处得不错的朋友。但出于各种原因，其中真正能与你推心置腹的知己却不多，似乎你们之间总有隔阂，你应该找找原因所在。

58~72 分，你的交际能力较差，人生经验不够丰富，你常独行于众人之外，一副高傲、拒之千里之外的架势。这样的你很难成功，希望你多发现别人的优点，努力做一个合群的人。

第四章　团队冲突

在团队的交流沟通过程中，由于团队成员之间，团队成员与团队之间，以及不同的团队之间的目标、认识或情感互不相容或相互排斥，同时每个人对问题理解的差异、看问题的角度不同以及个人恩怨，都会造成相互之间的矛盾，从而形成团队冲突。

这种冲突如不能正确处理，会对相互之间的关系和整个团队的稳定性造成很大的破坏性。作为一个团队中的成员，可能最不愿面对的就是与其他成员之间的冲突和矛盾，希望自己能够迎合大家的感觉来做事，不去制造麻烦，同时能够察觉成员们之间的冲突信号，有意识地回避开，避免参与麻烦。但这两点恰恰是即将走入职场的学生和涉世不深的职业新人的短板所在。团队冲突何时具有毁灭性？何时具有创造性？团队中的冲突不可避免，这是个好现象，因为它对于创造性合作也是不可或缺的。

> 说话不要有攻击性，不要有杀伤力，不夸己能，不扬人恶，自然能化敌为友。
> ——[美]戴尔·卡耐基

通过本章的学习，你将能够：
1. 了解团队冲突的原因。
2. 了解团队冲突的类型。
3. 掌握团队冲突处理的技巧。

第一节　冲突原因

职场在线

　　商人A君在日本东京经营中国菜，生意很红火。不久，三个中国留学生也在对面开了个中国餐馆。开始只是一个小门面，因为他们是正宗，中国菜自然做得好，把这位商人的生意抢走了不少。餐馆经理很着急，与A君商量用什么办法和对面竞争。谁知他却让餐馆经理每日去对面买一份留学生们做的中国菜，认真研究。一个月后全部买齐了，然后在报纸上刊登广告，大举推出这些菜，每款价格均比对面贵出三倍。经理十分不解，认为这不是为人家做广告吗，A君却颇有把握地说，我就是要对面的餐馆迅速发家致富。

　　果不其然，一年以后对面三个留学生开的餐馆发了，从一间小门面发展到买下了整个二层楼，每个留学生出门也是小轿车，从不亲临"前线"，最后发展到经常为分钱而争吵。

　　A君看准了这一时机，突然大规模推出与对面同样的中国菜，并且价格比中国留学生餐馆的菜还要便宜三分之一，不到半年的时间，一举击败了竞争对手，并收购了该餐馆。

　　A君对此举解释说，三个中国留学生创业时，很抱团，如果当时与他们竞争，虽然使他们感到压力大，但是他们的竞争策略会更多，我打不起"持久战"，必败无疑。让他们迅速致富，感到没有压力，也就不抱团了，分裂是自然的。这时发起攻击，必然获胜。

　　在创业之初，三个留学生能够团结协作，但随着餐馆的规模扩大、收入增多，反而出现了各种冲突和矛盾，最终被收购。对一个团队来说，冲突是不可避免的，不仅团队成员之间的存在冲突，团队之间也有冲突，那么冲突存在的原因何在，只有找准原因才能化解冲突。

　　美国管理协会进行的一项对中层和高层经营管理人员的调查表明，管理者平均花费20%的时间处理冲突。对于管理者认为在管理发展中什么方面最为重要的一项调查发现，冲突管理排在决策、领导或沟通技能之前，这进一步指出了冲突管理的重要性。

　　——[美]斯蒂芬·P.罗宾斯

一、能力目标 Competency Goal

在团队合作过程中，冲突不可避免地会发生。如何定义团队冲突、区别其特征并分析其原因是化解团队冲突的前提。

通过本节的学习，你将能够：

1. 了解冲突的定义和冲突观念的变化。
2. 了解冲突在团队中的表现。
3. 了解冲突产生的过程和原因。

（一）冲突的定义

冲突是指人们由于某种抵触或对立状况而感知到的不一致的差异。冲突包含两个必要因素：

● 被双方感知。

● 存在意见的对立或不一致，并带有某种相互作用。

从总体上看，冲突是指个人或团队对于同一事物持有不同的态度与处理方法而产生的矛盾。冲突常表现为由于观点不一致而引起的激烈争斗。美国学者刘易斯·科赛在《社会冲突的职能》中指出：没有任何团体是能够完全和谐的，否则它就会无过程与结构。在团体中，个人之间的冲突在一定程度上总是存在的，因为人与人之间存在各种差异：价值观、信仰、态度以及行为上的差异。差异必然会导致分歧，分歧发展到一定程度就会导致冲突。冲突是一种存在，无法逃避，我们应该接纳冲突，有时它会对团队工作发挥有益的作用。

> 没有完美的个人，只有完美的团队。世界上每个人都具有差异性，相对其优势就是劣势；完美的团队执行任务时应该发挥每个团员的优势，避开每个团员的劣势。

小案例

摩托罗拉公司的全球执行副总裁兼人力资源总监葛林·银谷认为，领导以身作则、公开的赞扬和讲故事是摩托罗拉激发建设性冲突的三大法宝。他津津乐道的一个故事是，在十几年前公司举办的一次同乐会上，一位经理突然拍案而起，当着众多中高层管理者及其家属的面，痛陈公司在质量管理方面的弊端。他的发言在公司引起了极大的震动，并促成了摩托罗拉如今广为人知的"六个西格玛"的质量管理活动。

（二）冲突的表现

就团队而言，冲突的表现有以下几种：

● 个人、团队、组织及其组成部分之间很少沟通。

● 团队间不是在相互合作与相互尊重的基础上建立关系，而是基于对他人地位的羡慕、嫉妒和愤怒而产生不良的关系。

●团队成员之间的关系恶化，个性抵触增多。

●规章制度，尤其是牵涉到生产当中细微领域的规章制度增多。

●各种秘密和传闻不胫而走，小事情成了大事情，小问题成了大危机，很小的异议成了严重的争议。

●组织、部门、团队和团队成员的成绩下降。

（三）冲突的过程

团队冲突是一个动态的过程，是从团队成员的潜在矛盾映射为彼此的冲突意识，再酝酿成彼此的冲突行为意向，然后爆发为彼此的冲突行为，最终造成冲突的结果和影响。

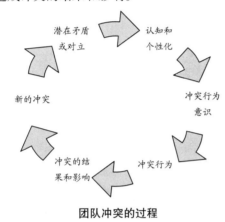

团队冲突的过程

> **冲突处理四原则**
> 1.记住你的目标是寻找解决方法，而不是指责某一个人。
> 2.不要用解雇来威胁人。
> 3.区别事实与假设。
> 4.坚持客观的态度。

（四）冲突行为

由于冲突的程度不同，冲突的行为也不尽相同。从误解到质疑，从挑衅到语言和身体的攻击，这些都是冲突行为的表现。

无冲突 ⟶ 彻底的冲突					
轻度的意见分歧或误解	公开的质问或怀疑	武断的语言攻击	威胁和最后通牒	挑衅性的身体攻击	公开有损对方

▶ **小案例**

小李来到兴盛技术公司工作刚几个月，表现非常不错，在出色地完成了团队任务后，本以为主管会对自己进行表扬，可是主管老张却说："小李，你的工作方法是不是还有待改进？虽然按时完成了任务，但你的工作进度还是比其他部门慢。"小李听后真是怒火中烧，愤而辞职。老张也感到不理解，他明明是想鼓励小李继续努力工作，怎么适得其反了呢？

（五）冲突的原因

导致团队之间冲突的原因很多，从客观上来说，是由于资源的有限性所造成。从主观上来说，是由于每个人的知识、精力、经验、性格、习惯、级别、价值观、目标、性别差异所致。归结起来，团队冲突的原因有以下几点：

1. 资源竞争

团队在分配资金、人力、设备、时间等资源时，通常按照团队成员的工作性质、岗位职责、在团队中的地位以及团队目标等因素分配，不会绝对公平。此外，团队的公共资源在使用过程中也会出现谁先谁后、谁多谁少的矛盾，这些都会引发冲突。

> 据美国管理学会进行的一项对中层和高层管理人员的调查，管理者平均要花费20%时间处理冲突；另据调查，大多数的成功企业家认为管理者的必备素质与技能中，冲突管理排在决策、领导、沟通技能之前。

▶ **小思考**

一员工怒气冲冲来到办公室，提出向人力资源部投诉，对年度奖金的分配不满，当时该员工情绪非常火爆，说话时声音也不小。而负责接待的同事，为安抚该员工情绪，非常礼貌地说："你不要激动，别生气，有问题向我们反映，我们会调查，如果属实，一定给你一个答复。"不料，该员工立即大声喊叫"调什么查，难道你以为我骗你的呀，还是说说你们人力资源部与管理人员一样不讲道理，我不与你谈了。"随后，不论这位同事如何向他解释，此员工就是不再与其答话，只是自己大声抱怨无处讲理，因当时正处于办公繁忙时间，办公室内还有其他员工，为避免事态恶化，作为人力资源部经理的你应该如何做？

2. 目标冲突

每一个团队和团队成员都有自己的目标，每个团队成员都需要其他成员的协作。比如，市场营销部门要实现营销目标，就必须得到生产部门、财务部门、人事部门、研发部门的配合与支持。但现实情况是，各个团队的目标经常发生冲突。例如，营销部门的目标是吸引客户，培养客户忠诚，这就要求生产部门生产出质优价廉的商品。而生产部门的目标是降低成本，减少开支，以尽可能少的资源生产尽可能多的商品，而这必然造成商品质量下降。

3. 相互依赖性

相互依赖性包括团队之间在前后相继、上下相连的环节上，一方的工作不当会造成另一方工作的不便、延滞，或者一方的工作质量影响到另一方的工作质量和绩效。组织内的团队之间和团队中的每一个成员之间都是相互依赖的，它们在目标、优先性、人力资源方面越是多样化，越容易产生冲突。

4. 责任模糊

团队内有时会由于职责不明造成职责出现缺位，出现谁也不负责的管理"真空"，造成团队之间的互相推诿甚至敌视，发生"有好处抢，没好处躲"的情况。

5. 地位斗争

团队中每个团队成员地位的不公平感也是产生冲突的原因。当一个团队成员努力提高自己在团队中的地位，而另一个团队成员视其为对自己地位的威胁时，冲突就会产生。

▶ 小案例

李加霖生性争强好胜。在他当市场推广代表时，什么事都想赢，什么事都想争第一。在这种不夺第一死不休的原动力推动下，李加霖每一年都取得优良成绩。李加霖升任经理后，他也全力推动部下人人力争第一。表面看来，这无可厚非，因为他希望每个人都成为销售高手。然而，作为经理，李加霖不仅与其他地区竞争，甚至与自己手下的市场推广代表竞争，他始终要超过他们。遇到大客户，在作推广宣讲时，他总要争做主持人，希望大家能记住他，他无法忍受当旁观者。每次他与员工谈话，总要以一种胜利者的姿态来压倒对方。本来是与员工谈个人发展，他却忍不住吹嘘自己如何在外面展业、如何与客户签单的高超技巧。结果，这种盛气凌人的行事方式，气走了许多市场推广高手。

> 危机是有可能变好或变坏的转折点或关键时刻。
> ——《韦伯词典》

6. 沟通不畅

团队或团队成员之间的目标、观念、时间和资源利用等方面的差异是客观存在的，如果沟通不够，或沟通不成功，就会加剧团队之间的隔阂和误解，加深团队之间的对立和矛盾，导致任务或目标失败。例如，美国在 1998 年发射火星气候探测器失败，正是由于负责项目的两组科学家分别使用了公制单位和英制单位。此种情形在组织和团队中普遍存在。

二、案例分析 Case Study

案例一：不恰当的冲突处理

屋漏偏逢连阴雨，身为某制药企业项目研发部经理的王一平最近碰到了一些问题：先是新药研制项目遭遇技术难关，只得中途搁浅；紧接着他获知国内另一家知名药厂通过引进国外先进技术，已经研制成功同类品种的新药，并通过了药监局审批，即将生产上市。

两年前，王一平被这家企业以高薪从一家国营大型制药企业挖来，老板将项目研发部的管理权、人事权甚至财务权都一股脑交给了王一平，并委派了一名海归硕士李大翔协助其项目的研发。

在立项之前，王一平和李大翔曾经各自提出过一套方案，都坚持不肯让步：李大翔主张在引进国外现有的先进技术基础上改进配方和生产工艺，这样不仅见效快且技术风险较小，但缺点是要支付一大笔技术转让费用；而王一平则主张自力更生，自主研发具有独立知识产权的全套生产技术，这样做的缺点是技术开发风险较大。双方都坚持己见，方案就要拿到研发部全体会议上进行讨论，最后做出集体决策。以王一平多年的国企管理经验，如果正副职在业务上产生分歧，当着下属的面各执一词激烈讨论，必然会不利于整个部门的团结，对领导的权威也是一大挑战。实际上，他也缺乏足够的信心说服李大翔和整个部门的同事，于是他找到企业老板，使出全身解数甚至不惜以辞职相逼，最终迫使老板在方案提交之前将李大翔调离了该部门，从而避免了一场"激烈冲突"。

> 可与言而不与言，失人；不可与言而与言，失言；知者不失人，亦不失言。
>
> ——孔子

这显然不是一个很好的解决冲突的办法。管理者们的担忧不外乎三个方面：一些管理者把冲突视为对领导权威的挑战，因为担心失去对团队的控制，对于拍板和讨论他们往往会果断地选择前者；另外，过于激烈的冲突往往会引发团队内部的分裂，带来不和谐音符；还有，在冲突中受打击的一方不仅会伤及自尊，同时也会对成员的自信心造成很大的影响，不利于团队整体工作效率的保持和提升。

要成为一个高效、统一的团队，领导就必须学会在缺乏足够的信息和统一意见的情况下及时做出决定，果断的决策机制往往是以牺牲民主和不同意见为代价而获得的。对于团队领导而言，最难做到的莫过于避免被团队内部虚伪的和谐气氛所误导，并采取种种措施，努力引导和鼓励适当的、有建设性的良性冲突，将被掩盖的问题和不同意见摆到桌面上，通过讨论和合理决策将其加以解决。

案例二：拔掉帽缨

一次，楚庄王因为打了大胜仗，十分高兴，便在宫中设盛大晚宴，招待群臣，宫中一片热火朝天。楚王也兴致高昂，叫出自己最宠爱的妃子许姬，轮流替群臣斟酒助兴。

忽然一阵大风吹进宫中，蜡烛被风吹灭，宫中立刻漆黑一片。黑暗中，有人扯住许姬的衣袖想要亲近她。许姬便顺手拔下那人的帽缨并赶快挣脱离开，然后许姬来到楚庄王身边告诉楚庄王说："有人想趁黑暗调戏我，我已拔下了他的帽缨，请大王快吩咐点灯，看谁没有帽缨就把他抓起来处置。"

楚庄王说："且慢！今天我请大家来喝酒，酒后失礼是常有的事，不宜怪罪。再说，众位将士为国效力，我怎么能为了显示你的贞洁而辱没我的将士呢？"说完，庄王不动声色地对众人喊道："各位，今天寡人请大家喝酒，大家一定要尽兴，请大家都把帽缨拔掉，不拔掉帽缨不足以尽欢！"于是群臣都拔掉自己的帽缨，楚庄王再命人重又点亮蜡烛，宫中一片欢笑，众人尽欢而散。

三年后，晋国侵犯楚国，楚庄王亲自带兵迎战。交战中，楚庄王发现自己军中有一员将官，总是奋不顾身，冲杀在前，所向无敌。众将士也在他的影响和带动下，奋勇杀敌，斗志高昂。这次交战，晋军大败，楚军大胜回朝。

战后，楚庄王把那位将官找来，问他："寡人见你此次战斗奋勇异常，寡人平日好像并未给过你什么特殊好处，你为什么如此冒死奋战呢？"

那将官跪在楚庄王脚前，低着头回答说："三年前，臣在大王宫中酒后失礼，本该处死，可是大王不仅没有追究、问罪，反而还设法保全我的面子，臣深深感动，对大王的恩德牢记在心。从那时起，我就时刻准备用自己的生命来报答大王的恩德。这次上战场，正是我立功报恩的机会，所以我才不惜生命，奋勇杀敌，就是战死疆场也在所不辞。大王，臣就是三年前那个被王妃拔掉帽缨的罪人啊！"

一番话使楚庄王和在场将士大受感动。楚庄王走下台阶将那位将官扶起，那位将官已是泣不成声。

从大处着眼，不以眼前小事来干扰我们的心智，有时，坏事就能变成好事。楚庄王的高超的技巧和作为国王的胸襟在这里都值得效仿。如果在职场上能以这种态度和方法来处理冲突，个人和团队都将会是最大的赢家。这种建设性处理破坏性冲突情况必须有一种极宽的胸襟，俗话说，宰相肚里能撑船，说的就是这个道理。处理得好，就是一个极好的契机，为团队的成功打下良好的基础。

> 冲突不会在真空中形成，它的出现总是有理由的。解决冲突方法的选择很大程度上取决于冲突发生的原因，因而你需要了解冲突源。研究表明，产生冲突源的原因多种多样，但总体上可分为三类：沟通差异、结构差异和人格差异。
> ——[美]斯蒂芬·P.罗宾斯

三、过程训练 Process Training

活动一：课堂练习

1. 用一张纸写出你最近的一次冲突处理。请采用 5W1H 方法来描述它是如何发生、最后你是怎么处理这个冲突的。

何人（Who）	
何时（When）	
何地（Where）	
何事（What）	

为何（Why）	
怎么样（How）	

2. 请分析这次冲突发生的原因。

3. 面对冲突你是怎么做的？如果现在有一台时光穿梭机，能让你回到冲突发生前，或者让你现在来处理这个冲突，你又将怎么做？你能找到更好的解决方案吗？

活动二：作用力与反作用力

本活动可以帮助学员锻炼一种在对抗的局面下化解冲突、解决问题的能力，并且帮助大家更好地理解团队合作的含义。

（一）活动过程

1. 将学员分成两人一组，让他们面对面地站着，分别举起双手，将每个人的手掌与他的搭档的手掌对在一起。

2. 培训师喊开始，然后大家就必须用力地推对方的手掌，让两个人都尽可能地将力推对方，可以在一旁为他们加油，比如说"加油"、"就剩下一点了"、"马上就胜利了"。

3. 在推得正兴起的时候，悄悄地让占劣势的一方松劲儿，看看会出现什么后果。

4. 进行角色互换，最后衷心地感谢每一个人，你会发现他们大多会给你一个相当疑惑的笑容，不用理会他，对他们笑笑就可以了。

> 没有冲突，团队将失去他们的效力。管理者会变得沉闷，而且只是表面上很和谐。实际上，代替冲突的常常不是和谐，而是冷漠和逃离。不能鼓励实质性冲突的团队，最终将一事无成。

（二）问题与讨论

1. 当你用力地推你的同伴的时候，你的同伴会有什么反应？

2. 当其中一个人撤回自己力气的时候，剩下的那一个人会发生什么情况？会不会使他生气？

3. 从这个活动中，你有没有体会到什么道理？在日常工作中，当别人与你的意见不一致时，最好的做法是什么？一定要据理力争吗？

（三）总结

1. 当你跟对方硬碰硬时，他就会变得越发强硬，但是当你对他加以好言相劝时，他往往能听进去你的意见。

2. 在团队沟通中产生的争执是难免的，不要害怕这些争执。但要注意策略，要在陈述自己的想法的同时倾听他人的意见，如果别人说得对就加以采用，但是如果自己的较好，就要采用一些迂回曲折的办法让你的对手保持沉着和冷静，并最终乐于听从你的意见。

四、效果评估 Performance Evaluation

评估：冲突处理能力测评

工作中的分歧和冲突在所难免，关键在于如何处理冲突。良好的冲突处理方式可以化解你与上级或同事的矛盾，获得对方的理解和支持，否则可能导致关系紧张，产生隔膜或纠纷。每个人都有自己应付冲突的方式和风格，个体处理冲突的方式大体上有三种倾向：非抗争型、解决问题型和控制型。

（一）情景描述

阅读下面的题目，每一道题都有"从不如此或大多不如此、偶尔不如此或偶尔如此、大多如此或总是如此"三种判断，请根据实际情况选择你的符合程度。

1. 我不敢和上司提出会引起争议的问题。

2. 当我和上司的意见不一致时，我会把双方的意见结合起来，设法想出另一个全新的点子来解决问题。

3. 当我不同意上司的看法时，我会把自己的意见讲出来。

4. 为了避免争议，我会保持沉默。

5. 我所提出的办法，都能融合各种不同的意见。

6. 当我想让上司接受我的看法时，我会提高我的音量。

7. 我会婉转地把争议的激烈程度减弱下来。

8. 我和上司意见出现分歧时，我会以折中的方式解决。

9. 我会据理力争，直到上司了解我的立场。

10. 我会设法使双方的分歧显得并没有那么明显。

11. 我认为应该坐下来好好谈谈才能解决彼此的分歧。

12. 当我和上司争执时，我会坚定地表明我的意见。

> 最好的团队实际上是鼓励创造性冲突的。他们将争执视为一种健康的信号。创造性冲突为主管们提供了更好的信息、对问题更深入的理解以及更为宽泛的可能方案。

（二）评估标准及结果分析

选择多是偶尔不如此或偶尔如此，那么你的冲突处理倾向是解决问题型。

选择从不如此或大多不如此，那么对应题号的结论分别是：1控、2非、3非、4控、5控、6非、7控、8控、9非、10控、11控、12非。如果选择大多如此或总是如此，则刚好相反。（控：代表控制型倾向，非：代表非抗争型倾向。）

非抗争型的个体会尽量避免发生冲突。如果发生冲突，为了维持关系，会牺牲自己的观点以减少分歧，或者主观认为自己是对的，采取退缩或压抑的方式，对冲突漠不关心或希望逃避争论，不喜欢拿意见，这样的人不适合做领导，适合做部门经理。

解决问题型的个体面对冲突时会在澄清彼此异同的基础上提出一个能使双方都满意的办法，或者使双方都作出一定的让步，让双方的利益得到部分的满足，从而使问题得到解决，不善于授权，不适合管理多个团队。

控制型的个体面对冲突时更关注自己目标的实现和获得利益，而不顾虑冲突对方的影响。控制型的领导喜欢强权，存在过度集权的危险。

第二节 冲突类型

职场在线

　　有一家面临倒闭的钢铁厂，在频繁更换几任总经理，花费了巨大的财力人力物力后，对于走向破产的钢铁厂大家已经黔驴技穷，一筹莫展，员工也都士气涣散，唯一能做的事情就是等着工厂宣布破产清算。新到任的总经理似乎也拿不出什么好办法来，但他却在几次员工会议上发现了一个现象，公司的每次决策制度公布时，大家似乎都不愿意提出反对意见，管理者说什么就是什么，以前怎么做的就怎么做，会议总是死气沉沉。因此这位总经理果断作出了一个决定，以后会议，不分层级，每个人都有平等发言的权利，如果发现问题，谁提出解决方案并且没有人能够驳倒他，他就是这个方案项目的负责人，公司给予相应的权限和奖励。新制度出台后，以往静悄悄的会议逐渐出现了热烈的场面，大家踊跃发言，争相对别人的提案进行反驳，有时候为争论某个不同意见，争论者面红耳赤，甚至大打出手，但在走出会议室之前，都会达成一个解决问题的共识，不管是同意还是反对，都要按照达成的共识去做。过了一段时间后，奇迹出现了，这家钢铁厂逐步走出困境，起死回生，甚至在几年后成为业内顶尖的钢铁厂。

　　这家濒临倒闭的钢铁厂之所以能够起死回生，源于他对自己固有文化的一种突破，将死气沉沉的"一言堂"会议氛围激发为大家群策群力的"建设性冲突"，企业被注入了新的生命力和竞争力，企业的决策质量和水平都得到了极大的改善和提高，更加贴近市场，贴近一线，执行力更富有效率。

> 　　当团队成员学会自己处理困难，他们会更高效，更有建设性地解决冲突，最终最大程度地为团队的创造性工作做出贡献。

一、能力目标 Competency Goal

团队工作是一个管理矛盾的过程。与一团糟的团队相比，优秀的团队中不见得冲突更少。然而，优秀团队中的冲突更多的是良性冲突。要培养团队精神，首先要辩证地看待团队冲突，分析团队冲突的不同性质，认识到不是所有的冲突都是有害无益的；其次要学会洞察冲突发生的可能性，既要尽量避免破坏性冲突的发生，又要适当激发和利用建设性冲突，要学会正确地对待已发生的冲突，科学合理地加以解决，使冲突结果向好的方向转化。

通过本节的学习，你将能够：

1. 了解建设性冲突和破坏性冲突。
2. 了解激发建设性冲突的方法。
3. 了解消除破坏性冲突的方法。

（一）建设性冲突和破坏性冲突

从冲突的结果和影响来看，可以将团队冲突分为建设性冲突和破坏性冲突。

1. 建设性冲突

建设性冲突是指让彼此间的不满和误解明朗化，进而得到化解。建设性可以增强团队内部的凝聚力，激发成员的积极性和创造性。建设性冲突的表现如下：

- 冲突双方对实现共同的目标都十分关心。
- 彼此乐意了解对方的观点、意见
- 大家以争论问题为中心。
- 互相交换情况不断增加。

建设性冲突的结果支持了团队目标的达成，提高了团队工作绩效。

2. 破坏性冲突

破坏性冲突是指冲突双方对自己的观念深信不疑，坚持互不相让。破坏性冲突会导致双方互相攻击，会使合作关系破裂，会使团队成员偏离目标，造成资源浪费和凝聚力下降。破坏性冲突的表现如下：

- 双方对赢得自己观点的胜利十分关心。
- 不愿听取对方的观点、意见。
- 由问题的争论转为人身攻击。
- 互相交换情况不断减少，以致完全停止。

破坏性冲突的结果破坏了团队目标的达成，阻碍了团队工作绩效。

绝大多数的关系冲突都是破坏性冲突，这是因为关系冲突中表现

从冲突的内容来看，可以将团队冲突分为任务冲突、关系冲突和过程冲突。任务冲突是指与工作的内容和目标相关的冲突。关系冲突是指与人际关系相关的冲突。过程冲突是指与工作如何完成相关的冲突。

为人与人之间的敌对、不和与摩擦，它加剧了人们之间的人格差异，降低了相互之间的理解，阻碍了团队目标的完成。

低水平的过程冲突和中低水平的任务冲突是建设性冲突，这是因为它们能激发人们对不同观点的讨论，有助于团队工作水平更上一层楼，但是如果团队角色不够清晰，在谁应该做什么方面存在过多的争论，则会转变成破坏性冲突，延缓团队目标的完成。

小案例

挪威人在海上捕得沙丁鱼后，若能让鱼活着抵港，卖价就会比死鱼高好几倍。由于沙丁鱼生性懒惰，不爱运动，返航的路途又很长，因此捕捞到的沙丁鱼往往一回到码头就死了。只有一位渔民的沙丁鱼总是活的，而且很生猛，所以他赚的钱也比别人的多。该渔民严守成功秘密，直到他死后，人们才打开他的鱼槽，发现只不过是多了一条鲶鱼。原来鲶鱼以鱼为主要食物，装入鱼槽后，由于环境陌生，就会四处游动，而沙丁鱼发现这一异己分子后，也会紧张起来，加速游动，如此一来，沙丁鱼便活着回到港口。这就是所谓的"鲶鱼效应"。

> 管理不在于"知"，而在于"行"。
> ——[美]彼得·德鲁克

（二）激发建设性冲突

如果冲突能够提高决策质量，激发革新和创造，调动团队成员的兴趣与爱好，能够提供一种使问题公开化、消除紧张的渠道，能够提供鼓励自我评估和变革的环境，那么这种冲突就是建设性的，是团队所需要的。下面几种策略有利于激发建设性冲突。

策略	表现
审视团队文化氛围	很多团队在前期成功后往往会沉湎于以往的经验判断和惯性思维导致的惰性工作习惯，而漠视市场和环境的变化。
激发团队危机意识	危机意识是每个团队成员，尤其是领导应该保持的基本状态，从来没有一成不变的成功，守住市场比打拼市场更困难，因此决策制定者应该贴近市场，贴近一线，不断研究竞争对手，从而获得领先一步的市场地位。
设计团队长效制度	团队应该鼓励团队成员能够以不断突破自己为荣，通过绩效考核的手段去激发团队成员的创新氛围，比如引入平衡积分卡考核的思维，不仅仅关注于员工的短期绩效水平，更着眼于员工因为创新思维而带来的长期效益。
引入外部新鲜血液	团队内部的晋升制度能较好地激发成员对团队的归属感和奋发向上的晋升斗志，但对于一些团队而言，这种"近亲繁殖"的方式可能会导致团队内部处于一种文化停滞状态，因此适时让一些空降兵进入团队有利于团队内部的活力激发。
提升成员自主能力	让团队成员从被动管理到自我主动管理能够有效地提高其满意度和创新精神。要强化对团队成员的自我管理能力培训，同时建立内部竞争机制，激发内部的良性竞争氛围和适度的冲突机制，激发团队成员的工作斗志和激情。

（三）消除破坏性冲突

与建设性冲突相反，对于破坏性冲突则应尽量消除其影响。对于能够避免的破坏性冲突应该尽量避免，对于不能避免的破坏性冲突，则应该尽量减少其对团队的影响。下面几种策略有利于消除破坏性冲突。

策略	要求
正视冲突双方	直面冲突的原因和实质，通过坦诚地讨论来确定并解决冲突。在讨论过程中要注意沟通策略，不能针对人，只能针对事，因为这种技术是以互相信任与真诚合作为基础和前提的。
转移冲突目标	一个是转移到外部，寻找另一个共同的外部竞争者或一个能将冲突双方的注意力转向外部的目标，来降低内部的冲突；另一个是目标升级，提出能使双方利益最大化的目标。
开发团队资源	如果是由于团队资源的缺乏，就致力于资源的开发；如果是由于缺乏人才，就通过外聘、内部培训来满足需要；如果是由于资金缺乏或费用紧张，就通过申请款项和贷款等融通资金。
回避抑制冲突	回避或抑制冲突是一种消极的解决冲突的技术，试图将自己置身于冲突之外，或无视双方分歧的做法，以"难得糊涂"的心态来对待冲突。
缓和团队气氛	缓和法的思路是寻找共同的利益点，先解决次要的分歧点，搁置主要的分歧点，设法创造条件并拖延时间，使冲突降低其重要性和尖锐性，从而变得好解决。
折中双方诉求	折中实质上就是妥协，团队冲突的双方进行一种"交易"，各自都放弃某些东西而共同分享利益，适度地满足自己的关心点和他人的关心点，通过一系列的谈判和让步避免陷入僵局。
执行上级命令	上级命令是指通过团队的上级管理层运用正式权威来解决冲突。当冲突双方通过协商不能解决冲突时，按"下级服从上级"的团队原则，强迫冲突双方执行上级的决定或命令。
改造团队成员	团队冲突很多是由于人际交往技巧的缺乏造成的，因此，运用行为改变技术（如敏感性训练等）来提高团队成员的人际交往技能，是有利于改变冲突双方的态度和行为的。
改变团队结构	通过重新设置岗位、进行工作再设计及调动团队小组成员等方式，可以因改变正式的组织结构、变化工作目标而减缓冲突，也可以协调双方相互作用的机制，还可以消除冲突根源。

二、案例分析 Case Study

案例一：小陈获奖

小陈是一家高考教育产品研发和推广公司的研发人员，在研发部他思维活跃，充满活力。平时在产品研发过程中，一旦碰到模棱两可的问题，由他引起的辩论就能持续很长时间。有好多次，由于对有些有争议的观点意见相左，小陈和其他研发人员吵得不可开交，行政部主管也为这事说过他很多次。让大家最不可思议的是，在年终评奖中，小陈获得了最佳创新奖。

> 如果你希望团队多元化，就必定会有冲突的发生。关键在于你必须把冲突视为沟通的机会。
> ——[美]里拉·博思

与同事争论研发产品的专业知识，就是在激起建设性冲突，对个人团队都有很大的推动作用，它可以诱发个体的创造性思维，同时可以激励团队的其他成员积极努力工作。

激发建设性冲突的最基本的条件是：公司和团队文化要形成一种

畅所欲言的气氛，鼓励良性冲突。首先，高层领导者和团队领袖需要率先垂范，坦然接受冲突。如万科集团在文化价值观的表述中明确提出，万科"倡导简单而真诚的人际关系"，"鼓励各种形式的沟通，提倡信息共享，反对黑箱操作"，"反对任何形式的官僚主义"，这本身就是一种非常好的激起建设性冲突的形式。

GE 公司前任 CEO 杰克·韦尔奇在团队建设的过程中就十分重视发挥建设性冲突的积极作用。他认为开放、坦诚、不分彼此以及建设性冲突是团队合作成功的必须要素。团队成员必须反对盲目的服从，每一位员工都应有表达反对意见的自由和自信，将事实摆在桌面上进行讨论，尊重不同的意见。韦尔奇称此为建设性冲突的开放式辩论风格。韦尔奇经常参与员工面对面的沟通，与员工进行辩论，通过真诚的沟通直接诱发与员工的良性冲突，从而不断发现问题，改进管理，从而使通用电气成为市场价值最高的企业，也使他自己成为最有号召力的企业家。

案例二：亚通公司的冲突

亚通网络公司是一家专门从事通信产品生产和电脑网络服务的中日合资企业。公司自 1991 年 7 月成立以来，发展迅速，销售额每年增长 50% 以上。与此同时，公司内部存在着不少冲突，影响着公司绩效的继续提高。

> 每个人只有两个选择：直面冲突并把它解决，或者放弃冲突。
> ——[美]霍华德·葛特曼

因为是合资企业，尽管日方管理人员带来了许多先进的管理方法，但是日本式的管理模式未必完全适合中国员工。例如，在日本，加班加点不仅司空见惯，而且没有报酬。亚通公司经常让中国员工长时间加班，引起了大家的不满，一些优秀员工还因此离开了亚通公司。

亚通公司的组织结构由于是直线职能制，部门之间的协调非常困难。例如，销售部经常抱怨研发部开发的产品偏离顾客的需求，生产部的效率太低，使自己错过了销售时机；生产部则抱怨研发部开发的产品不符合生产标准，销售部门的订单无法达到成本要求。

研发部胡经理虽然技术水平首屈一指，但是心胸狭窄，总怕他人超越自己。因此常常压制其他工程师。这使得工程部人心涣散，士气低落。

首先来看一下亚通公司的管理层与中国员工之间的冲突。这种冲突存在于不同组织层次之间，我们可以称之为纵向冲突。产生这种冲突的原因有很多，本案例中主要有：

1. 权力与地位：管理层运用行政权力要求员工加班，但没有赋予任何报酬作为补偿；而员工则没有（充分的）权力维护自身的利益。

2. 价值观不同：中国员工在价值观上不同于日本的员工，要求员工（长时间）加班，如果没有相应的报酬，一般很难调动员工的积极性，久而久之就会削弱员工的工作动机强度。

3. 资源缺乏：管理的重要性很大程度上体现在对资源的合理配置，而可用的资源总是有限的。要求员工加班，通常需要提供合理的加班费作为补偿，而主管们则希望把人力成本维持在一个较低的水平。

这样，没有能力"外逃"的员工就会表现出工作动机不强、工作效率低下，而有能力的员工则想方设法跳槽到更好的工作环境。如果情况长时间没有得到控制和改善，企业将会变成一个过滤器，把有能之士赶到竞争对手那里，把平庸之士保留下来。

再看各部门之间的冲突。这种冲突存在于统一组织层次不同部门之间，称之为横向冲突。它是一种群际冲突。产生这类冲突的原因主要有：

1. 任务相互依赖。由于各部门之间存在着任务依赖，而组织结构的先天缺陷则削弱了各部门之间必要的沟通，从而导致任务的不协调。

2. 目标不相容。各部门都存在着自己的绩效目标，例如销售部希望增加产品线的广度以适应多样化的市场需求，生产部则希望减少产品线的广度以节省成本，即销售部门的目标是顾客满意，生产部门的目标是生产效率。

> 在没出现不同意见之前，不做出任何决策。
> ——［美］艾尔弗雷德·斯隆

三、过程训练 Process Training

活动一：主管的选择

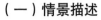

（一）情景描述

你是某软件项目主管，团队成员小刘和小高对某一程序的呈现有分歧而产生冲突。小刘建议发回设计部重新进行页面和功能设计，而小高则要求召集所有项目成员进行讨论，以便尽快地完成程序编写。他们俩都是出色的程序员，而且非常喜欢竞争，就此问题他们已经针锋相对地交换过意见，双方都认为自己有道理。

作为主管的你如何认识这一问题？将采取下列哪一种做法？

1. 等着瞧会发生什么事情。

2. 让个人按自己的方式去处理。

3. 建议两人把各自的想法结合起来，以便双方都能达到目的。

4. 研究一下形势，确定谁是正确的，告诉他们执行决定。

5. 要求他们制定出双方都能接受的解决方案，即让他们都作出让步。

（二）问题与讨论

1. 说出你的选择，并说明理由。

2. 采用什么样的做法这一冲突将转变为建设性冲突？采用什么样的做法这一冲突将转变为破坏性的冲突？为什么？

活动二：冲突是有益的

（一）活动过程

1. 正方观点：冲突是有益的；反方观点：冲突是有害的。

2. 将全班学员分为两组，每组选出4名代表，分别担任主辩、一辩、二辩、三辩。

3. 由两组主辩抽签决定哪组是正方，哪组是反方。

4. 15分钟的准备时间，之后开始进行辩论。

5. 要求辩论过程中除了4位代表外其余学员不得出声，但是可以将补充观点写在纸条上交给己方辩手，但采用与否由己方辩手决定，如僵持不下，则由主辩最后裁决。

> 作为团队领导者，如果花费很长的时间才能找到解决办法的话，我们应该促进对话。领导者应与冲突双方各花些时间来指出是什么使他们如此困难，给他们提供看问题的不同视角。

（二）问题与讨论

1. 辩论过程中，正反双方的冲突程度如何？

2. 辩论是建设性冲突还是破坏性冲突？

3. 辩论过程中，同组学员的观点与己方辩手是否出现冲突？主辩是怎么处理的？

四、效果评估 Performance Evaluation

评估：何时需要激发冲突

（一）情景描述

没有明确的方法来评估是否需要激发冲突，但以下10条描述会对你有所帮助。根据实际判断，回答"是"或"否"。

情景描述	是	否
1. 你是否被"点头称是的人们"所包围？		
2. 你的下属害怕向你承认自己的无知与疑问吗？		
3. 决策者是否过于偏重折中方案以致于忽略了价值观、长远目标或组织福利？		
4. 管理者是否认为，他们的最大乐趣是不惜代价维持组织单位中的和平与合作效果？		
5. 决策者是否过于注重不伤害他人的感情？		
6. 管理者是否认为在奖励方面，得众望比有能力和高绩效更重要？		
7. 管理者是否过分注重获得决策意见的一致？		

8. 员工是否对变革表现出异乎寻常的抵制?		
9. 是否缺乏新思想?		
10. 员工的离职率是否异常低?		

（二）结果分析

当以上判断你的回答中出现一条或多条"是"时，你就需要适时地激发团队冲突了。当然，你需要掌握好冲突的水平，使之保持在一个较低的水平，否则就有可能使建设性冲突变为破坏性冲突而得不偿失。

第三节　冲突处理

职场在线

小鱼与小丽

小鱼转职到一家网络公司当企划。老板很欣赏她的能力，一开始就要她当网站主管。虽然她自知能力不错，工作经验也够，但毕竟没有任职网络公司的经验，所以小鱼婉拒了老板的好意，愿意从企划作起。

小丽是公司元老，但能力不够，工作态度也不好，已经好几年了，始终升不上去。因为小鱼一进公司的工作表现大大超过小丽，本来该成为小鱼部属的小丽，就暗地排挤她。

其实，老板知道小鱼的加入，会引发小丽的反感，但念在小丽是公司的第一批员工，不想处理她！于是老板私下找到小鱼，要她"多多包涵小丽"。小鱼吃了很多暗亏，但因为老板的交代，一直隐忍不发！这样的态度却让小丽认为小鱼是个好欺负的人，更加肆无忌惮。

某日，当设计部经理质疑小丽的企划出了大问题时，小丽竟撒了个大谎，说："这是小鱼的主意，我只是照她的意思做罢了！"小鱼听到再也忍不住了！当小丽回到座位时，小鱼当着同事的面，将档案夹往小丽桌上摔去并很大声说："你说谎！什么我的主意！你敢再说一次试试看！"

小丽没想到一向乖乖受欺负的小鱼，竟站在背后听到她的话，还发了这样大脾气！老板不怪小鱼发了脾气，却怪她没有"多多包涵"小丽。

类似的冲突愈演愈烈，小鱼再也无法忍耐小丽，但小丽却无所谓！由于老板需要调解她们之间的冲突次数愈来愈多，也愈来愈不耐烦。虽然他欣赏小鱼的工作能力，但却觉得她幼稚、脾气差。

人们都不喜欢面对冲突。像小鱼本来只想规避冲突，反而被对方视为"软柿子"，最终引起更尖锐的冲突。不会处理冲突的小鱼本来没什么错，有问题的人也不是她，但是她最后遭不明就里的同事排斥，以为她爱吵架，老板也觉得她很烦，不再重用她。若小鱼多用一点智慧化解冲突，她就能获得老板的欣赏与肯定。

> 如果你选择了某一冲突情境进行处理，花时间仔细了解当事人是十分重要的。什么人卷入了冲突？冲突双方各自的兴趣所在是什么？双方各自的价值观、人格特点以及情感、资源因素如何？如果你能站在冲突双方的角度上看待冲突情境，则成功处理冲突的可能性会大幅提高。
>
> ——[美]斯蒂芬·P.罗宾斯

一、能力目标 Competency Goal

团队冲突是团队发展过程中的一种普遍现象。不论是建设性冲突还是破坏性冲突，都需要及时进行处理，否则建设性冲突也可能转化为破坏性冲突，而破坏性冲突的影响也会愈加恶劣。对于每一个团队成员特别是团队领导来说，掌握冲突处理的技巧是管理团队最重要的技能之一，只有及时、有效地冲突处理，才能保证团队的和谐，提升团队凝聚力。

通过本节的学习，你将能够：
1. 了解冲突管理的 5 种方法。
2. 了解冲突处理的常用技巧。

（一）冲突处理的方法

1. 合作性行为和武断性行为

在面对冲突时，人们的主要行为意向有两种：合作性行为和武断性行为。

行为类别	特征	表现	举例
合作性行为	一方愿意满足另一方愿望的行为。越愿意满足另一方愿望，合作性也就越强。	1. 每个人天生就有与人合作的倾向； 2. 从别人的角度和观点去看问题； 3. 随时善于从别人的角度和反应来调整自己。	市场部需要一些办公室用品，到行政部去领，此时恰好没有市场部要的办公用品，行政部为了不耽误市场部的工作，马上去买，满足了市场部的要求。
武断性行为	一方愿意满足自己愿望的行为。越愿意满足自己的愿望，武断性也就越强。	1. 我绝不会去找别人，而是等着别人来找我； 2. 我永远是对的，别人是错的，一旦发生什么事就怪别人； 3. 在任何情况下，我绝对不会改变自己的观点。	陈经理到行政部去盖章，但行政部说下周才能盖，陈经理就有些恼火：我无论什么时间来盖，你都得给我盖，你们就是干这个的。

2. 5 种冲突处理方法

根据武断性程度和合作性程度可以画出一个矩阵，表示出来的模型就是 TKI 模型（托马斯—基尔曼模型，Thomas-Kilmann Conflict Mode Instrument）（如下图），从这个模型中可以看出，团队冲突有 5 种处理方法，即竞争、合作、回避、迁就和妥协。TKI 是目前全球最主要的冲突管理评价方法，被专家们用来学习各种不同的冲突处理方式以及它对个人及团队的影响。

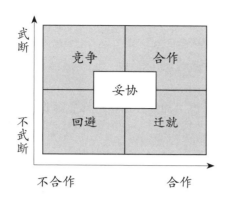

方法	特征	表现	适用情景
竞争	高度武断且不合作	满足自我而不相互合作的处理方式，寻求自我利益的满足，而不考虑他人，具有一定的对抗性。	1.当采取迅速果断的活动极其重要时，即在紧急情况下。 2.当需要实施一项不受人欢迎的重大措施时。 3.当问题对团队前景极为重要，而你知道自己是正确的。 4.当为了对付那些从非竞争性行为中受益的人时。
合作	高度武断且高度合作	自我满足并相互合作的积极处理方式，与对方一起寻求互惠互利的双赢来解决冲突。	1.当发现两个方面都十分重要且不能进行妥协或迁就时。 2.当你的目的是为了学习时。 3.当你需要融合不同人的不同观点时。 4.当你需要把各方意见合并到一起从而获得承诺时。
回避	不武断也不合作、	不合作的消极处理方式，表现为对冲突既不合作，也不强求当前利益，使其不了了之。	1.当问题微不足道或有更紧迫、重要的问题需要解决时。 2.当问题解决后带来的潜在破坏性将超过获得的利益时。 3.当收集信息比立刻决策更重要时。 4.当这一问题与其他问题无关或是其他问题的导火索时。
迁就	不武断且保持合作	不满足自我而相互合作的处理方式，维持整体的友好关系，冲突的一方做出让步，甚至牺牲自我，以迁就他人。	1.当发现自己错了，希望倾听、学习一个更好的观点，并能表现出自己通情达理时。 2.当该问题对别人比对你更重要，并可以满足别人和维持团队时。 3.当你为了对以后的事情建立信任时。 4当融洽与稳定至关重要时。
妥协	中等程度的武断和合作	合作与自我满足程度均处于中等水平，放弃部分应得利益，以求事物的继续发展。	1.当目标十分重要，但不值得采用更为武断的做法造成潜在破坏性时。 2.当对手拥有同等的权利能为共同的目标作出承诺时。 3.当一个复杂问题可以达成暂时的和解时。 4.当时间十分紧迫需要采取一个权宜之计时。

3. 冲突处理注意事项

●竞争可能是有益的，也可能是有害的，需要把握好竞争的水平。

●回避是日常工作中最常用的一种解决冲突的方法。但采用回避的方式，会有更多的工作被耽误，更多的问题被积压，更多的矛盾被激发，解决不了问题。

●迁就有可能会有一些问题被积压下来，导致更为严重的冲突。

●妥协是很多职场人士与同事打交道时常用的方式。

●合作是一种理想的解决冲突的方法。最后可以达到双赢的结果，但不容易达到。

（二）冲突处理的技巧

在介入冲突后，无论出现什么样的情况，冲突处理技巧都显得非常重要，下面就是一些有用的技巧。

1. 反应及时

冲突出现后，久拖不决会对双方容易造成长期伤害，对整个团队的效率产生不良影响。所以，反应的快捷是至关重要的，以免引起事态的恶化。团队内必须做到及时沟通，积极引导，求同存异，把握时机，适时协调，求得共识，保持信息的畅通，而不至于导致信息不畅、矛盾积累。

 小案例

老王的牢骚

"我们虽然是打工的，但也是人，怎么能动不动就加班，连个慰问都没有？年终奖金也没几文。"老王出发之前，义愤填膺地对同事说，"我要好好训训那自以为了不得的总经理。"

老王来到总经理办公室外。

"我是老王。"老王对总经理的秘书说，"我约好的。"

"是的，是的。总经理在等你，不过不巧，有位同事临时有急件送进去，麻烦您稍等一下。"秘书客气地把老王带到会客室，请老王坐，又堆上一脸笑，"您是喝咖啡还是喝茶？"

"我什么都不喝。"老王小心地坐进大沙发。

"总经理特别交代，如果您喝茶，一定要泡上好的冻顶。"

"那就茶吧！"

不一会儿，秘书小姐端进连着托盘的盖碗茶，又送上一碟小点心："您慢用，总经理马上出来。"

"我是老王。"老王接过茶，抬头盯着秘书小姐，"你没弄错吧！我是工友老王。"

"当然没弄错，你是公司的元老，老同事了，总经理常说你们最辛苦了，一般同仁加班到九点，你们得忙到十点，实在心里过意不去。"

正说着，总经理已经大跨步地走出来，跟老王握手：

"听说您有急事？"

"也……也，其实也没什么，几位工友同事叫我来看看您……"

不知为什么，老王憋的那一肚子不吐不快的怨气，一下子全不见了。临走，还不断对总经理说：

"您辛苦、您辛苦，大家都辛苦，打扰了！"

美国管理专家凯瑟琳·伊辛哈行和他的同事建议，在处理冲突时，应该：

1. 关注实际信息。
2. 关注议题。
3. 包容多种方案。
4. 决策应该在合作的基础上制定。
5. 为大家找到最好的可能方案。
6. 在讨论过程中提倡幽默。
7. 不要努力争取一致通过。
8. 以公平和人人平等为目标。

2. 坦诚沟通

首先确定冲突的问题是什么，然后要了解问题背后的原因。沟通不畅是引起团队冲突的重要原因。沟通不良往往表现在如下几个方面：信息的不对称，评价指标的差异，倾听技巧的缺乏，言语理解的偏差，沟通过程的干扰，团队成员的误会等。团队成员彼此的差异，如果能够顺利交流，相互了解，那么发生冲突的可能性就会大为减少。所以要解决冲突，应彻底沟通，弄清冲突双方的需求，再从中找到双方的交集，非常有助于冲突的解决。

3. 换位思考

冲突双方往往是从自身的角度出发来考虑事态的演变和事件的结果，这就导致冲突双方的矛盾不可调和，双方就没有交集出现。如果冲突一方能站在对方立场上从对方的角度来考虑问题，体验对方不同角色的内心感受和情绪变化，事情往往就会好办得多。但换位思考不是人人都能做到，这种能力需要有意识进行培养，养成关心他人的习惯之后才可能有这种体验。

4. 冷静决策

冲突时往往不够冷静，没有一个全局观念，决策时的信息依据也容易丢失，决策往往考虑不够周全，这个时候的决策经常是令人后悔不已。

5. 宽容错误

常言道：忍一时风平浪静，退一步海阔天空。职场中的冲突大多都是工作、性格、质量、言语、习惯等小冲突，不是什么生死存亡的冲突。当冲突出现，我们不妨表现得大度一些，得饶人处且饶人。高尚宽容的人能将大事化小、小事化了。冲突双方不妨尝试去和言悦色地说一些宽恕容忍对方的话，往往能收到一些意想不到的效果。宽恕不仅能消除对方的敌意，还能给自己减轻不少压力，对一个团队来说，它是处理团队关系的润滑剂。

> 谈判已成为社会中不可缺少的必要程序。它使我们在妥协彼此的利益冲突时，了解到彼此的共同利益，而这种方法几乎比人们截至目前为止所采取的其他方法更为有效。

▶ 小案例

清朝宰相张廷玉与一位姓叶的侍郎都是安徽桐城人。两家比邻而居，都要起房造屋，为争地皮，发生了争执。张老夫人便修书北京，要张宰相出面干预。没想到，这位宰相看罢来信，立即作诗劝导老夫人："千里家书只为墙，让他三尺又何妨？万里长城今犹在，不见当年秦始皇。"张老夫人见书明理，立即主动把墙往后退了三尺。叶家见此情景，深感惭愧，也马上把墙让后三尺。这样，张叶两家的院墙之间，就形成了六尺宽的巷道，成了有名的六尺巷。

6. 情绪正面

在负面情绪中作出的判断往往是不正确的或是错误的。在负面情绪或暴怒下的人智商最低，往往表现得没有慧根。负面情绪中的协调沟通常常没有逻辑，既理不清，也讲不明，很容易冲动而失去理性，如吵得不可开交的夫妻、反目成仇的家人、对峙已久的同事都是常有的例子。尤其是不能够在负面情绪中作出错误的判断，以免让事情变得不可挽回。

二、案例分析 Case Study

案例一：杰克的故事

R&H 是一家销售额达 25 亿美元的大型制造企业。总部雇佣了 12 名大学毕业的会计员。会计共分为财务会计、成本会计、会计付款和审计四个部门。杰克是一所名牌大学的毕业生并有两年会计经验，被派在会计部门。他工作勤恳，进步很快，受到管理员和同事们的赞赏。11 个月后，杰克被告知可以在成本会计部门得到一个职位，并增加工资，他想又能在另一个会计领域学到本领，就欣然接受了。

6 个月后，杰克感觉无法和管理员埃德共事。杰克不同意埃德的技术训练，埃德处理事务的观点也和杰克不一样，他们在个性方面也有很大的冲突。杰克经过一个月的考虑，决定面见埃德的上级约翰，请求调换职务。他解释说，他愿意留在公司，但是他现在的职务，对于成本会计部门和自己都是不利的。

埃德和约翰是朋友并共事多年，约翰的初步反应是杰克搞坏了关系。约翰调查了会计部门，短期内都没有空缺，他想只有三个处理方案：第一，另外增加一个职位安排杰克；第二，做些工作使埃德和杰克互相妥协；第三，只能解雇杰克。

请问：这三种方案，哪一种更好？还有没有更优的解决方案？

在处理团队冲突的时候，方案不能只有一个，单一的方案有可能阻止了其他更优方案产生的可能性，问题总有最佳的解决办法，只是暂时没有想出或设计出来。最佳方案往往在最差方案后面诞生，所以对于重大的冲突的决策不能快刀斩乱麻，一定要尽最大可能去沟通，争取尽可能最优的方案，这对团队冲突来说是不可或缺的。

案例二：TKI 冲突处理实例分析

解决冲突的方法多种多样，但多种多样的方法都离不开下表中的这几种方式：

没有人喜欢冲突，但有人的地方就有冲突。值得说明的是，冲突不全是坏事，它能暴露组织中存在的问题，促进问题的公开讨论，增强企业活力，刺激良性竞争。从某种意义上讲，冲突是企业创新的重要源泉。孔子曰：君子和而不同，小人同而不和；孟子云：无敌国者，国恒亡也。冲突只是发展、变化或创新带来的副产物。

实例	解决方法及行为特征	选取方法的理由
公司几周前订了 100 吨纸，客户说周五下班前 50 万元的货款必须到账，不然就要加价 5%，赵经理向财务部申请转账，财务部张经理认为 20 万元以上的款项，须提前一周向财务部打报告。两人各不相让。	竞争的方法： 1. 正面冲突，团队冲突表面化。 2. 双方高度武断、高度不合作。 3. 双方都试图以牺牲他人的目标为代价而达到自己的目标。 4. 只顾胜负，不顾后果。	在道理上与业务上证明自己是正确的。
市场部作了一个成本为 50 万元的会议营销的方案，主管副总说先放一放。	回避的方法： 1. 不合作也不武断。 2. 双方试图忽略冲突。 3. 双方都意识到冲突的存在，但都希望回避冲突。 4. 冲突被暂时掩盖。	差异太小或太大而根本不用解决或解决不了。可能会破坏关系，甚至制造出更严重的冲突来。
一个老客户订了 30 万元的货，要求先发货一个月后付款，营销部经理因为公司原则是款到发货，可是这个老客户确实信用很好，经客户的死缠难打就同意了。	迁就的方法： 1. 高度合作、不武断。尽管自己不同意，但还是支持他人的意见。 2. 将对方利益放在自己的利益之上，一方愿意作出自我牺牲。 3. 彼此同意但并不完全信任。	建立在过往信任的基础上，有一定的风险。
销售部因为一个临时紧急的任务急需要调派几个行政部的人员帮忙，行政部当时也比较忙，但由于销售部的事情比较急就只好答应了。	妥协的方法： 1. 介于武断与合作中间。当冲突双方都放弃某些东西，而共同分享利益时，则会带来妥协的结果。 2. 没有明显的赢者和输者。他们愿意共同承担冲突问题，并接受一种双方都达不到彻底满足的解决方法。 3. 冲突双方的基本目标能达成。 4. 团队冲突得到暂时解决。	必须先付出，才能有所收获。
公司几周前订了 100 吨纸，客户说周五下班前 50 万元的货款必须到账，不然就要加价 5%，赵经理向财务部申请转账，财务部张经理采取合作的态度，紧急向总经理请示，最后在周五下班前将转账一事处理好。	合作的方法： 1. 高度关注双方的利益，并寻求相互受益的结果。 2. 双方都试图找到双赢的办法，寻求双方都满意的方案结论。 3. 相互尊重与信任。 4. 冲突完全消除。	当双方都能坦诚地充分沟通，就可找到解决办法。

三、过程训练 Process Training

活动一：头脑风暴

看到"冲突处理"一词，请每组学员写出 25 个以上与"冲突处理"相关联的正面意义的词和 25 个以上的负面意义的词，并对这些词进行分类，从中找出解决冲突处理的办法。

活动二：不要激怒我

语言和态度是人与人之间沟通时的两大方面。面对面对抗的时候，有的人说出话来是火上浇油，有的人说出来就是灭火器，效果完全不同。下面的活动就是要教会大家避免使用那些隐藏有负面意思的甚至敌对含义的词语。此活动的目的是通过沟通和谈话的技巧，消除对立情绪，提高工作积极性。

（一）活动过程

1. 将学员分成3人一组，但要保证是偶数组，每两组进行一场活动；告诉他们：他们正处于一场商务场景当中，比如商务谈判，比如老板对员工进行业绩评估。

2. 给每个小组一张白纸，让他们在3分钟时间内用头脑风暴的办法列举出尽可能多的会激怒别人的话语，比如：不行、这是不可能的等，每一个小组要注意不使另外一组事先了解到他们会使用的话语。

> 冲突是指个体或组织由于互不相容的目标认知或情感而引起的相互作用的一种紧张状态。
> ——[美]乔·斯沃德

3. 让每一个小组写出一个一分钟的剧本，当中要尽可能多地出现那些激怒人的词语，时间为10分钟。

4. 评分标准：①每个激怒性的词语给一分；②每个激怒性词语的激怒程度给1~3分不等；③如果表演者能使用这些会激怒对方的词语表现出真诚、合作的态度，另外加5分。

5. 让一个小组先开始表演，另一个小组的学员在纸上写下他们所听到的激怒性词汇。

6. 表演结束后，让表演的小组确认他们所说的那些激怒性的词汇，必要时要对其做出解释，然后两个小组调过来，重复上述的过程。

7. 第二个小组的表演结束之后，大家一起分别给每一个小组打分，给分数最高的那一组颁发"火上浇油奖"。

（二）问题与讨论

1. 什么是激怒性的词汇？我们倾向于在什么时候使用这些词汇？

2. 如果你无意间说的话被人认为是激怒性的，你会如何反应？你认为哪个更重要，是你自己的看法重要，还是别人对你的看法重要？

3. 当你无意间说了一些激怒别人的话，你认为该如何挽回？是马上道歉吗？

（三）总结

1. 很多时候往往在不经意之间说出很多伤人的话，即便他们的本意是好的，他们也往往因为这些话被人误解，达不成应有的目的。

2. 我们在说每一句话之前都应该好好想想这句话听到别人耳朵里

面会是什么味道，会带来什么后果，这样就可以避免我们无意识地说出激怒性的话语。

3. 实际上，在我们得意洋洋的时候往往是我们最容易伤害别人的时候，要保持谦虚谨慎的态度，这样才会使我们的人际关系为之改善，使人与人之间的交流更容易一些。

四、效果评估 Performance Evaluation

评估一：团队冲突处理方式

（一）情景描述

请想象一下你的观点与另一个观点产生分歧的情景。在此情况下你通常是怎样的反应？下列的几种陈述描述了可能出现的行为反应。在每一对陈述句中，请在最恰当地描述你自己行为特点的陈述句前的字母"A"或"B"上划圈。在许多情况下，A 和 B 都不能典型地体现你的行为特点，请选择你较为可能的反应。

1. A：有时我让他人承担解决问题的责任。
   B：与其协商分歧之处，我试图强调我们的共同之处。
2. A：我试图找到一个妥协性的解决方案。
   B：我试图考虑到我与他所关心的所有方面。
3. A：我通常坚定追求自己的目标。
   B：我可能尝试缓和对方的情感，来保持我们的关系。
4. A：我试图找到一个妥协性的解决方案。
   B：我有时牺牲自己的意志，成全他人的愿望。
5. A：在制定解决方案时我总是求得对方的协助。
   B：为避免不利的紧张状态，我做一些必要的努力。
6. A：我努力避免为自己造成不愉快。
   B：我努力使自己的立场获胜。
7. A：我试图推迟对问题的处理，使自己有时间考虑一番。
   B：我放弃某些目标作为交换以获得其他目标。
8. A：我通常坚定地追求自己的目标。
   B：我试图将问题的所有方面尽快摆在桌面上。
9. A：我感到意见分歧不总是值得令人担心。
   B：为达到我的目的，我做了一些努力。
10. A：我坚定地追求自己的目标。
    B：我试图找到一个妥协方案。

在团队中创造建设性冲突的建议

1. 打造一支多样化的团队。
2. 定期、经常性地会见团队。
3. 鼓励团队成员扮演新的角色。
4. 关于议题，应用多种思维模式。采用角色扮演技巧，把自己置于竞争对手的立场，以便产生新鲜的观点。
5. 积极地管理冲突。不允许任何议题被决定得太快或太容易。

11. A：我尽量缓和自己的情绪，把重点放在目标上。

    B：我尽可能努力缓和他人的情感从而维持我们的关系。

12. A：我有时避免选择可能产生矛盾的立场。

    B：如对方做一些妥协，我也将有所妥协。

13. A：我采取折中的方案。

    B：我极力阐明自己的观点。

14. A：我告知对方我的观点，询问他的观点。

    B：我试图将自己立场的逻辑和利益显示给对方。

15. A：我可能试图缓和他人的情感从而维系我们的关系。

    B：为避免紧张状态，我做一些必要的努力。

> 我不应把我的作品全归功于自己的智慧，还应归功于我以外向我提供素材的成千成万的事情和人物。
>
> ——[德]歌德

（二）评估标准及结果分析

项目＼序号	1	2	3	4	5	6	7	8	9	10	11	12	13	14	15	总数
竞争			A			B		A	B	A			B	B		
合作		B			A			B			A			A		
妥协		A		A			B		B			B	A			
回避	A				B	A	A		A			A			B	
迁就	B		B	B							B			A		

　　哪一种得分最多，你处理冲突的方式就偏向哪种，如果两栏的得分一致，那么说明你的处理方式就有两种。

评估二：冲突处理风格

（一）情景描述

　　当你与他人意见不一致时，你是否经常用下列方式来表示？根据实际情况判断，选择"经常"、"有时"、"很少"分别计5、3、1分。

冲突处理风格	情景描述	得分
合作：我赢，你也赢	1. 我会进一步了解我们之间的不一致，而不是立刻改变自己的看法或强加给他人我的看法。	
	2. 我坦诚地表明自己的不同意见，并欢迎有关这一方面的进一步的讨论。	
	3. 我寻求一种双方共同满意的解决办法。	
	4. 我要确保自己的意见被倾听，而不能让别人不听我的意见就下结论。当然，我也会认真听取别人的意见。	
妥协：双方都有所赢，有所输	5. 我采用折衷办法，而没有必要非去寻求完全满意的解决办法不可。	
	6. 我承认自己错了一半而不去深究我们的差异。	
	7. 我总是迁就别人。	
	8. 我希望自己只说出了真正想说的一部分。	

	9. 我完全放弃自己的看法，而不是改变别人的意见。	
和解：我输，你赢	10. 我把有关这一问题的所有矛盾搁置在一旁暂不考虑。	
	11. 我很快就会同意别人的观点而不去争论。	
	12. 一旦对方对某一争论感情用事，我很快就会放弃。	
	13. 我试图战胜其他人。	
强迫／支配：我赢，你输	14. 我要不惜一切代价取得成功。	
	15. 对于一项好的建议，我从不退缩。	
	16. 我更愿意取胜，而不是进行妥协。	

（二）评估标准

每组得分在17分以上的，属于高程度；12~16分之间属于较高程度；8~11分之间属于较低程度；7分以下属于低程度。

虽然我们中的大多数人都有因地制宜改变自己对冲突的态度的能力，但每个人都有自己处理冲突的习惯风格。此问卷能够帮助你认识你处理问题的基本风格。

你也许能够改变你的基本风格以适应某种冲突环境，但是你的基本风格表明你最可能采取的行为和最经常采用的冲突处理方式。

第五章　团队培育

现代企业和各种组织非常注重发扬团队精神，以便能快速适应顾客需求，提升工作效率。面对激烈的市场竞争环境，培育一个高效的团队是企业成功的保障。

团队培育的前提是树立团队目标。如果一个团队没有坚定、明确的目标，那么这个团队绝不可能获得持续的发展。

团队培育的重点是制定团队制度。只有铁一样的纪律和完善的规章制度才能提升团队成员的执行力，才能规范化地进行团队管理。

> 团队（TEAM）可分解为：
> T: target，目标。
> E: education，培育。
> A: ability，能力。
> M: moral，士气。

团队培育的关键是建设团队文化。它能最大限度地统一团队成员的意志、规范团队成员的行为、凝聚团队成员的力量，最终使团队目标变为行动计划，团队的业绩得以快速增长。

团队培育的途径是团队学习。只有不断地学习，才能提升团队成员的认知和技能，才能不断提升团队的战斗力，使得团队持续发展和成长。

通过本章的学习，你将能够：

1. 学习设立团队目标。
2. 了解团队制度建设。
3. 熟悉团队文化培养。
4. 如何进行团队学习。

第一节 团队目标

职场在线

管理学家曾做过这样一个实验，组织 3 组人，让他们分别向 10 千米以外的 3 个目标村庄步行。

第一组不知道村庄的名字，也不知道路程有多远，只告诉他们跟着向导走就是。刚走了两三千米就有人叫苦，走了一半时有人几乎愤怒了，他们抱怨为什么要走这么远，何时才能走到，有人甚至坐到路边不愿走了，越往后走他们的情绪越低。

第二组知道村庄的名字和路程，但路边没有里程碑，他们只能凭经验估计行程时间和距离。走到一半的时候，大多数人就想知道他们已经走了多远，比较有经验的人说："大概走了一半的路程。"于是大家又簇拥着向前走，当走到全程的 3/4 时，大家情绪低落，觉得疲惫不堪。

第三组不仅知道村子的名字、路程，而且公路上每 1000 米就有一块里程碑，人们边走边看里程碑，每缩短 1000 米大家便由衷地感到快乐，前进的劲头更足了。行程中他们用歌声和笑声来消除疲劳，情绪一直很高涨，很快就到达了目的地。

> 目标并非命运，而是方向。目标并非命令，而是承诺。目标并不决定未来，而是动员企业的资源和能源以便塑造未来的那种手段。
>
> ——[美]彼得·德鲁克

清晰、准确的目标对团队成功具有极其重要的意义。目标，可以调动我们强大的执行力量。

有一个关于团队的调查，问团队成员最需要团队领导做什么，70%以上的人回答——希望团队领导指明目标或方向；而问团队领导最需要团队成员做什么，几乎 80% 的人回答——希望团队成员朝着目标前进。从这里可以看出，目标在团队建设中的重要性，它是团队所有人都非常关心的事情，有人说："没有行动的远见只能是一种梦想，没有远见的行动只能是一种苦役，远见和行动才是世界的希望。"

一、能力目标 Competency Goal

团队目标是一个有意识地选择并能表达出来的方向。它运用团队成员的才能和能力，促进团队的发展，使团队成员有一种成就感。因此，团队目标表明了团队存在的理由，能够为团队运行过程中的决策提供参照物，同时能成为判断团队进步的可行标准，而且为团队成员提供一个合作和共担责任的焦点。

> 一心向着目标前进的人，整个世界都会给他让路。
> ——[美]爱默生

通过本节的学习，你将能够：

1. 了解目标及其作用。
2. 了解团队目标制定的 SMART 原则。
3. 了解制定团队目标的步骤。

（一）团队目标

建立高效团队的核心任务之一就是确立目标，目标是团队存在和发展的理由，也是团队运作存续的基本动力。它会告诉团队成员未来会怎么样。团队目标是团队成员的共同愿景或宏伟蓝图，是团队成员共同努力的方向，是组织发展的源头和精神原动力，是团队及其成员所有行为的出发点与归宿。

1. 团队目标与个人目标

每一个团队都有其存在的意义，这也是这个团队的基础目标。如一个企业其目标就是创造效益，一个销售团队其目标就是销售产品，一个研发团队其目标就是产品研发，等等。这些目标应该与个人目标相结合，并决定了个人目标。

> ◤ **小故事**
>
> **猎狗与兔子**
>
> 一条猎狗将兔子赶出了窝，一直追赶他，追了很久仍没有抓到。一个牧羊人看到此种情景停下来，讥笑猎狗说："你们两个之间小的反而跑得快很多。"猎狗回答说："你们不知道我们两个跑是完全不同的！我仅仅为了一饭而跑，而它却为了性命而跑呀。"
>
> 兔子与猎狗做了一样的事情，都拼命的跑步，然而，他们的目标是不同的，其目标不同，导致其动力不一样，结果也会不一样。

> 团队目标的重要性在于：能够吸引团队成员和团队领导建立对话平台，不仅是建立任务目标，而且还帮助完善了团队的完整性。

2. 团队目标的作用

● 明确团队方向。团队目标为团队指明了前进的方向，没有团队目标则团队成员会无所适从。

● 提高团队绩效。明确的团队目标使团队成员的工作更有针对性，执行力更强，效率更高。

●实现团队发展。团队的发展依赖于团队目标的实现，只有不断达成团队目标，团队才能不断发展壮大。

（二）制定团队目标的原则

制定目标看似是一件很简单的事情，但是制定一个好的目标依然是困难的。首先，团队管理者不能把自己的个人目标当成是团队目标，因为它有可能与团队成员的目标相矛盾。其次，目标不能总是变来变去，这就失去了目标的导向性作用。最后，目标要明确，要时刻关注目标的结果。SMART 原则在制定目标中能够发挥关键性的作用。

原则	特征	要求
S（specific）	目标是明确的而不是模糊的	它精确地描述了团队想要达到的结果了吗？
M（measurable）	目标是可衡量的	它是否有具体的要求，包括阶段性的要求和达到之后的衡量标准？
A（attainable）	目标是可达到的	它是否说明了团队能够做到、能做到的程度和什么时候可以到了吗？
R（relevant）	目标是互相关联的	它与团队的其他目标及团队成员的个人目标是否有联系，即它能否给团队或团队成员带来收益？
T（time-based）	目标是有时间限制的	它是否具有明确的实现时间，而不是无限期的？

▶ **小训练**

制定 SMART 目标

利用 SMART 原则，给自己或自己的团队设定三个发展目标，包括一个明天能够立即开始的目标，一个三个月内的目标和一个一年内的目标。

目标 1：＿＿＿＿＿＿＿＿＿＿＿＿＿＿＿＿＿＿＿＿＿＿＿＿＿

目标 2：＿＿＿＿＿＿＿＿＿＿＿＿＿＿＿＿＿＿＿＿＿＿＿＿＿

目标 3：＿＿＿＿＿＿＿＿＿＿＿＿＿＿＿＿＿＿＿＿＿＿＿＿＿

目标 4：＿＿＿＿＿＿＿＿＿＿＿＿＿＿＿＿＿＿＿＿＿＿＿＿＿

目标 5：＿＿＿＿＿＿＿＿＿＿＿＿＿＿＿＿＿＿＿＿＿＿＿＿＿

▶ **小知识**

有一种昆虫很喜欢吃三叶草（也叫鸡公叶），这种昆虫在吃食物的时候都是成群结队的，第一个趴在第二个的身上，第二个趴在第三个的身上，由一只昆虫带队去寻找食物，这些昆虫连接起来就像一节一节的火车车厢。生物学家做了一个实验，把这些像火车车厢一样的昆虫连在一起，组成一个圆圈，然后在圆圈中放了它们喜欢吃的三叶草，结果它们爬得精疲力竭也吃不到这些草。它说明：目标僵化，没有创新，只有死路一条。

（三）制定团队目标的步骤

为团队提出一个目标是很容易的，但是要让所有团队成员认可目标，并共同承担为目标实现而付出努力和责任，就要求在目标制定的过程中，不是简单的领导决定，而是要所有团队成员群策群力，让每一个团队成员对团队的目标有深刻的理解，才能制定出符合与促进团队发展的目标。

1. 咨询

在团队成员中进行咨询和摸底可提升成员参与感，使他们觉得这是自己的目标。同时也可以让成员明白在未来应关注什么，自己的特长能否有效发挥，能为团队目标做出什么贡献以及能从团队中获得什么。

2. 评估

咨询和摸底收集到的相关信息，不要马上就确定团队目标，应就成员提出的各种观点进行思考和评估，不要急于做出决策，以缓解匆忙决定带来的不利影响。

3. 讨论

和成员一起讨论目标所包含的内容和最终定稿，以便获得团队成员对目标的承诺。团队领导应运用合适的方法和技巧，如头脑风暴，确保成员的所有观点都讲出来，求同存异，辨识出隐藏在争议背后的合理性建议，最终达成团队目标共享的双赢局面。

> 没规划的人生叫拼图，有规划的人生叫蓝图；没目标的人生叫流浪，有目标的人生叫航行！

4. 确定

通过对团队摸底和讨论，修改团队目标表述内容以反映团队的目标责任感。虽然让全体成员一致同意目标表述的内容有一定的难度，但应求同存异地形成一个大多数成员认可、可接受的目标，这样才能获得成员对团队目标的真实承诺。

> 所有优秀的业绩都来源于清晰的目标。

5. 分解

目标确定后，可对其进行阶段性分解，树立一些过程中的里程碑式的目标，使团队每前进一步都能给组织以及成员带来惊喜和成就感，为一步一步完成整体性团队目标奠定信心基础。

▶ 小讨论

一个企业有两个部门一个生产模具，另一个使用模具。一天，这两个部门的经理同时去找总经理裁断。一个说："你自己来拉。"另一个则说："你给我送过来。"总经理对他们说："你们先回去，一小时以后我来帮你们拉。"言外之意是一小时以后两个经理都不必待在公司了。

人们对这个案例的认识不尽相同，有人认为应该先确定一种制度，还有人认为对那两位经理应该各打50大板，甚至还有人认为"拉一次没关系，但是拉一次就永远是我的部门来拉了"。

你怎么看？

二、案例分析 Case Study

案例一：斯瓦伯的目标管理

　1912 年，美国钢铁大王卡耐基以 100 万年薪聘请斯瓦伯为该公司第一任总裁时，全美企业界为之议论纷纷。斯瓦伯不仅是现代企业管理中第一个高级职业经理人，而且百万年薪在当时开全美之先河。更令人不解的是，斯瓦伯对钢铁并不内行，卡耐基为何要付那么高的薪水呢？原来，卡耐基看中了他善于激励下属的特殊才干。

斯瓦伯上任不久，他管辖下的一家钢铁厂产量落后，厂长面对软硬不吃、懒懒散散的工人无计可施。

一天，正是日班快下班即将要由夜班接班之时，斯瓦伯向厂长要了一支粉笔，问日班的领班："你们今天炼了几吨钢？"

领班回答："6 吨。"

斯瓦伯用粉笔在车间的地上写了一个很大的"6"字，默不作声地离去。夜班工人接班后，看到地上的"6"字，好奇地问是什么意思。日班工人说："总裁听说我们今天炼了6吨钢，就在地上写了一个6字。"

次日早上，斯瓦伯又来到车间，他看到昨天地上的"6"字已经被夜班工人改写为"7"字了。

日班工人看到地上的"7"字，知道输给了夜班工人，内心很不是滋味，他们决心超过夜班工人，大伙儿加倍努力，结果那一天炼出了10吨钢。在日夜班工人不断的竞赛之下，这家工厂的情况逐渐改善。不久之后，其产量竟然跃居公司所有钢铁厂之冠。

斯瓦伯只用一只粉笔在地上写了几个数字，就激励了炼钢工人奋发向上的热情，这就是他获得全美最高薪资的主要原因。斯瓦伯利用了人皆不甘落后和维护集体荣誉的本性，造成竞赛之势，这种因势利导正如中国古代兵法上所讲的"遣将不如激将"，引而不发却取得了万马奔腾争向前的好效果。在影响改变别人中，没有比鼓励、奖赏更好的方式了。

团队目标来自于公司的发展方向和团队成员的共同追求。它是全体成员奋斗的方向和动力，也是感召全体成员精诚合作的一面旗帜。团队成员实现团队目标的过程中，只有同心同德、紧密团结、相互协作，才能提高行动的效率，做到事半功倍，尽早实现团队目标。

> 目标并非命运，而是方向。目标并非命令，而是承诺。目标并不决定未来，而是动员企业的资源以便塑造未来的那种手段。
>
> ——[美]彼得·德鲁克

案例二：分段实现目标

1984 年，东京国际马拉松邀请赛中，名不见经传的日本选手山本田一出人意外地夺取了世界冠军。当记者问他凭什么取得如此惊人的成绩时，他说了这么一句话："凭智慧战胜对手。"

当时许多人都认为这个偶然跑到前面的矮个子选手是在故弄玄虚。马拉松赛是体力和耐力运动，只要身体素质好又有耐性就有希望夺冠，爆发力和速度还在其次，说用智慧取胜确实有点勉强。

两年后，意大利国际马拉松邀请赛在米兰举行，山本田一又获得了冠军。记者请他谈谈经验。山本田一性情木讷，不善言语，回答仍是上次那句话："用智慧战胜对手。"这回记者在报纸上没再挖苦他，但对他所谓的智慧迷惑不解。

10 年后，这个谜终于揭开了，他在自传中写道："每次比赛之前，我都要乘车把比赛的路线仔细的看一遍，并把沿途比较明显的标志画下来。比如第一个标志是银行；第二个标志是一棵树；第三个标志是一座红房子……这样一直画到赛程地终点。比赛开始后，我就以百米的速度奋力地向第一个目标冲去，等到达第一个目标后，我又以同样的速度向第二个目标冲去。40 多公里的赛程就被我分解成几个小目标轻松地跑完了。起初，我并不懂得这样的道理，我把我的目标定在 40 多公里外地终点线上，结果我跑到十几公里的时候就已疲惫不堪了，我被前面那段遥远的路程给吓倒了。"

在现实中，我们做事之所以会半途而废，往往不是因为难度较大，而是觉得成功离我们较远。确切地说，我们不是因为失败而放弃，而是因为倦怠而失败。

> 一个组织很像一个有机体，它的机能和构造更像它的身体，而坚持一套固定信念，追求崇高的目标而非短期的利益，是它的灵魂。
> ——《美国企业精神》

> 没有思路就没有出路；观念的领先决定企业的命运。
> ——张瑞敏

三、过程训练 Process Training

活动一：我的目标

本活动是为了了解制定目标的重要性，并训练学员之间的沟通能力。

（一）活动过程

1. 给每一个学员发一张"我的目标"卡，给他们两分钟时间，让他们描述今天来这里上课的目的是什么，他们想从这个课程里面得到什么。

2. 让大家分享他们来这里的目的，评选出最有代表性的问题等。

3. 如有可能，将这些卡片保留到课程结束，让学员对照自己的卡片来回顾培训对他们的帮助。

（二）问题与讨论

1. 大家分享一下来培训的目的？这个活动对于以后的教学有什么好处？

2. 这种方式还可以用在什么地方？

（三）总结

我们如果想要在学习和工作中获得成功，就必须提前明确我们做每一步的目的和期望，确定我们最后得到的结果，以及实现目标的步骤，做到有备无患，才能获得很好的结果。

活动二：SMART 原则分析目标

（一）情景描述

阅读下面的资料，运用 SMART 原则对这些目标进行分析。

下表是某电信公司客服团队的团队目标和客服员的个人目标。

团队目标	成员目标
通过开展 6 个月以内的培训，是团队成员能够利用新的信息系统来获取有关产品、服务和客户需求等资料，向团队提供支持。	在 12 个月中学会使用新的客户需求与需求趋势信息系统，进而使产品及服务的销售量在年底前增加 5%。
对团队进行为期不超过 12 个月的培训，使其能够处理客户以书面形式或通过网络、电子邮件、电话等形式提出的一些辣手问题和投诉，最终使电话回复的数量降低 20%，使客户提及的问题数量降低 30%。	使客户质询与投诉的数量下降 30%，处理好一些客户以书面形式或通过网络、电子邮件、电话等形式提出的比较辣手的质询和投诉，争取在 18 个月内使电话回复量降低 20%。
在接下来的 6 个月内，切换通话时间准确率提高 50%，以保证对呼叫者的反应时间达到要求，在 98% 的情况下能够在 5 秒内对呼叫做出应答。	在接下来的 6 个月中，切换电话的开始和结束时间准确率达 98%。

（二）问题与讨论

1. 根据资料和所学内容，完成表格。

目标 SMART 原则分析表

	S 明确的	M 可衡量的	A 可达到的	R 相关联的	T 有时限的
团队目标 1					
团队目标 2					
团队目标 3					
成员目标 1					
成员目标 2					
成员目标 3					

2. 哪些目标符合 SMART 原则？哪些目标不符合 SMART 原则？

3. 不符合 SMART 原则的目标存在哪些问题？怎么改进？

四、效果评估 Performance Evaluation

评估：目标实现的信心指数测评

（一）情景描述

请根据实际情况对下列题目作出"是"或"否"的判断，"是"计 1 分，"否"计 0 分。各题得分相加，即为最后得分。

情景描述	是 / 否	得分
1. 规定的目标一定要实现。		
2. 成就是我的主要目标。		
3. 心中思考的事情往往立即付诸实践。		
4. 对我来说，做一个谦和宽容的胜利者与取胜同样重要。		
5. 不管经历多少失败也毫不动摇。		
6. 谦虚常常比吹嘘获得更多的益处。		
7. 我的成就是不言自明的。		
8. 我实现目标的愿望比一般人更强烈。		
9. 自信并且相信：只要做必然能成功。		
10. 他人的成功不会诋毁我的成功。		
11. 我所做的工作本身蕴涵着价值，我并不是为了奖赏而工作。		
12. 我有自己独特的、其他任何人不具备的优点。		
13. 认准的事情坚决干到底。		
14. 对工作的集中力高，持久性长。		
15. 往往想尽快实现大脑的闪念。		
16. 失败不能影响我的真正价值。		
17. 对自己的评价不受别人的观点左右。		
18. 信赖他人一起合作。		
19. 一件一件地实现要做的事情。		
20. 为了实现目标往往全力以赴。		
21. 相信自己有应付困难的能力。		
22. 常常盼望良机来临。		
23. 对自己很少有消极想法。		
总分		

（二）结果分析

0~8 分，说明你实现目标的信心较低；

9~16 分，说明你实现目标的信心一般；

17~23 分，说明你实现目标的信心较高。

第二节　团队制度

职场在线

新销售经理的制度

章明是一家国际知名电脑公司的电话销售业务员，由于半年来每个月的业绩都是公司第一名，最近被提拔为新成立的电话销售五部的经理。五部的12名员工都是刚加入公司的员工，非常年轻，对产品不熟悉，也缺乏销售技能，拿起电话就感到恐惧。章明把这12名新员工的表现和自己刚开始工作时相比，觉得这些人大部分眼高手低、不愿吃苦，于是他采取高压措施，制定了严格的规章制度和处罚措施。

××公司营销五部部门规章制度(节选)

1. 所有人员必须提前20分钟打卡上班，迟到5分钟者罚款20元；
2. 每人每天不能让部门经理看见5次不在打电话，多一次罚款1元；
3. 每人每天必须新增2个意向客户，少一个罚款10元；
4. 上班时间不得打私人电话，否则按5元一次罚款；
……

本管理制度自发布之日起生效，部门全体员工必须无条件执行本制度和公司一切管理制度和规定！

监督执行人：章明

三周过去了，团队业绩并没有明显提升，反而人人自危，气氛沉闷。章明没有办法，于是把绝大部分时间和精力放在自己的直接销售上。一个月下来，尽管他的个人业绩排在公司前三位，但12名员工的业绩却远远不及公司的平均水平，团队的整体业绩也排在其他部门之后。

为什么章明制定的规章制度不仅没有达到预期的目的，反而使得团队销售业绩下降了呢？对于一个团队来说，明确的规章制度是团队规范化的保障，它能够使全体成员在行为上保持一致，而不是成为一个无组织、无目标、争吵不休的群体。

> 个人因素希望团队规范赋予每个成员权利、社交、尊重、奖励。集体因素强调整体性，寻求集体利益最大化。制定规范的过程中，应该在提倡集体价值观的同时，允许每个成员发表自己对团队的建设性意见。

一、能力目标 Competency Goal

道路如果没有红绿灯的指挥，就会陷入混乱；团队如果没有规则的约束，就会恶化成无组织、无目的、充满争吵的群体，而不会有一点成绩。团队必须建立合理的规章制度，并切实落实下去，让全体成员都按照规章制度自我管理。制度制定得不科学，执行得不彻底，不仅会削弱制度的效力，对团队凝聚力和战斗力也会产生不良影响。因此，团队要致力于建立成员共同认可的价值体系和制度体系，建立一个在制度基础上的规范化管理团队，以制度和文化凝聚人心。

通过本节的学习，你将能够：

1. 了解团队制度的功能和特点。
2. 了解团队制度的主要类型。
3. 了解团队制度制定的原则和步骤
4. 了解团队制度建设过程中的常见错误。

> 我的工作是为最优秀的职员提供最广阔的机会，同时最合理地分配资金，这就是全部。传达思想，分配资源，然后让开道路。
> ——[美]杰克·韦尔奇

（一）团队制度概述

制度是团队全体成员在行为上保持一致的前提和基础，是团队为有效实现目标，对团队的活动及其成员的行为进行规范、制约与协调而制定的，是具有稳定性和强制力的规定、规程、方法与标准体系。

1. 团队制度的功能

●规范功能。团队制度能够规范团队成员的行为，使他们保持在行为和情感上的一致性。

●制约功能。团队制度能够对团队成员不利于团队发展的行为进行制约，使之禁止或改正。

●协调功能。团队制度能够协调团队成员之间的关系，以提升团队凝聚力和执行力。

小故事

IBM 的识别牌

有一天，美国 IBM 老板汤姆斯·沃森带着客人去参观厂房，走到厂门时，被警卫拦住："对不起先生，你不能进去，我们 IBM 的厂区识别牌是浅蓝色的，行政大楼的工作人员识别牌是粉红色的，你们佩戴的识别牌是不能进厂区的。"董事长助理彼特对警卫叫道："这是我们的大老板，陪重要的客人参观。"但是警卫人员回答："这是公司的规定，必须按规则办事！"

结果，汤姆斯·沃森笑着说："他讲得对，快把识别牌换一下。"所有的人很快就去换了识别牌。

2. 团队制度的特点

●权威性。团队制度是高于所有团队成员意志之上的，任何团队成员都不能违反，否则必受惩罚。

●规范性。团队制度是明文规定的，并以书面形式表现出来，使团队成员的行为都有章可循。

●强制性。团队制度对团队成员具有强制性，只要你加入团队，就要受到团队制度的约束。

●稳定性。团队制度的制定和废止不是随意的，而是需要经过全体成员的一致认可。

3. 团队制度的类型

团队制度包括隐含制度和明文制度。隐含制度是指大家都明白，但没有写在文件上的制度；明文制度是经过团队讨论、大家一致同意的制度，它通常以书面形式表现，要求全体成员都要遵守。我们常说的制度主要是指明文制度。根据制度的内容，我们把团队制度分为以下几类：

类型	特点
基本制度	指规定团队组织构成和组织方式、决定组织性质的基本制度。它决定与制约团队组织的行为方向、基本活动的范围与性质，如企业的产权制度、公司治理制度、企业章程等。
管理制度	指对团队组织中各领域、各层次的管理工作所制定的指导与约束规范体系。它引导并约束成员为实现目标努力工作，如各种管理程序与标准的管理制度、各种部门与岗位的权责制度等。
业务规范	指团队组织中的各种关于技术标准、技术规程的规定，以及对业务活动的工作标准与处理程序的规定，如企业的技术规程、业务流程、技术标准等。
行为规范	指针对团队中的个人，为对其行为进行引导与约束所制定的规范，如员工职业道德规范、员工行为守则等。

（二）制定团队制度

团队制度的构建不是团队领导一言堂，也不是所有成员意见的大杂烩，要遵循一定的原则，并按照相应的程序进行，才能制定出合理的规章制度，促进团队发展。

1. 制定团队制度的原则

原则	要求
法制性原则	团队制定的一切规章制度都要符合法律法规，并同本团队组织的章程等基本制度保持一致。
目标性原则	指必须根据团队的目标需要来制定团队的制度，所有制度都必须服从于与服务于团队的目标。对于一些专业性的制度规范，还应紧密服务于具体的经营管理目标。
科学性原则	团队制度必须体现客观规律的要求，对团队的运行与管理进行科学的规范；必须从实际出发，充分考虑本团队的实际；必须先进可行，将先进性与可行性结合起来。
系统性原则	团队制度必须考虑各种规范的衔接与统一，并形成配套体系。

2. 制定团队制度的程序

团队制度的制定不能依靠拍脑袋，而是应该经过深入地研究，根据团队的实际需要，进行合理的规划。通常团队制度的制定有以下几个步骤：

步骤	要求
调研与目标	要根据团队总目标的需要，在充分调查研究的基础上，提出制定制度的具体目标。
制定草案	在大量分析处理有关信息资料的基础上，制定草案。
讨论与审定	制度草案提出后，要广泛征求意见，反复讨论修改，最后完善定稿，报制度审定部门审批。
试行	将制度在团队内试行，经进一步修改、检验、使之完善。
正式执行	以正式的、具有法律效果的文件形式颁布实施。

（三）团队制度建设中的常见错误

建立科学、合理的团队制度，能为团队发展提供制度保障，规范团队和团队成员的行为。在团队制度建设过程中，往往会出现一些问题和错误，影响团队制度的效果，这些常见错误如下：

● 前提错误：前提应是提高团队士气，提升团队绩效，而非其他。

● 未充分征求意见：未充分采纳成员的意见的制度很难执行，束缚了团队的健康发展。

● 操作性不强：规章制订后必须确定可操作性的实施细则。

● 无反馈和修订机制：制度的实施者和执行者有了意见和建议要及时修订。

● 无激励机制：没有责任和处罚机制，也没有奖励和表彰机制。单向的惩罚没有激励。

● 不够人性化：团队成员没有被尊重的感觉，没有主人公的感觉，只是被约束、被管理，不能发挥成员的积极性。

二、案例分析 Case Study

案例一：小刘班长的成长

> 我们应该将行动纳入决策当中，否则就是纸上谈兵。
> ——[美]彼得·德鲁克

小刘担任班长不到 3 个月，虽然事事冲锋在前，可是连续 3 年的班组红旗却丢掉了。工段长及时提点道："当班长不仅自己要做好，还要带着全班成员做好，要学会管理班组。"

小刘与工段长交流后，想到工厂正在抓细节管理，严格管理制度。决定从严格管理入手，就细化了班里的各项管理制度，召开班会要求大家严格遵守并实施考核，考核结果与当月的奖金挂钩。

这样一来，班组的工作一定搞上去了吧。

制度公布后一个星期之内，班里 16 名员工被小刘训斥了 10 位，并对 5 位实施了经济处罚，其中还有一位是小刘的"铁哥们儿"。结果就可想而知了，大家对小刘的意见自然很大，见到他就气鼓鼓的。小刘甚至感觉到他们在跟自己作对。班里以前关系不错的哥们儿，也对小刘"敬而远之"了，原先班组里的快乐也没有了。

小刘到底错在了哪里？员工为什么疏远了小刘？

小刘班长的出发点没有错，制定严格的管理制度也是管理中的正常举措，尤其是制度一旦制定，就无论亲疏，坚决执行，更是体现了作为班组长的职业精神。但结果却"谬之千里"，那"差之毫厘"的毫厘在那里出现的呢？很多班组长和管理者都没有考虑清楚。

每当一个新管理制度出台，员工心中都会产生本能的抵触。多一个制度，就多一层约束，就拥有了更多的违反规定、犯错误的机会。制度制订越严格，员工的对抗情绪越大，执行过程中就越消极，制度达成率越低。

为了避免员工消极抵触，能不能不制定严格的管理制度呢？答案当然是否定的。制度是工作规范，是管理流程，一个组织中没有清晰的制度，就像公路上没有交通指挥一样，所有的人都会率性而为，所有的工作都无法正常进行，

既要制定制度，员工对制度又必然会抵触，小刘的主要错误就在这个焦点上处理不好。

> 没有完善的管理制度，任何先进的方法和手段都不能充分发挥作用。

人拒绝被管理，就像拒绝被征服，管理是必需的，制度是必要的，关键是由谁来管，制度由谁来定。人渴望管理他人，就像渴望征服他人一样，人人都希望管理别人，不希望被别人管理，作为成熟的管理者，必须充分认知员工的心理特征，压制管理他人、表现自己的欲望，引导员工自主管理，自主制定制度。

案例二：奔驰汽车销售人员的激励制度

奔驰于 20 世纪 80 年代正式在中国开展业务，2005 年与北汽成立合资公司，开始 C 级和 E 级车的生产。经过近年来的高速发展，中国逐渐成为奔驰的全球第二大市场。在过去 4 年中，奔驰在中国销量的年均增长率到达 49%。2010 年奔驰在中国销量达到 14.77 万辆，在豪华车品牌中排名第三，同比增长达到 115%，是增速最快的主流豪华车品牌。合资厂北京奔驰也在 2010 年取得了优异的销售成绩，销量超过 5 万辆，占奔驰在华销量的比例接近 35%；根据奔驰中国的战略目标，到 2015 年，国产奔驰的销量占比达到 2/3。

奔驰中国 2008 年才成立市场部，其策划团队非常年轻，在市场运作方面的经验不足，因此其销售政策并没有太多亮点。奔驰厂商对销售人员的直接激励非常少，一般只采取现金奖励和物质奖励两种手段。而且所有的激励政策都是为了消化库存制定的，均属临时性政策。但在培训和认证方面，奔驰采取的 C-sales 认证对销售人员起到了较大的作用。奔驰中国对其授权经销商的销售顾问开展全球统一标准的职业资格认证，只要通过认证的销售顾问都可以享受更高的薪酬和福利。

奔驰汽车的激励制度给我们的启示是：在激励对象方面，可适当增加经销商奖励的比重，也可适当增加团队奖励的比重。在激励手段方面，除现金奖励外，还可以考虑实物奖励相结合的模式。在激励形式方面，可以适当考虑增加销售个体选择的权力。在激励主体方面，可以考虑适当放权给经销商。

> 团队制度的作用就是指导成员的行为，从而营造积极的情绪氛围。尤其当团队脱离正轨的时候，规则就是灯塔和指南针。

三、过程训练 Process Training

活动一：制定考勤制度

（一）情景描述

阅读下面的资料，完成问题。

腾飞公司成立已经快 3 年时间了，不过它还是比较小的公司。在公司成立之初，许多事情都是由老总马黎明一个人说了算。好在前两年的形势不错，公司的经营业绩也好。所以去年公司的规模几乎扩大了一倍。

人一多，管理的问题就来了。由于历史的原因，腾飞公司的许多规章制度显得不够完整。许多规定不切合实际，有许多事情没有规则可循。公司最近业务非常繁忙，因此许多部门的人不时需要加班。按照惯例，公司不鼓励加班，因此也没有加班费。如果确实有人需要，可以把加班的时间换成倒休。

虽然对于加班没有特别的规定，但腾飞公司一贯实行员工打卡制度，要求员工在上下班的时候都必须打卡。如果迟到 10 分钟以上，就要被扣工资。另外对于员工因事假或病假而不上班的情况，也有相应的规定会被扣掉工资。对于无偿加班和请假就扣工资之间的对比，许多员工非常有意见。有人认为不是能不能加班的问题，而是需要有个说法，不一定就是按小时计算加班费，关键的一点是自己得不到尊重。也有的员工认为努力工作完成自己的职责和任务就可以了，既然公司那么在乎有效的上班时间，迟到几分钟都扣工资，那么加班就没有理由不付加班费。而公司却认为员工没有严格要求自己，在工作的事情上斤斤计较，没有表现出真正的付出和奉献精神。

于是矛盾和不解便由此产生。有人认为工作压力大，任务比过去更多了，没有办法完成；有人认为不是自己工作职责中的事情被强加给自己；也有人认为以后再也不用过分地对工作付出，得过且过了。大家之间的合作气氛也差了，一些鸡毛蒜皮的小事也往往引起轩然大波。员工动不动就发脾气或者争吵，有时候是非常委屈地自己生气。

> 仁圣之本，在乎制度而已。
> ——白居易

（二）问题与讨论

1. 腾飞公司的考勤制度存在哪些问题？

2. 请以小组为单位，讨论之后，为腾飞公司制定一份新的考勤制度。

活动二：游戏——集体智慧

活动目的：让学员明白如何在受限制的情况下发挥想象力和创造力。

（一）活动过程

1. 将学员两两分组，做一个与某个话题（可以任意选择，只要大家感兴趣，比如旅游）有关的演出。

2. 指定每组的两个成员中，一人为 A，一人为 B。被称为 A 的人是这场游戏的演员，被称为 B 的人是 A 的台词提示者。

3. B 组挨着 A 组的同伴站着，当轮到自己的角色说话时，就会把台词告诉 A。而每个 A 组成员的任务就是接受 B 组同伴提供的任何台词，在此基础上再加以发挥，把戏演下去。A 组成员要密切配合 B 组成员的意思，好像这些台词就是他们本人想出来的一样。

4. 为了使学员充分理解培训师的意图，培训师可以先做一下示范。挑选一位学员后，培训师开始说："我非常想和你一起做项目，因为小陈你……"

5. 培训师然后拍一下小陈（B 组人）的肩膀。小陈需立刻接下去，"我们俩的喜好大体差不多。"培训师接着小陈的话继续说，"我们俩的喜好大体差不多。事实上，我们有过一次愉快的项目合作经验，那一次——"

6. 再次拍小陈的肩膀。他也许会说："我俩一起做了一个项目发布会的策划。"培训师接着说："我俩一起做了一个地产项目发布会的策划，真是一次很好的合作经历。"

7. 又一次拍小陈的肩膀，小陈可能说："什么时候我们还能共同再策划一些新的项目呢？"培训师说："什么时候我们还能一起策划新的项目呢？让我们再一起工作吧……"

8. 让所有学员观看示范，然后让他们各组散开练习一下，5 分钟后大家集合，集体完成一次演出。

（二）问题与讨论

1. 请 A 组人员考虑：为了适应并转换 B 组搭档的台词，你必须做些什么？是否感到吃力或有其他感觉？怎样才能使这个过程感觉不那么煎熬呢？

2. 请 B 组人员考虑：你们的任务是帮助 A 组人员完成任务，所以为他们提供台词并使这一切进行得容易一些，你们需要做些什么？当 A 组成员没能顺利利用你的台词时，你有何感觉？

（三）总结

1. 无论 A 组还是 B 组成员，都不可以迟钝地、恶作剧地做这个游戏，否则不仅会给搭档造成困难还会破坏训练的效果。大家的目的是将一个故事合理、顺畅地完成，而不是给别人出难题或显示自己的才能。这个游戏体现了公平的合作，即快乐来自于与他人分享创意。

2. 一个团队最不可少的就是团队的合作精神，而合作精神最重要的就是要善于倾听别人的意见——像对待你的意见一样，给予他人的想法和念头以足够多的关注。这个团队也许最终会同意采用你的想法，但这在集体讨论会上不是最重要的，最重要的是要善于倾听他人的发言。

> 要想取得卓越的成效，就必须发展出高效率的团队。这种团队能想出高明的解决办法，能在成员之间进行协调，并且担负起整个部门的管理责任。
>
> ——《追求卓越的管理》

四、效果评估 Performance Evaluation

评估：团队成员的支持力

（一）情景描述

团队成员的支持力度决定着团队的凝聚力。下面我们将通过一系列题目来测评团队的支持力如何。对每一个说法，请选择你认为与实际情况相符的选项。非常不同意得 1 分，有些不同意得 2 分，有些同意得 3 分，非常同意得 4 分。

	情景描述	得分
第一部分	1. 组织支持革新。	
	2. 组织期望成功。	
	3. 组织价值观强调在所有工作努力中都要注重高品质。	
	4. 组织成员关注细节。	
	5. 组织看重团队建设。	

第二部分	1. 组织对组织任务有明确的界定。	
	2. 组织对我们的团队产出质量有明确的目标。	
	3. 组织对我们团队的时间调配和最终时限有明确的目标。	
	4. 我们的团队目标对组织其他人来说是很清楚的。	
第三部分	1. 我们所在团队的目标和任务都很有意义。	
	2. 我们所处团队的任务对团队成员来说都很有趣。	
	3. 我们所处团队的任务要求团队成员之间协同工作。	
	4. 我们所处团队的任务要求我们持续不断地学习。	
	5. 我们所处团队的成员拥有适当的技术技能。	
第四部分	1. 我们的团队有办法获取完成任务所必需的技术资源。	
	2. 我们的团队有办法获取完成任务所必需的人力资源。	
	3. 我们的团队有一个明确的工作区域。	
	4. 我们的团队对自身的工作有足够的自主权。	
	5. 我们的团队和特定的组织成员，团队有着密切的沟通联系。	

（二）结果分析

	优秀	良好	一般
第一部分：组织文化	18分以上	16~17分	14~15分
第二部分：任务明确度	14分以上	12~13分	10~11分
第三部分：任务和技术	18分以上	16~17分	14~15分
第四部分：自主权和途径	14分以上	12~13分	10~11分

第三节　团队文化

职场在线

2000 年,乔布斯在苹果一度停滞期喊出了"Think Different"(另类思考)的广告语,他希望这个斥资上亿美元宣传的广告不仅让消费者重新认识苹果,更重要的是,唤醒公司内员工的工作激情。

一个团队的文化与其领导人有着不可分割的联系。陷入困境后的苹果,在乔布斯的重新领导下起死回生,这与乔布斯的个人魅力分不开。每一场讲演都需要几个星期的预先准备和上百人的协同工作,经过精确的细节控制和若干次秘密彩排之后,乔布斯总是以激情四射的演讲者面目出现在现场。当乔布斯邀请百事可乐总裁约翰·斯高利加盟苹果时,他这样说:"难道你想一辈子都卖汽水,不想有机会改变世界吗?"

在这样的个人化文化指引下,乔布斯以用户个人化引导产品和服务,以员工个人化来塑造公司文化和创新能力,以自身个人化获得一种自由和惬意的人生。

团队文化是一个团队有别于其他团队的标志之一,不同的团队文化造就不同的团队。它对于发挥人才的作用,整合和开发人力资源,提升团队竞争力都具有十分重要的现实意义。

一、能力目标 Competency Goal

　　团队文化是一个团队中长期形成的共同的目标、理想、价值观和行为规范的总称。团队文化是社会文化与团队长期形成的传统文化观念的产物，包含价值观、最高目标、行为准则、管理制度、道德风尚等内容。它以全体员工为工作对象，通过宣传、教育、培训和文化娱乐、交心联谊等方式，以最大限度地统一员工意志，规范员工行为，凝聚员工力量，为团队总目标服务。

通过本节的学习，你将能够：

1. 了解团队文化的内涵和要素。
2. 了解团队文化的传播和表现形式。
3. 了解团队文化培育的原则和措施。

（一）团队文化

1. 团队文化的内涵

　　团队文化是文化的一种表现形式，是团队在长期的实践过程中形成并为团队成员普遍遵守和奉行的共同价值观念。它反映和代表了组织成员的整体精神、共同的价值标准、合乎时代的伦理和追求发展的文化素质。团队文化以观念的形态，从非计划、非理性的因素出发调控着团队成员的行为，补充和强化着团队管理，维系着团队内部人与人之间的关系，团结着团队成员为实现团队目标而努力工作。

2. 团队文化的内容

　　团队文化包括：团队发展战略和目标、团队管理制度、团队道德规范和行为准则、团队内部人际关系和文明建设、团队人才成长发展条件、团队文化活动等。

> **IBM 的"三条信念"**
> 　　IBM 迅速成长的半个多世纪，最主要的要决，是他们始终不渝地坚持着"三条信念"：
> 　　1. 尊重员工个人的信念。
> 　　2. 尊重客户的信念，他们的响亮口号是"IBM 就是服务"。他们采取两项措施，以保证优质服务：一是选择、培养优秀推销员。二是选择、培养为客户服务的"客户工程师"。
> 　　3. 有理想，用理想去执行一切任务的信念。

▶ 小思考

1. 这不是我的工作，我的工作已完成。
2. 我的延误只是芝麻大的小事，其他人的工作已完成。
3. 谁安排了工作，他应该告诉我这件事应该如何开展。
4. 这件事我做完了，但是我不清楚它是否有效。
5. 这事很简单，给我 3 个小时保证给你完成。
6. 如此简单的事也要我来做么？
7. 我有我做事的方法，这件事我自己搞定，你要的东西我明天给你。

讨论：这些状况背后的原因是什么？

（二）团队文化的表现形式

团队文化需要借助于一定的形式来表现，需要人们基于可观察到的物象来推断，需要通过一定的渠道和途径以及表现形态传递给成员和外界，以利于解释、识别和学习。

1. 团队文化的传播形式

团队文化需要借助于一定的载体和形式加以传播、沟通和体现。团队文化的传播形式主要有以下几种：

形式	内容
礼仪和仪式	体现团队对成员的期望和要求。它以生动形象的形式，向成员灌输本团队的价值观。
英雄人物	英雄人物使团队价值观人格化，是成员学习的榜样，是团队文化的重要载体和传播形式。
故事	是指曾经发生的、能够体现组织的价值观，反映组织情境的，经过演化和加工而流传下来的叙述性事件。
物质象征	包括外在形象，如团队的名称、标志物、内外空间设计，劳动环境如色调、图书室，还包括办公条件、生活待遇、人员衣着等。
语言	是指在团队中特有的、常用的，体现团队的行为特点、工作性质、专业方向的专用术语。

2. 团队文化的外在表现形式

团队文化通过一些可识别的外在形式表现出来。这些表现形式主要有：文字、符号表现形式，如标语、口号等；实物形象，如企业徽记、商标、产品、服务等；电子传播制品，如电视片、广告片、电子光盘等；活动与艺术表现形式，如各种集会、纪念会、文体活动等艺术形式。

> 企业里员工的习惯已经是定型的了，而习惯又造成了惯性思维，所以很多企业不是没有文化，而是没有好的文化，或者没有CEO理想状态下的文化。
>
> ——李楠《建立文化需高瞻远瞩》

小思考

如果说苹果懂得哪一条经营之道，那就是关注细节意味着长远回报。例如，谷歌的Android操作系统，可能卖得很好，但在使用了一段时间之后，大多数消费者就会发现Android与苹果的iOS操作系统相比缺乏一些闪光点。这点差距并不会让消费者觉得Android操作系统不太好用，事实上，可以说Android和iOS一样好用，但这点小小的差距确实会让一些消费者禁不住怀疑谷歌为什么就不能再做得更好一点。在大多数情况下，苹果却多努力了一点点。但就是这一点点的努力使得苹果成了最大的赢家。与此同时，这也是苹果对自己员工的期望。

（三）团队文化的培育原则

优秀的团队文化，是一支团队战无不胜、攻无不克的内因，是可以传承和沿袭的内在精神和气质。培育团队文化应从下面三方面着手：

1. 将团队打造成信息共享平台

团队是一个需要在实现团队总体目标的同时又要供全体成员实现

个体目标和价值的一个平台。在这个平台内，要培育良好的团队文化，就必须将它打造成一个所有信息供全体成员共享的平台，全体成员共享信息和资源，以实现团队的价值最大化。

2. 将团队打造成一个发挥个性的论坛

团队本身就是由角色不同、个性不一的成员共同组成的，所以这里的文化必须有内部民主的氛围，每位成员可以在这里挥洒自己的个性和特点，共同为团队的未来努力。

> **小案例**
>
> 1986年，史蒂夫·乔布斯（Steve Jobs）以1000万美元收购了乔治·卢卡斯电影公司的电脑动画部，成立了皮克斯动画工作室。2006年，皮克斯被迪士尼以74亿美元收购，成为华特迪士尼公司的一部分。在乔布斯掌控皮克斯动画公司（Pixar）时，制作了《玩具总动员》（*Toy Story*）等老少皆宜的动画片。该公司最著名的企业文化就是"以下犯上"，娱乐和自由的工作环境，我行我素、稀奇古怪的员工，随时随地随便提出的新主意，都构成了一种职业文化中的高度个人化的元素。皮克斯员工曾经这样描述道："什么中层、部门、领导，这些词我们统统没有，这就是我们独一无二的地方。"

Google的文化是不拘小节的。Google人的工作场所密度很高，三四个人共用一个地方，里面还有沙发和狗。公司几乎没有什么层级，员工戴着各式各样的帽子。

Google的一名软件工程师说：Google的工作环境酷得令人惊奇，并使人充满热情；它极其钟情于出色的技术，这使我们可以为全球用户开发最好的产品。

3. 将团队打造成平等的工作平台

团队是一个全体成员学习、交流和工作的场所，它为每位团队提供了一个发挥能力的空间。在这里每一位团队成员可以发挥他的最大的想像力和创造力，让全体成员将自己最优秀的资源贡献出来以实现团队目标。所以在这里，全体成员在人格上是平等的。

（四）团队文化建设的措施

团队文化的核心是强调协作，团结协作才能成就共同事业，才能实现和满足团队成员的各自需求，因此有效的团队文化是组织获得成功的切实保障。团队文化建设的具体措施有：

●发扬团结协作精神，相互配合。必须要从全局出发，所有人共同努力，紧紧围绕团队目标，相互协作，相互配合，才能做到寸土必争，以致最后取胜。

●建立无间隙的沟通方式。可以常召开一些座谈会，同事间面对面的沟通，这是最有效的沟通方式。

●营造和谐的工作环境。以和谐的工作环境使每个成员在团队中不但干得好，还干得开心，从而不断增强企业的凝聚力。

●彼此间互相尊重。人们只有相互尊重，尊重彼此的技术和能力，尊重彼此的意见和观点，尊重彼此对组织的全部贡献，团队共同的工作才能比这些人单独工作更有效率。

●不要忘了成员的家属。对员工家属的关怀往往更能抓住员工的心，因为在公司的种种表现让员工在家庭面前很有成就感，满足了他们的"面子"问题。

●留意每个节日与成员的生日。节日庆祝与生日贺卡不仅仅是对成员的祝福，还可以调节日常的工作氛围。

（五）创造高绩效团队文化的八心

在团队文化的建设上，团队及团队管理者应将用心管理作为一项重要内容加以强化和提高，真正做到事事用心，处处用心。

措施	要求
尊重之心	尊重是一切社会活动的基础，团队尤其如此。团队应强调成员的主体意识和作用，让成员感知到被尊重，让成员从心里愿意为团队排忧解难，共谋发展。
期望之心	当团队对成员满怀期望时，成员的潜能就能不断地被激发出来，释放出巨大的能力，关键是要通过恰当的方式将期望表达给成员，让成员知道团队对他的期望。
合作之心	团队应把成员当成工作当中不可缺少的伙伴，强调成员的主动性和自我管理能力，和成员站在平等的地位，主动创建团队与成员的绩效合作伙伴关系，共同致力于绩效水平的提高。
沟通之心	沟通是诸多管理问题的共同症结所在，沟通能帮助团队处理人际关系，完成工作任务，达成绩效目标，否则就会出现管理混乱，效率低下等问题。
服务之心	团队要充分利用手中的职权和资源为成员提供工作上的方便，为其清除障碍，致力于无障碍工作环境的建设，让成员体验到管理的高效率和办事的高速度，不断鼓舞成员的士气。
赏识之心	团队要不断用赏识的眼光对待成员，使成员受到鼓舞和激励，尤其是在成员做得优秀的时候。说出团队对他的赏识和评价，让成员感受到团队的真诚，激励成员的士气。
授权之心	授权赋能是高效管理的必备要求。团队只有把应该授的权力授予成员，成员才会愿意对工作负责。团队必须在授权上多加用心，让授权成为解放自我、管理成员的法宝。
分享之心	分享是最好的学习态度，也是最好的管理方式。团队要在工作当中不断地和成员分享知识、分享经验、分享目标、分享一切值得分享的东西。

▶ 小思考

阿里巴巴有一句名言，"让平凡的人做不平凡的事，充分调动他们的积极性和潜能"。首先，定位每个人都是平凡的人，这非常关键。很多互联网公司提倡精英文化。阿里巴巴不可能有18000个精英，这18000人肯定都是平凡人组成的。有的人说，看到一个精英成功，对他其实没有什么激励作用。马云不断地说，"我考三次大学没有考上，一定很平凡，如果你们觉得今天我是成功的，那每个平凡的人都能成功"。

二、案例分析 Case Study

案例一：通用电气的情感管理

　　现代企业管理已进入到一个以人为本的管理新时代，其重要内容不再是板着面孔式的条条框框的限制，而是一门融进了管理者对职工、对事业献身精神的独特的艺术。面对面管理，是以走动管理为主的直接亲近职工的一种开放式的有效管理，它洋溢着浓厚的人情味。其内容外延广阔，内涵丰富，富于应变性、创造性，以因人因地因时制宜取胜。实践证明，高技术企业竞争激烈，风险大，更需要这种"高感情"管理。它是医治企业官僚主义顽症的"良药"，也是减少内耗、理顺人际关系的"润滑剂"。通用电气公司前总裁斯通就努力培养全体职工的"大家庭感情"的企业文化，公司领导和职工都要对该企业特有的文化身体力行，爱厂如家。从公司的最高领导到各级领导都实行"门户开放"政策，欢迎本厂职工随时进入他们的办公室反映情况，对于职工的来信来访能负责地妥善处理。公司的最高首脑与全体职工每年至少举办一次生动活泼的"自由讨论"。通用公司像一个和睦、奋进的"大家庭"，从上到下直呼其名，无尊卑之分，互相尊重，彼此信赖，人与人之间关系融洽、亲切。

　　1990年2月，通用公司的机械工程师伯涅特在领工资时，发现少了30美元，这是他一次加班应得的加班费。为此，他找到顶头上司，而上司却无能为力，于是他便给公司总裁斯通写信，"我们总是碰到令人头痛的报酬问题。这已使一大批优秀人才感到失望了。"斯通立即责成最高管理部门妥善处理此事。三天之后，他们补发了伯涅特的工资，事情似乎可以结束了，但他们利用这件为职工补发工资的小事大做文章。第一是向伯涅特道歉；第二是在这件事情的推动下，了解那些"优秀人才"待遇较低的问题，调整了工资政策，提高了机械工程师的加班费；第三，向著名的《华尔街日报》披露这一事件的全过程，在美国企业界引起了不小轰动。事情虽小，却能反映出通用公司的"大家庭观念"，反映了员工与公司之间的充分信任。

　　通用公司还别出心裁地要求每位雇员写一份"施政报告"，从1983年起每周星期三由基层员工轮流当一天"厂长"。"一日厂长"9点上班，先听取各部门主管汇报，对全厂营运有了全盘了解后，即陪同厂长巡视部门和车间。"一日厂长"的意见，都详细记载在《工作日记》上。各部门、车间的主管得依据其意见，随时改进自己的工作，并在干部会上提出改进后的成果报告，获得认可后方能结案。各部门、车间或员工送来的报告，需经"一日厂长"签批后再呈报厂长。厂长在裁决公文时，"一日厂长"可申诉自己的意见供其参考。这项管理

对任何一个团队来说，人事总难免要更迭交替，市场总难免随世道浮沉，但只要团队文化的火种没有熄灭，成功之火就能燎原。

制度实行以来,成效显著。第一年实行后,节约生产成本就达200万美元,并将节约额的提成部分作为员工们的奖金,全厂上下皆大欢喜。通用电气公司的日本子公司——左光兴产公司还实行一种特殊的"无章管理",也是感情化管理,最大限度地减少公司内部人际间的紧张关系,增强员工之间的信任,上下级之间的信任及员工对企业的信任。该公司近几年实行"无章管理"以后,年销售额在通用电气的所有海外子公司中独占鳌头。

团队是企业生存的必然形态,也是企业和谐、创新发展的生命。经营和管理团队,要为团队设计团队理念、团队精神、团队文化、团队价值、团队责任以及科学规划团队发展的战略目标、年度计划以及达成目标和计划的方法、步骤等,用团队的责任舞动企业的生命,让企业的生态长期处于高度平衡的活性状态。

案例二:华为的企业团队文化

纵观华为文化,其产生和发展与三方面因素有关:一是企业的核心价值观和企业家的价值导向,如,华为认为"资源是会枯竭的,唯有文化才会生生不息"。"华为的追求是在电子信息领域实现顾客的梦想,并依靠点点滴滴、锲而不舍的艰苦追求,使我们成为世界级领先企业"。二是企业不同发展阶段需要解决的核心命题,如,产业报国、自我批判、集体奋斗、职业化、诚信、国际化,文化建设必须配合公司战略来进行。目前华为正在加紧国际企业文化的建设,如,客户导向文化、高绩效文化、诚信文化、团队文化、敬业奉献文化、不断进步、成本意识等。三是对员工关键事件整理归纳和宣传,如红、黑事件等。

从文化的结构层次看,华为文化大概有四个层面:物质层面,建筑风格、工作环境与国际化大公司接轨;行为层面,华为员工正逐步实现国际职业化,团结合作为客户服务;制度层面,华为初步建立了全面与国际接轨的管理体系;精神层面,营造奋发向上、平实、成熟的文化氛围。谈到文化建设的作用,华为人常用"搬石头与修教堂"(见本书第58页)的故事来解读。两个人同样在搬石头,为什么最终的结果不同,因为愿景不同。文化建设就是要解决员工愿景、价值观、心智模式问题,员工个人愿景与公司愿景最大程度的融合,一定会产生更大的工作动力。

华为人认为,华为的企业团队文化是全体员工建设的,不同层级的员工在文化建设过程中所起的作用均不相同。高层管理者,把握企业团队文化发展的方向;中层管理者,根据公司导向着力建设组织文化;基层管理者搞好团队建设,起到"传、帮、带"作用;普通员工,立足岗位做好本职工作;新员工,通过"见、修、行"三个阶段融入

微软首席执行官史蒂夫·鲍尔默在一次公司大会开场登台时的表现堪称经典:身形魁梧的他在台子上来回跳跃,歇斯底里地放声大喊,直到快喘不上气为止,这里没有冗长的报告,没有任何的说教,但鲍尔默对微软的热爱,对微软事业蓬勃发展的信心使全场为之动容,一位供职于微软的年轻人感慨:"我被我们的CEO鼓动得热血沸腾,当时如果让我去为微软撞墙,我也会毫不犹豫。"

企业团队文化。在发展过程中，华为一直坚持以"爱祖国、爱人民、爱公司"为主导的企业团队文化，发展民族通信产业。

公司唯有发展出一种文化，这种文化能激励在竞争中获得成功的一切行为，这样公司才能在竞争中成功。

华为非常崇尚"狼"，认为狼是企业学习的榜样，要向狼学习"狼性"，狼性永远不会过时。任正非说：发展中的企业犹如一只饥饿的野狼。狼有最显著的三大特性，一是敏锐的嗅觉，二是不屈不挠、奋不顾身、永不疲倦的进攻精神，三是群体奋斗的意识。同样，一个企业要想扩张，也必须具备狼的这三个特性。

作为最重要的团队精神之一，华为的"狼性文化"可以用这样的几个词语来概括：学习，创新，获益，团结。用狼性文化来说，学习和创新代表敏锐的嗅觉，获益代表进攻精神，而团结就代表群体奋斗精神。

> Google 的文化特别崇尚个性。办公楼随处散落着健身设施、按摩椅、台球桌、帐篷等有趣的东西。整个办公空间采用了不同的色调搭配，明亮鲜活。这些都让人感到轻松自在。除此之外，每名新员工都将得到 100 美元，用于装饰办公室，可以在自己的办公室中"恣意妄为"。这才叫我的地盘我做主，好的办公环境就是要激发人的效能，只有让人感到舒适，才会产生更好的创意和想法。

三、过程训练 Process Training

活动一：团队文化活动

活动目的：让学员直观感受团队文化，提高构建团队文化的能力。

（一）规则和程序

1. 培训师发给每个小组一面彩旗、一支旗杆和一盒彩笔。

2. 要求学员在 30 分钟内创作自己团队的口号、队歌、标志，看一看哪一组最有创意，最能体现本组的特点。

（二）问题与讨论

1. 这样的活动方式对各组来说有什么好处？

2. 你们组是如何设计自己的口号、标志的？

（三）总结

1. 平时，一提到团队文化，人们往往会想起那些高深莫测的理论，但实际上，企业团队文化就存在于团队成员的日常工作、生活和行为举止中。

2. 一个团队只有精诚团结、互利合作才能形成积极向上的精神面貌，才能完成团队的目标。

活动二：描述团队文化

你是否加入了团队？如果你在一个团队，那么就请通过以下几个方面描述一下你所在团队的文化，如果你还没加入团队，那么请选择一个你喜欢的团队，也通过以下几个方面描述一下这个团队的文化。

> 三流的企业人管人，二流的企业制度管人，一流的企业文化管人。

描述团队文化的要点：

1. 你们／他们的着装有什么特点？
2. 你们／他们如何庆祝生日？
3. 你们／他们对彼此的业余生活了解多少？
4. 你们／他们对晋升的态度是怎样的？
5. 你们／他们对整个团队的态度是怎样的？
6. 你们／他们对于守时的规则遵守情况如何？
7. 你们／他们承受压力时有什么表现？
8. 你们／他们犯错时有什么表现？

你觉得还可以通过哪些方面来描述你们／他们的团队？

四、效果评估 Performance Evaluation

评估：团队文化满意度评估

（一）情景描述

下面20道题可以用来测评团队成员对团队文化的满意情况。对每一个说法，请选择你认为与实际情况相符的判断，非常同意得5分，同意得3分，不确定或不同意得1分。

情景描述	得分
1. 我很明确团队的企业愿景和价值观念。	
2. 我们团队为了完成既定的目标，制定了明确的策略与政策。	
3. 我觉得团队有鲜明的企业团队文化。	
4. 能成为团队的成员，我非常自豪。	
5. 我非常愿意为该团队终生服务。	
6. 我感受到了竞争的压力，并认为应积极寻求对策。	
7. 我认为我的工作环境很舒适。	
8. 团队中每个人都很明确自己的工作职责，且紧密合作完成工作。	
9. 我们团队是奖罚分明的，如果有人犯错就必须受到惩罚。	
10. 我们有很强的团队荣誉感。	
11. 在我们团队，沟通的渠道很畅通。	

12. 除了工作，团队成员经常在工作之余进行一些聚会。	
13. 由于目前团队内沟通协调不够，影响了工作效率。	
14. 我觉得我的直接领导有时很官僚，并不真正了解我们工作的具体情况。	
15. 我的直接领导非常关心我的个人生活。	
16. 我很信任我的直接领导，在我需要时他总能帮助我。	
17. 团队很重视员工提出的意见或建议。	
18. 我很愿意向团队领导提出我的建议或意见。	
19. 我向上级或领导反映的事情，总能妥善解决并及时反馈。	
20. 我认为我的薪酬收入很合理。	
总分	

（二）评分标准及结果分析

0~29分：表明团队成员对团队文化非常不满意，需要对团队文化再造；

30~59分：表明团队成员对团队文化不太满意；

60~79分：表明团队成员对团队文化较为满意；

80~100分：表明团队成员对团队文化很满意。

第四节　团队学习

职场在线

GE（通用公司）是世界上最受赞许的公司、全美最受推崇的公司、全球最受尊敬的公司。下面是 GE 公司年报中包括的一些内容。

一、关于人才

GE 年报：GE 人在 2001 年做出了令人瞩目的成绩。他们倾听客户意见、亲身体验并学习了客户营运方式。他们融会贯通所学到的东西，而且揣摩、设计、制造和交送了一流的产品。他们获得了近 1200 项专利产品，其创造的技术保证了公司的前途无限。他们利用业余时间为所在社区提供了一百多万小时的志愿服务。他们在 GE 努力工作以实现自己的梦想。他们为你们工作。

杰克·韦尔奇：你们的工作就是每天把全世界各地最优秀的人才延揽过来。你们是一个不断获胜的队伍中的一员，最佳团队中的一员，全世界最推崇的团队之一员。你们必须热爱你的员工，拥抱你的员工，奖励你的员工，激励你最好的员工。如果失去最好的 20% 的员工，是领导的失职。如果留下最差的 10% 员工，同样也是领导者的极大错误。

二、关于"全球化的学习公司"

GE 年报：GE 变成了一家学习型公司。今天，我们真正的"核心实力"不是生产制造或服务，而是在全球招募并培养世界上最好的人才，使他们心中有一种永不满足的渴望，去学习，去提高，一天比一天做得更好。过去 20 年来最大的转变就是成为一家学习型公司。我们向其他公司学习。从内部学，从外部学，从上到下，从下到上学习。世界上精华才智在我们手中，这是因为我们无时不在追寻。很多年前，丰田公司教我们学会了资产管理。摩托罗拉和联信推动了我们学习六西格玛。思科和 Trioloy 帮助我们学数字化。

> **学习的四种境界**
> 1. 无意识无能力，即不知道自己不懂；
> 2. 有意识无能力，即知道自己不懂；
> 3. 有意识有能力，即知道自己懂了，并努力做到；
> 4. 无意识有能力，即不知不觉懂了，并无意识地使用。

学习是加强团队建设的法宝，学习型团队是勇往直前、无往而不胜的。团队学习对组织与个体来说是双赢的选择，也是双赢的结果。大量的团队学习的研究结果表明，团队学习不但对提高团队绩效有直接的正效应，并且在一些团队变量对团队绩效的影响中具有重要的中介或缓冲作用。正是这种不断地学习，为 GE 缔造了无数优秀的团队，他们不断创新创造了一个又一个奇迹。

一、能力目标 Competency Goal

团队要提升竞争力，解决"短板"问题，最佳的解决方案就是加强团队学习。通过团队学习，可以促进团队成员提升战斗力、树立信心、实现知识共享、共同发展。团队成员在学习过程中，思想得到升华，智慧得到磨砺，能力得到提升，理想变得明晰；团队在成员的不断学习中，战斗力获得提升、实力变得壮大，也赢得更多发展机遇的垂青。

通过本节的学习，你将能够：
1. 了解团队学习的内涵与作用。
2. 了解团队学习的类型与特征。
3. 掌握团队学习的规则。

> 要重新定义"有教养的人"的含义，在知识社会，有教养的人是学会学习的人。
> ——[美]彼得·德鲁克

（一）学习是什么

学习是人类，包括个体、团队或组织，在认识与实践过程中获取经验和知识，掌握客观规律，使身心获得发展的社会活动。学习的本质是人类个体和人类整体的自我意识与自我超越，是一种使个体可以得到变化的行为方式。起点不同，学习的过程也不尽相同，基本上可以将学习的过程归结为以下四个方面：

出发点	特征	过程
获得经验	实践和具体做些事情	首先发现自己正在实践一些从未做过的事情，根据刚做过的事情进行反思，分析对这件事情的看法、难易程度、是否有以前的经验可供参考，随后将经验应用于类似的情况。
反思	进行经验思考	首先总结从经验中获得的知识，并对这些知识进行研究，将所有信息汇总，从中得出结论，然后决定怎样应用自己的知识进行实践。
理论化	从经验中总结规律、得出结论	首先从书本或课程中得到相关知识，然后决定怎样应用理论进行实践，并对实践过程做出反思。
应用	用理论化的成果指导行动	首先从实际出发考虑怎样做，然后对实践进行总结和反思，最后进行理论化思考并得出结论。

（二）团队学习

团队学习是指一个团队的集体性学习，它是学习型组织得以塑造和成长的必要条件，它能够使团队成员之间互相学习、互相交流、互相启发、共同进步。团队学习是发展团队成员整体搭配与实现共同目标能力的过程。团队学习对组织与个体来说是双赢的选择，也是双赢的结果。

1. 团队学习的优势

●团队学习可以促进个人成长。团队学习可以有效发挥队员个人的比较优势，能使团队智慧融入个人化理念中，以不断适应新形势下开展业务的工作需要。

●团队学习有利于提高团队核心竞争力。团队核心竞争力不是个人能力的简单累加。为了促进团队核心竞争力矢量叠加，必须开展团队学习，提倡知识共享，在学习中形成一种崇尚互信和无缝配合的氛围。

> **小故事**

在1930年以前，英国送奶到户的牛奶没封口，因而，山雀与知更鸟这两种英国常见的鸟，每天都可以轻松喝到牛奶。后来，牛奶公司用铝箔将奶瓶口封了起来，阻止鸟偷喝。没想到，1950年代，英国所有山雀都学会了把铝箔啄开，继续偷喝，而知更鸟却一直没学到啄功，自然没奶可喝。这两种鸟为何有如此大的差别？

后来，生物学家研究发现，山雀是群居，常常迁徙换巢，当某只山雀发明了新的啄法，喝到牛奶后，别的山雀通过沟通，也学到了该技能，而知更鸟是独居动物，即便偶有知更鸟啄破封口，其他的鸟也无从学习。

> 学习这件事不在于有没有人教你，最重要的是在于你自己有没有觉悟和恒心。
> ——[法]法布尔

2. 团队学习的类型

对团队学习的内涵描述存在3种不同的取向，即行为取向、信息加工取向和结果取向，也就意味着团队学习可以分为3类。

●行为取向：强调团队学习过程中团队成员进行互动的具体行为，并认为这些行为对团队绩效具有重要影响。

●信息加工取向：强调团队学习是发生在团队水平上的信息加工过程，尽管团队的信息加工过程与个体的信息加工过程相似，但团队在信息加工的具体方式和特征上与个体是不同的。

●结果取向：强调团队学习是一种团队成员之间发生的知识转移。

这3种取向的团队学习一致认为，团队学习是一种基于知识与个体经验共享的团队成员间的互动，团队和个人均能从该互动中获益。

3. 团队学习的特征

团队学习具有两个明显特征，即团队目标一致性与知识共享。

●与团队目标的一致性。个人目标与团队目标的一致，是团队学习的基本要素。实际运作中个人目标是无法否定和抹杀的，但个人目标如果最大限度与团队目标一致，则会推进团队学习的进程。

> 学习力是由学习的动力、学习的毅力和学习的能力三个要素组成的。
> 学习的动力体现了学习的目标；
> 学习的毅力反映了学习者的意志；
> 学习的能力则来源于学习者掌握的知识及其在实践中的应用。

●知识共享。知识共享实质上是内部交流的过程。只有通过知识共享，才能互通有无，共同提高。如果没有知识共享，团队学习只能是一句空话。

（三）学习型组织

学习型组织是一个能熟练地创造、获取和传递知识的组织，同时也要善于修正自身的行为，以适应新的知识和见解，它是以共同愿景为基础,以团队学习为特征的、对客户负责的、扁平化的横向网络系统。一个成功的学习型组织必然具备学习力、快乐工作、创新三个特质:

●学习力。学习型组织是一个能使组织内的全体成员全身心投入并有持续增长的学习力的组织。这就是学习型组织的第一个特质。一个人、一个组织是否有很强的学习力,完全取决于这个人、这个组织是否有明确的奋斗目标、坚强的意志和丰富的理论知识以及大量的实践经验。

●快乐工作。学习型组织是能让组织成员体会到工作中生命意义的组织。这正是学习型组织的第二个特质。快乐工作文化就是要为员工创造一种快乐工作的氛围,使员工能够充分发挥个人潜能,使员工能够在实现个人生命意义的同时为企业创造出最大的价值。

●创新。学习型组织是通过学习能创造自我、扩大创造未来能量的组织。这是学习型组织的第三个特质。学习型组织的核心理念就是创新,而且是持续的创新。只有使创新成为主旋律才有可能获得成功。

美国麻省理工学院的彼得·圣吉在1990年完成的代表作《第五项修炼——学习型组织的艺术与实务》中提出了五项修炼,这五项修炼是自我超越、改善心智模式、建立共同愿景、倡导团队学习和进行系统思考。创建学习型团队必须进行五项修炼。

> **成功化心智模式的"三点要求"**
> 1. 修炼气度。
> 2. 学会沟通。
> 3. 修炼 3Q(3Q 指的是智商 IQ、情商 EQ 和逆境商 AQ)。

1. 自我超越

自我超越是一项关注个人成长的修炼。追求自我超越,是学习不断理清并加深个人的真正愿望,集中精力、培养耐心,并客观地观察现实,是鼓励人们做事要精益求精,努力实现心灵深处的愿望。不断"自我超越"的人,能够不断实现他们内心深处最想实现的愿望。具有不断超越意识的人,能够认知其自身真正的愿望。自我超越的精华在于学习如何在生命中产生和延续创造力,在于将自己融入整个世界。通过建立个人"愿景"(vision)、保持创造力、诚实地面对真相和运用潜意识,便可实现自我超越。

小案例

韦尔奇在通用电气提出了一个"扩展"的概念。它的内涵是不断向员工提出似乎过高的要求。"扩展"的意念为:当我们想要达成这些看似不可能的目标时,自己就往往会使出浑身解数,展现出一些非凡的能力;而且,即使到最后我们仍然没有成功,我们的表现也会比过去更加出色。

> **对自己心智模式的反思**
> 1. 学会把镜子转向自己。
> 2. 有效表达自己的思想。
> 3. 敞开心扉。

2. 改善心智模式

心智模式是根深蒂固于我们心中,并影响我们如何了解这个世界,以及如何采取行动的许多假设、成见、思维方式,甚至可以是图象或印象。在工作过程中,许多好的构想往往有机会付诸实施,或者有些小规模的尝试，取得一定的成绩。但有时会感到无法全面将此成果继续推广，获得更有效的进展。专家们研究，这不是我们做事的能力弱，意志力不够坚强，或者思考不全面，而是来自"心智模式"。因此，学习如何将我们的心智模式摊开，并加以反思和改善，有助于我们把事情做得更快、更好。所以说，一个不断改善自己的心智模式的人，做事会更有效果。

3. 建立共同愿景

共同愿景是大家共同愿望的景象，也是团队中人们所共同特有的意象或景象，它是在人们心中一股令人深受感召的力量。它创造出众人是一体的感觉，并遍布到团队全面的活动，而使各种不同的活动融汇起来。共同愿景的力量源自共同的关切，让人难以抗拒，以至没有人愿意放弃它。共同愿景包含四个方面的要素。一是愿景：我们想要的未来图像。二是价值观：我们如何达到我们的目的地。三是使命：组织存在的理由。四是目标：我们期待在短期内达到的里程碑。

4. 倡导团队学习

团队是整个组织学习的一个学习单位。团队学习的过程是发展团队成员整体搭配与实现共同目标能力的过程，其作用是发挥团队智慧，使学习转换为现实生产力。因此，今天的组织迫切需要团队学习。组织中众多的团队都变成整个组织的学习单位，并建立整个组织的团队学习，进而构建成学习型组织这一组织管理模式的基础。

个人学习是团队学习的基础，团队学习是由个人学习的成员所组成，但每个人都在学习的团队并不等于团队学习，因为学习的主体不一样，个人学习以个体为主，团队学习是将团队这个整体作为主体来看待的。

关于共同愿景的修炼，可包括以下五项要点：

1. 鼓励个人愿景；
2. 塑造整体图像；
3. 绝非官方说法；
4. 不是单一问题的解答；
5. 学习聆听。

小故事

底特律一家汽车公司拆解了一辆日本进口车，目的是要了解某项装配流程：为什么日本人能够以较低的成本做到超水准的精密度与可靠性？他们发现不同之处在于：日本车在引擎盖上的三处地方，使用相同的螺栓去接合不同的部分。而美国汽车同样的装配，却使用了三种不同的螺栓，使汽车的组装较慢和成本较高。为什么美国公司要使用三种不同的螺栓呢？因为在底特律的设计单位有三组工程师，每一组只对自己的零件负责。日本的公司则由一位设计师负责整个引擎或范围更广的装配。可是这三组美国工程师，每一组都自认为他们的工作是成功的，因为他们的螺栓与装配在性能上都不错。

当组织中的人只专注在自身职务上，长久以来被灌输固守本职的观念，他们不会对所有职务互动所产生的结果有责任感。现代组织功能导向的设计，将组织依功能切割分工，更加深了这种学习智障。

5. 系统思考

按照系统思维思考研究处理事物，就应把所处理的事物看作一个系统，要看到其中的组成部分（元素或子系统），还要看到这些部门之间的相互作用，并以总体的角度把系统中的人、物、能量、信息加以处理和协调。

按照系统思考的方法观察、分析、控制、管理、协调某一个事物时，不能只见"树木"不见"森林"，也不能只见"森林"不见"树木"，应该是既见树木又见森林。

为了真正有效地研究解决包括企业管理在内的各类实际问题，应做到既有分析，又有综合；既有分解，又有协调。在实践中，人们用系统思考求解实际问题通常有三个方法，看长期处理近期，看全局掌握局部，看动态把握静态。

> ## ◤小案例
>
> 美国首都华盛顿的杰费逊纪念馆大厦年久失修，建筑物表面斑驳，后来竟然开裂，采取多种方法也无法遏止。政府非常担忧，派专家们调查原因。研究表明：是因为冲洗墙壁所含的清洁剂对建筑物起腐蚀作用，而该大厦墙壁每日被冲洗，受腐蚀损害日益严重。
>
> 为什么要每天冲洗呢？因为大厦每天被大量的鸟粪弄脏。
>
> 为什么大楼有那么多的鸟粪？因为大厦周围聚集了特别多的燕子。
>
> 为什么燕子喜欢聚集在这里？因为有燕子最喜欢吃的蜘蛛。
>
> 为什么这里的蜘蛛特别多？因为墙上有蜘蛛最喜欢的飞虫。
>
> 为什么这里有那么多的飞虫呢？因为飞虫在这里繁殖特别快。
>
> 为什么飞虫在这里繁殖得特别快？因为这里的尘埃最适宜飞虫繁殖。
>
> 为什么这里的尘埃最适宜飞虫繁殖？尘埃本无特别，只是配合了从窗外照射进来的充足阳光，屋内形成了特别刺激飞虫繁殖兴奋的温床。
>
> 解决问题的最后结论：关上门窗，拉上窗帘。

> 一个人能否成功，关键在于他的心态。成功人士与失败人士最大的差别就在于成功人士永远具有积极的心态；而失败人士则惯用消极心态去面对人。
>
> ——［美］拿破仑·希尔

二、案例分析 Case Study

案例一：小鞋匠的故事

瑞士的埃尔德集团，是全球最大的收银机销售公司。在成立的最初几年，公司曾陷入了空前的财务危机之中。总裁查菲尔先生深知业务代表是公司最重要的资产，而保护这些资产的最好办法，就是要激发他们的活力，于是他亲自组织召开了业务代表会议。

会议正式开始，查菲尔开诚布公地对这些神情沮丧的业务代表们说："我们的竞争对手正在散布一些小道消息，说我们公司出现了无法克服的财务危机，谣言说我们将削减业务代表。我今天来，就是召集各位，请大家如实地为自己辩护，诚实地说出自己的困惑。"总裁简单发言后，犹如一石激起千层浪，下面叽叽喳喳开始了……

这时有位销售代表说："我的销售业绩下降，是因为我负责的那个区域正遭逢干旱，商家的生意受到影响，所以没有人愿意购买收银机……"

话音未落，第二位业务代表就站了起来，他的理由甚至比第一位更消极，言词中充满了茫然和颓废："我感觉公司快要完蛋了，就像一座岌岌可危的大厦，我承认我正在准备跳槽。"此时，业务代表中的一半人都坦陈自己确实在另谋出路。

看到各位代表的发言已没有新意，查菲尔礼貌地打断了业务代表们的话说："现在休会5分钟，让我来擦擦鞋子，但请大家仍各就其位，后面将有精彩的内容。"

5分钟后，公司门口那个擦鞋的小鞋匠被人叫来了。查菲尔当着全代表的面让小鞋匠给他擦起了鞋子，并与小鞋匠聊了起来。

"你几岁了？在我们公司门口，擦鞋有多久了？"查菲尔问他。

"我9岁，来了6个月了。"小男孩儿回答。

"很好。你擦鞋一次赚多少钱？"

"擦一次5分钱。"男孩儿回答，"但有的时候，我会得到一些小费。"

"在你来之前是谁在这里擦鞋？他为什么离开？"

"是一位叫比尔斯的男孩儿，他已经17岁了。我听说，他觉得擦鞋无法维持生活而离开了。"

"那你一次只赚5分钱，有办法维持生活吗？"业务代表们都惊异地听着男孩儿下面的回答。

"可以的，先生。我每个星期五给我的妈妈10元钱，存5元到银行，再留下2元做零花钱。我想我再干一年，就可以用银行里的钱买辆脚踏车了，但妈妈并不知道这件事，我要给她一个惊喜。"小男孩儿一边卖力地擦着鞋子，一边微笑着回答。

看着油光锃亮的皮鞋，查菲尔掏出5分钱给了小鞋匠，男孩儿高兴地说："谢谢你，先生。"查菲尔又掏出1元小费递给男孩儿，男孩儿面露迷人的微笑，还是那样欢快地说："谢谢你，先生。"

查菲尔感慨地摸着男孩儿的头，说："小家伙，谢谢你，你给我们做了一次很好的演讲。"接着查菲尔转向业务代表们说："这位男孩儿现在做的工作过去是由一个比他大8岁的男孩儿负责的。他们的工作相同，索取的费用相同，服务的对象相同。"

"但是，"查菲尔激动地说，"两个人的结局不一样！这个小鞋匠内心充满着生活的希望，当他工作时，他脸上总是面带微笑。他期

> 加紧学习，抓住中心，宁精勿杂，宁专勿多。
> ——周恩来

待成功，所以成功也就走向他。而原来那个男孩儿性情非常冷漠，悲观失望，情绪不稳定。而且，当顾客给他5分钱时，他也不会说声'谢谢'，因此，他的顾客也不会再给他小费，自然也就不愿再看到他冷淡的脸……所以，他的生意越来越惨淡，当然无法赖此为生。"

这时，第一位演讲过的业务代表顿悟了，他说："我明白了，我们之所以销售得不好，就是因为我们光接受了别人的困难，被对方的困难吓退了，而没有在销售收银机的时候，用我们快乐和胜利的信念感染对方并消除他们的恐惧心理。其实，不管对方有多少困难，当你把自己的乐观和自信带给他时，他自然就会接受你。"于是大家敞开心扉，都谈了这次难忘的共同学习的经历和由此带给自己的启发，大家的工作热情被进一步调动起来。

> 说话不要有攻击性，不要有杀伤力，不夸己能，不扬人恶，自然能化敌为友。
> ——[美]戴尔·卡耐基

学习型组织建设中，团队学习是很重要的一个特征，领导者要善于并充分发挥个人的聪明才智，使团队组织成员经过共同学习，进而取得共同进步。团队学习的内容和形式很多，比如：专业技术交流、课程改革设计交流、管理案例的学习与分享、读书心得交流、演讲比赛、工作述职、心理疏导、专项工作交流会、组织成员优秀品质的表彰和弘扬等。但是，最关键的地方应该是团队学习的实效。选择恰当的时间用恰达的方式组织团队学习，就能达到更好的学习效果。

案例二：某带电班"小课堂"团队学习

带电作业作为一项特殊工种，技术要求高，人员基本功要求扎实，但面对职工素质参差不齐，尤其是新职工，如何让他们尽快适应岗位并提高自己的能力，如何让班组每个职工分享到彼此的知识，是保证安全的重要内容。带电班结合个体与团队，通过有效的"小课堂"团队学习，将个体知识团体化，将内隐知识外显化；结合班组内部与外部，将外部知识内部化，将团队知识产品化。

他们首先建立了一种彼此信任的公平交换的平等和谐的氛围，人人当老师，个个是学生，彼此都亮出绝活不藏私；其次，通过制定阶段性的学习目标，做到对"小课堂"的讲课情况进行旬通报，月评比，对最优和最差的班员给予颁发流动红旗和黄牌警示；最后，工作中，根据本季度的学习情况和总体进度，安排下一步学习内容和计划，并将其作为考核教学效果、评选优秀教师的基本依据，做到考核奖励与班组工作目标同步、合拍，激发班员学习热情，引导班员自觉学习，让班员在知识共享的过程中由操作型职工向知识型职工转变，创造更大的价值。

> 要不断突破自己的能力上限，创造真心向往的结果，培养全新、前瞻而开阔的思考方式，全力实现共同的抱负，以不断学习来实现。
> ——[美]彼得·圣吉

"小课堂"团队学习通过传送、反馈班员彼此内心的真实想法和掌握的知识，加强了知识和信息在班组内部的流动，建立起有利于学习、创新和交流的文化氛围，使职工自觉形成自愿的知识共享观念。

从带电作业基本知识到带电作业安全要点，从国家政治经济形势到中日美等国际关系，成员各施所长，每周一课，人人上台，带电班通过"小课堂"团队学习，让每个成员都能找到自身闪光点，强调成员间的沟通与理解，让每个班员能够准确定位自身，最大限度地挖掘职工的智慧和创造力，进一步增强班组的团队合作精神，加快班组内的知识更新。

个人要学习他人的长处，同时贡献一些自己的长处给他人，争取在团队中尽快获得竞争力优势是每个人的愿望。团队学习要遵循基本规则，如要定期制定统一的学习目标和范围，保证一定的学习时间；要共同建设学习资源和学习方法库，积累共享团队学习的资源和成果；要适时进行反思和反馈，检验团队学习的效率和效果。

案例三：蝴蝶效应

1979 年美国气象专家爱德华·洛伦兹教授经过研究认为，南半球的一只蝴蝶偶尔煽动翅膀所引起的微弱气波，几星期后可变成席卷北半球的一场龙卷风。后来不少学者将这种由一个极小起因，经过一定时间，在其他因素的参与作用下，发展成为极巨大和复杂后果的现象称为"蝴蝶效应"。美国学者维纳曾用民谣形象而又通俗地表述了蝴蝶效应的内涵。

"蝴蝶效应"所描述的对初始条件有敏感依赖性的事件，在现实生活中确实是广泛存在的，东南亚金融危机爆发，首先发生在泰国这个亚洲小国家。最初欧洲国家不以为然，认为同西方国家没什么关系。结果俄罗斯因为这场危机遭受损失 150 亿美元，叶利钦实施的经济改革刚刚有一点起色，就大幅度滑坡。美国也受了一定影响，GDP 的增率从 3.9% 降至 0.7%。2001 年的"9·11"事件虽然发生在美国，但整个世界的格局都发生了重大变化，军事、政治、经济都受到一定影响。这就是蝴蝶效应带给我们的思考。

> **善于学习**
> 1．终生学习。培养个人、集体的好的习惯。
> 2．全员学习。决策层、管理层、操作层。
> 3．全过程学习。边学习，边准备，边计划，边推行。
> 4．团体学习。不但重视个人，还要注意集体的合作学习，智力开发。

系统思考将使人由片面看到整体，应用"系统思考"就能从对现状做被动反应转为创造未来，"系统思考"能使人们从迷失在复杂的细节中掌握动态的均衡搭配，掌握了这些系统思考的方法时，就能让我们看见小而集中的高杠杆点，从而产生以小博大的力量，只有这样团队才能在动态复杂性的竞争中立于不败之地。

三、过程训练 Process Training

活动一：找错误

通过活动可以建立学习者学习的主动性，增强学习者分析问题的能力。

（一）活动过程

1. 将学员分成几个小组，最好不要让他们自由组合，由培训师指定能为他们创造一个新的环境，以训练他们的沟通合作能力。

2. 发给每个小组一张卡片，上面写有三条有关项目的说明。告诉他们，每组的三条说明中都有一条是错误的，每组的目的就是通过讨论辨别出它来。

（二）问题与讨论

1. 培训师可在旁观察，记下每组的分析思路和方法，帮助各组分析他们的方法是否正确。

2. 各小组在多大程度上运用了在本次课程中学到的知识？

> 根据学习态度的不同，可把人们分为三种：
>
> 1. 没有学习的意愿，这样的人很快就会被淘汰。
>
> 2. 有学习的意愿，但不善于学习，也一样被淘汰。
>
> 3. 既肯学又善于学的人，是成功的人。

活动二：巧解绳结

通过活动让学员了解体会到超越自己的步骤并认识其他人的意见对自己思维的影响。

（一）活动过程

1. 培训师发给每位组员一条绳子。

2. 每位组员分别将两端的绳套在两只手的手腕上。同时将绳子与另一位组员手上的绳子交叉连接。

3. 注意事项：

（1）在解绳结的过程中，每个组员手上的绳套都不能脱离手腕。

（2）不能将自己两只手上的绳套交换。

（二）问题与讨论

1. 当你遇到这个问题时，你的第一个反应是什么？而后你做出了什么行动？

2. 在尝试了一段时间之后，你有什么感觉？当你听说有的组员已经解开了的时候，你怎么想？

3. 请总结一下你解决问题的方法及步骤。

（三）总结

管理者要能够不断挑战自己，在不断地挑战中提升自己的能力。超越别人首先要超越自己，所以一个人不能只是跟在别人的脚步后，而是应该不断认识自己，突破自己，超越自我。

活动三：真情告白

通过活动了解团队成员中每个人都会有优缺点，在游戏过程中了解自我、他人并改善自己的心智模式。

（一）活动过程

1. 培训师要让每个参与者都知道他们将有机会对团队里的每一个人的优点、缺点进行反馈，也就是说，你喜欢或不喜欢某人的哪一方面。

2. 告知每个人这是一项保密的活动，没有人被告知是谁写的他的优点与缺点的内容。

3. 给每个人一张"优点与缺点"表，并告诉他们每人为其他人至少写出一条喜欢或不喜欢的理由。

4. 收集每张答卷，混合在一起并对每个人念出写给他们的意见，培训师首先要从自己的名字念起。

> 我们每个人手里都有一把自学成才的钥匙，这就是：理想、勤奋、毅力、虚心和科学方法。
>
> ——华罗庚

（二）问题与讨论

1. 所有的意见都正确吗？有没有互相矛盾的意见？

2. 现在是否有人不愿意别人和自己同在一组。

四、效果评估 Performance Evaluation

评估一：团队学习能力评估

（一）情景描述

在团队中，团队学习能力是指管理者组织团队进行经验总结、知识学习及创建学习型团队的能力。请通过下列问题对自己的该项能力进行测评：

1. 你如何认识团队学习？　　　　　　　　　　　　（　　）

    A. 以团队目标为导向的全面学习

    B. 相互学习，知识共享

    C. 成员集体学习

2. 你如何认识学历与能力关系？　　　　　　　　　（　　）

    A. 学历代表的只是能力的一方面

> 组织为适应生存而学习，虽然是基本而必要的，但必须与开创性的学习结合起来，才能让大家在组织内由工作而活出生命的意义。
>
> ——［美］彼得·圣吉

  B. 学历不代表能力

  C. 学历与能力成正比

3. 你如何理解学习对把握机会的作用？ （　　）

  A. 没有学习就没有机会

  B. 学习能打开机会之门

  C. 学习有助于识别机会

4. 你如何把学习转化为创造力？ （　　）

  A. 学习的东西要及时应用

  B. 从多个角度看问题

  C. 学习的过程中要积极思考

5. 作为团队管理者，你如何激发团队成员的学习热情？ （　　）

  A. 培养学习文化与氛围　　　　　B. 展开学习竞赛

  C. 提出学习要求

6. 作为团队管理者，你如何帮助团队成员提高学习效率？ （　　）

  A. 通过知识共享体系

  B. 建立资源库，把知识模块化

  C. 给他们以有效指导

7. 你如何发挥团队中非常善于学习的成员的作用？ （　　）

  A. 让其不断与大家分享

  B. 树立学习标杆，鼓励他人

  C. 让其帮助他人

8. 你如何认识学习创新？ （　　）

  A. 是团队学习的核心理念　　　　B. 是团队学习的目的

  C. 是团队学习的基本要求

9. 作为团队管理者，你如何帮助团队成员克服学习障碍？ （　　）

  A. 鼓励他们协作解决问题

  B. 和他们一起克服障碍

  C. 告诉他们技巧与方法

10. 你如何认识团队文化？ （　　）

  A. 通过团队学习来塑造

  B. 需要团队成员共同努力

  C. 团队管理者的责任

> 联合国组织15名世界级的专家，花了三年时间写了一份报告《教育——财富蕴藏其中》，提出了"四个学会"。
>
> 第一，学会认知。
> 第二，学会做事。
> 第三，学会共同生活。
> 第四，学会生存。

（二）评估标准及结果分析

选A得3分，选B得2分，选C得1分。

24分以上，说明你协调团队学习的能力很强，请继续保持和提升。

15~24分，说明你协调团队学习的能力一般，请努力提升。

15分以下，说明你协调团队学习的能力很差，急需提升。

评估二：学习型团队考核评估

（一）情景描述

做为团队成员，请对以下情况描述做出自己主观判断，选择你认为与判断情况相符的选项，符合得 5 分，部分符合得 3 分，不符合得 0 分。计算总分，并对照结果分析。

情景描述	得分
1. 与团队有相融的目标、共同认可的愿景，每个成员熟知组织和团队的目标和任务，并具有共同的价值观。	
2. 团队政治思想工作领先，成员具有勤奋工作、拼搏进取、求学上进及学习工作化、工作学习化的浓厚氛围。	
3. 按照团队确定的目标与愿景，成员制定了明确的个人愿景及职业生涯设计。	
4. 有学习场地和设施（学习角、黑板报、学习园地等）。	
5. 有激励学习的制度，且效果好。	
6. 有相互信任、相互支持的环境，能平等交流与沟通。	
7. 有对团队的归属感，能共享实现目标的成就感。	
8. 遵章守纪、团结协作，重视集体荣誉。	
9. 团队成员勤业敬业、乐于奉献，创造性地共同完成工作任务。	
10. 团队成员积极实践，敢于承担责任。	
11. 团队领导政治思想、知识技能、品德素质等各方面是团队的表率。	
12. 团队领导创新和竞争意识强，能团结同志一道工作并发挥核心作用。	
13. 团队领导具有凝聚团队成员的作用。	
14. 工作效率高、工作效果突出。	
15. 在完善成员知识结构、创新学习方法、激发成员潜力和鼓励成员学以致用等方面取得一定成效。	
16. 团队自主管理能力明显提高，民主管理制度健全、公正、公开，学习能力、执行能力、竞争能力、创新能力明显增强。	
17. 倡导自我超越，推崇创新精神，形成比学赶帮超的环境与氛围。	
18. 善于运用各种创新方法，经常开展课题研究、合作攻关、创造发明、专题讨论等创新活动。	
19. 实施创新行动计划，合理化建议、技术攻关、发明创造、技术创新比武等实施情况良好，效果突出。	
20. 善于运用各种方法宣传、推广、应用创新成果。	
总分	

（二）结果分析

0~29 分：该团队属于非学习型团队，需深入进行五项修炼；

30~59 分：该团队属于非学习型团队，需对照五项修炼查找原因；

60~79 分：该团队属于学习型团队；

80~100 分：该团队属于成熟型的学习型团队。

第六章　团队执行力

一个团队的成功并不完全在于如何制定目标和计划，更重要的是能否真正地将想法落实于行动，以及全体成员的工作态度和行动力，即团队执行力。

团队执行力具体来说是指团队全体成员贯彻战略意图，完成预定目标的操作能力，它是团队竞争力的核心，是把团队战略、规划转化成为效益、成果的关键。一个好的团队，一个具有竞争力的团队需要具备许多因素，如团队文化、团队理念、团队执行力等，而团队执行力显得尤为重要。只有一个拥有高效执行力的集体才会有机会成为一个优秀团队，只有一个注重培养团队执行力的领导者，才是一个优秀的领导者。

> 执行力是每个环节不折不扣的落实，包含流程、标准、检查系统，奖罚标准。

通过本章的学习，你将能够：

1. 了解团队执行力的内涵和培养策略。
2. 学会积极态度、主动工作。
3. 学会立即行动。

第一节 执行力

差 别

阿诺和阿布同时受雇于一家店铺，拿着同样的薪水。可一段时间以后，阿诺青云直上，而阿布却仍在原地踏步。

阿布到老板那儿发牢骚。老板一边耐心地听着他的抱怨，一边在心里盘算着怎样向他解释清楚他和阿诺之间的差别。

"阿布，"老板说话了，"您去集市一趟，看看今天早上有什么卖的东西。"阿布从集市上回来向老板汇报说，今早集市上只有一个农民拉了一车土豆在卖。

"有多少？"老板问。

阿布赶快又跑到集市上，然后回来告诉老板说一共有40袋土豆。

"价格是多少？"阿布第三次跑到集市上问来了价格。

"好吧，"老板对他说，"现在请你坐在椅子上别说话，看看别人怎么说。"

阿诺很快就从集市上回来了，向老板汇报说，到现在为止，只有一个农民在卖土豆，一共40袋子，价格是多少；土豆质量很不错，他带回来一个让老板看看。这个农民一个钟头以后还会运来几箱西红柿，据他看价格非常公道。昨天他们铺子的西红柿卖得很快，库存已经不多了。他想这么便宜的西红柿老板肯定会要进一些的，所以他不仅带回了一个西红柿做样品，而且把那个农民也带来了，他现在正在外面等回话呢。

此时，老板转向阿布，说："现在你知道为什么阿诺的薪水比你高了吧？"

阿布为什么会原地踏步？他和阿诺之间的差别在哪呢？是的，他们之间最大的差别就是执行力。团队不需要没有执行力的成员，同样，没有执行力的团队也没有生存的价值。

> 执行力 (E) = 速度 (S) + 准度 (A) + 精度 (P)

一、能力目标 Competency Goal

 执行，就是接受团队决策者的任务安排，决不推脱。一个团队成员必须学会执行任务，必须担负起自己应有的责任，这是构建团队精神的基石。团队执行力是把战略、决策转化成结果的满意度、精确度以及速度。

通过本节的学习，你将能够：
1. 了解团队执行力的内涵和要素。
2. 了解团队高效执行力的要求。
3. 了解团队执行力培养的策略。

（一）执行力的内涵与要素

所谓执行力，指的是贯彻战略意图，完成预定目标的操作能力，是把组织战略、规划转化成效益、成果的关键。执行力包含完成任务的意愿，完成任务的能力，完成任务的程度。对个人来说，执行力就是办事能力，即能不能按时按质按量完成自己的工作任务。对团队来说，执行力就是战斗力，即在预定的时间内完成团队的战略目标。

所谓团队执行力就是指将战略与决策转化为实施结果的能力，就是当上级下达指令或要求后，迅速做出反映将其贯彻或者执行下去的能力。

> ▶ **小案例**
>
> 东北有一家国有企业破产，被日本财团收购，厂里的人到翘首盼望日方能带来让人耳目一新的管理办法，出人意料的是，日本人来了，却什么也没有改变，制度还是以前的制度、人员还是以前的人员、机器还是以前的机器，日方就有一个要求：把先前制订的制度坚定不移的执行下去。结果怎样？不到一年，企业活了，扭亏为盈。日本人的绝招是什么？执行，无条件地执行。日本人聪明之处就是一针见血地抓住了企业的本质——执行。

> 执行力是每个环节不折不扣的落实，包含流程、标准、检查系统，奖罚标准。

执行力包括心态、工具、角色和流程等四大核心要素，这四大要素相辅相成，统一于执行之中。

要素	要求
心态	心态是执行力的第一个要素。没有健康心态的人不能正确面对工作中出现的问题，在团队中与他人格格不入。它有三个层次：态度、激情和信念，它们层层深入，不断加强。
工具	适宜的工具是执行的关键。所谓"工欲善其事，必先利其器"，没有合适的工具，空有一腔热血也是无法成就事业的。

角色	正确的角色认知会激发团队成员无限的工作热情，会为团队带来强劲的执行力。而角色执行力不仅包括你的岗位职责，更包括这个岗位所赋予你的全部责任。
流程	一个团队真正核心的内容是流程，即先做什么，后做什么。只有科学、合理、完备的流程才能使每一项工作有据可循，才能真正把行动转换为执行力。

（二）执行力的基础

1. 责任明确

明确每一个团队成员的职责是团队工作顺利开展的前提，也是团队执行力提升的基础。权责不清就会造成遇到问题跑得快，遇到功劳抢着要，简单工作抢着干，困难工作靠边站，长此以往团队执行力就是一句空话。

2. 合理授权

授权是上级工作向下级的垂直分解。合理授权是在明确责任分工的团队中，上级对下级授予部分权限。合理授权能够保障团队的有序发展，杜绝因人成事、小事不决、大事不断等不利于团队执行的现象。

3. 应知应会

高效的团队执行力要求团队成员对自己所处的岗位必须有明确清晰的认识和了解，做到应知应会，否则执行也就无从谈起。

> 执行的八字方针
> 认真第一；
> 聪明第二。

（三）高效执行力的要求

团队的高效执行力依赖于良好的沟通、全面的协调、及时的反馈、主动的责任、坚定的决心。

方针	要求
沟通是前提	有好的理解力，才会有好的执行力。
协调是手段	协调内部资源。好的执行往往需要一个公司至少百分之八十的资源投入。
反馈是保障	执行的好坏要经过反馈来得知，效用可以用具体而细致的数据来展示。
责任是关键	企业的战略应该通过绩效考核来实现，利用KPI（关键绩效指标）来管理执行力。
决心是基石	狐疑犹豫，终必有悔，顾小忘大，后必有害。

（四）执行力的培养策略

1. 建立核心团队

一个团队的核心部分主要可分为4类人：有能力、态度好的人；有能力、态度差的人；没能力、态度好的人；没能力、态度差的人。作为领导者也要明白，不可以放弃团队中的任何一个人，因为每一个人都是执行环节的一部分，缺一不可。著名的"木桶原理"告诉我们，桶盛水的多少不在于最长的木板有多长，而在于最短的木板有多长。

> 执行的十六字原则
> 结果提前；
> 自我退后；
> 锁定目标；
> 专注重复。

2. 勇于改造团队

当发现团队存在的问题时，要勇于解决问题，不要拖延时间。哲学上有一个"秃头论证"理论很能说明问题：头上掉一根头发，很正常；再掉一根，也不用担心；还掉一根，仍旧不必忧虑……长此以往，一根根头发掉下去，最后秃头出现了。第一根头发脱落，只是无足轻重的变化，这种趋势出现，开始还只是停留在量变的程度，难以引起人们的重视。只有当它达到某个程度的时候，才会引起外界的注意，但一旦"量变"呈几何级数出现时，灾难性镜头就不可避免地出现了。由此可见，当领导者发现问题却没有及时解决的时候，一个集体的优秀品质便会不知不觉的丧失，当你意识到问题的严重性时，问题已经到了不可解决的地步了。而且，及时解决问题也是高效执行力的一种体现。

3. 执行没有借口

在工作中，我们经常会听到这样或那样的借口。"路上塞车"、"身体不舒服"、"家里有点事"，等等。其实在职场上，如果你做不好自己份内的工作，那就不要抱怨领导不给你机会。那些老是为自己失败找借口的人，就不要指望能成功。没有领导会因为你的借口合理而给你提升和奖励，机会总是留给那些不找借口的人。成功企业之所以成功，是因为他们从来都不会为任何借口留下空间。"找借口"是工作中最大的恶习，是一个人逃避应尽责任的表现。它所带来的，不仅是工作业绩的大打折扣，甚至会给单位和社会带来不可想象的损害！

"人是什么？人是一种最会找借口的动物。"这句话生动地反映了职场中的某些现实情况。某一次找借口并不是不可原谅的错误，可怕的是长期找借口，将逃避和推诿变成习惯，最后，借口成了自欺欺人的手段，成为阻碍自己成长的障碍和最沉重的枷锁。

▶ 小案例

某公司一订单12月18日必须交货，15日的生产报表则表明18日不可能交货。为此生产部主管召开紧急会议，会上讨论激烈：

有人要求依日报表查出是哪个部门/环节造成，由他们负责；

有人要求讨论如何处罚这个问题部门/责任人；

有人提出别耽误时间赶快散会，加班加点赶或许及时能交货；

有人提出：弄清楚问题出在哪里；赶快采取补救措施，大家一致努力，争取及时交货；

有人提出：大家统一思想，这个订单关系重大；实事求是地查出问题的真正出处；商讨应对措施，甚至采用非常规做法，动用非常规资源，确保18日如期交货；交货后再来从根本上治理。

你赞同哪一个？

> **执行的24字战略**
> 　决心第一，成败第二；
> 　速度第一，完美第二；
> 　结果第一，理由第二。

"没有任何借口"是美国西点军校的最重要的行为准则，是职业化最基本，也是最重要的素养。这是每个人都需要具备的素养，它不仅能给团队创造最好的业绩，还能让自己得到最好的发展与回报。团队执行任务中，消除借口的方法主要有：视服从为美德、摒弃对立情绪、树立工作中无小事的意识、立即行动、全力以赴、怀抱一颗感恩的心等。执行就是要认同你的目标，然后热爱你的目标，为实现这个目标积极努力。优秀的员工如同优秀的士兵，他们具有一些共同的特点：责任感、积极主动、懂得执行。

4. 遵守统一规范

许多集体都会制定规则来提高团队的执行力，同时约束、惩罚那些低执行力的行为。但是作为领导者，在执行规则的时候，一定要注意公正。不能因为犯错的人与自己的私交好而宽恕他，也不能随便"变通"，不遵守规则。卡耐基有句名言："对于一个上班迟到的人来说，你如果不惩处他，那么工厂里其他人也就都有了迟到的理由。"一旦有一次"例外"发生，便会有接二连三，于是例外就会成为惯例，团队也就丧失了执行力。

> 韦尔奇：团队执行力就是企业奖惩制度的严格实施。
>
> 柳传志：团队执行力就是用合适的人，干合适的事。

二、案例分析 Case Study

案例一：把信送给加西亚

1898 年美国为了夺取西班牙属地古巴、波多黎各和菲律宾而与西班牙爆发了美西战争。战争开始之后，美国军队首领加西亚就开始带领军队抗击西班牙。他领导的军队在古巴丛林的山里面，很少有人知道他的确切位置。

当战争爆发后，美国总统有一封紧急的书信要交给他，却不知道该怎么办。这时候有人对总统说："在这里，有一个名叫罗文的士兵，只有他知道加西亚的确切地点，可以让他把信交给加西亚。"

总统听了之后，马上就让人把罗文找来，把信交给他，并嘱咐他要怎么做。但是总统并没有问罗文加西亚在什么地方、该怎么去找他，而是信任地把这封信交给他。

> 没做好就是没做好，没有任何借口。随便找借口，成功没入口。

罗文拿了信，把它装进一个油皮纸的袋子里，封好，吊在自己胸口，然后就出发了。总统就焦急地等待着他送信的消息。

罗文出发后很久都没有任何的消息，三个星期之后，他才找到了加西亚，把信交给了他。这三个星期以来，罗文经历了别人无法想象的困难，所有的路都是靠自己的双脚徒步走的。

当总统在把信交给罗文的时候，其实罗文自己也不知道加西亚藏身的确切地点。但是当他接过这封信的时候，总统并没有问他任何事情，他感受到了一种前所未有的被信任感，正是这种被信任感促使他接受了这个神圣的任务。他什么也没有说，他所想到的只是如何把信送给加西亚。经过千辛万苦，他终于完成了总统交给的任务。

　　该案例是弘扬员工执行力的经典案例。作为一个团队来研究此篇案例，可以发现，如果要团队凸显出工作效率，发挥员工的独特能力，必须营造一个以信任为基础的工作环境，即作为一个团队整体，要信任自己以及信任别人，只有在互相信任的前提下，成员才能放心大胆的去把工作做好。

案例二：给猫挂铃

　　一天，老鼠大王组织召开了一个老鼠会议，商讨如何对付猫。会议开了一上午，老鼠们个个踊跃发言，却始终没有一个切实可行的办法。这时，一只号称最聪明的老鼠站起来说："据事实证明，猫的武功太高强，死打硬拼我们不是它的对手。对付它的唯一办法就是——防。"

　　"怎么防呀？"大家反问。

　　"在猫的脖子上系个铃铛。这样，猫一走铃铛就会响，听到铃声我们就躲进洞里，它就没有办法捉到我们了！""好办法，好办法，真是个聪明的主意！"老鼠们欢呼雀跃起来。

　　老鼠大王听了这个办法，高兴得什么都忘了，当即宣布散会举行大宴。

　　可是，第二天醒酒以后，老鼠大王又召开紧急会议，并宣布说："给猫系铃这个方案我批准了，现在开始落实。"

　　"说干就干，真好！"群鼠们激动不已。

　　老鼠大王接着说："有谁愿意接受这个任务，现在主动报名吧。"

　　可是，等了很久，会场里面仍没有回声。

　　于是，老鼠大王命令道："如果没有报名的，就点名啦。小老鼠，你机灵，你去系铃。"老鼠大王指着一个小老鼠说。

　　小老鼠一听，浑身抖作一团，战战兢兢地说："回大王，我年轻，没有经验，最好找个经验丰富的吧。"

　　"那么，最有经验的要数鼠爷爷了，您去吧。"紧接着，老鼠大王又对一个爷爷辈的老鼠发出命令。

　　"哎呀呀，我这老眼昏花，腿脚不灵的，怎能担当得了如此重任呢？还是找个身强体壮的吧。"鼠爷爷磕磕巴巴，几近哀求地说道。

　　于是，老鼠大王派出了那个出主意的最聪明的老鼠。可这只老鼠"哧溜"一声离开了会场，从此，再也没有见到它。

　　老鼠大王一直到死，也没有实现给猫系铃的夙愿。

　　按质按量完成自己的任务就是执行力，工作中没有任何借口，自动自发，通俗地讲就是认真主动的做好每一件简单的事情或工作。

> 宁愿要三流的创意、一流的执行，也不要三流的执行、一流的创意。

> 执行力是纪律、决心、责任，一心把事情做好。
> 团队执行力是带领同仁利用资源、达成目标、比学赶帮、彼此共赢。

三、过程训练 Process Training

活动一：勇于承担责任

（一）活动过程

1. 每队 4 个人，两人相向站着，另外两人相向蹲着，一个站着和蹲着的人是一边。

2. 站着的两个人进行猜拳，猜拳胜者，则由猜拳胜者一边蹲着的人去刮对方一边蹲着的人的鼻子。

3. 输方轮换位置，即站着的人蹲下，蹲着的人站起来，继续开始下一局。

4. 哨声一响，比赛开始。

5. 这个游戏最好分几场进行，每场不超过 5 分钟。每场结束时，迅速将比分记录下来。当比赛结束的时候，展开一场讨论，为什么团队占上风。

6. 注意：培训师应该尽量保证每个团队在能力方面是匹配的，通过掷硬币的方法或者其他随机的方法，将参与者安排到各个小组中去。

（二）问题与讨论

1. 如何看待责任？

2. 当别人失败的时候，你有没有抱怨？

3. 两个人有没有同心协力对付外界的压力？

（三）总结

如果团队中的每个成员都有为整个团队考虑的责任感，那么这个团队就会在互敬互爱中不断提高，不断发展。

> 执行力团队的构成：队伍、结构、士气、文化，

活动二：美丽景观

通过活动让学员利用小组各个成员的特点进行团队创意。

（一）活动过程

1. 将学员分成 10 人一组，然后发给每一组一套材料，要求他们在 30 分钟内，建造出一处优雅美丽的景观来，要求景色美观、创意第一。

2. 要求每一个组选出一个人来解释他们景观的建造过程，比如：创意、实施方法等。

3. 由大家选出最有创意的、最具有美学价值的、最简单实用的景观，胜出组可以得到一份小礼物。

（二）问题与讨论

1. 你们组的创意是怎样来的?

2. 在建造的过程中，你们的合作过程如何? 大家的协调性怎么样? 各人扮演什么角色，这一角色是否与他的平时形象相符?

（三）总结

1. 创意好不好关系到景观的成败。如果一开始的思路就错了，或者根本没有明确的目标，就会在以后的工作中面临越来越多的问题，比如时间管理、审核标准、资源分析等。

2. 当想出足够好的创意以后，每个人根据自己的特长选择不同的任务，比如空间感好的人就可以来搭建模型，手巧的人可以进行实际操作，但是最重要的是一定要有一个领导者，他要纵观全局，对创意进行可行性评估，以及最后进行总结。

3. 对于组员来说，如果你有了新的创意，一定要跟其他人交流，让他们明白你的意思，并让大家评定你的点子是否可行。

四、效果评估 Performance Evaluation

评估：团队成员执行力自测

（一）情景描述

本测评表旨在快速、准确地了解团队执行力的总体表现状况。此表中的每一题都是对执行力的一种描述，请对该描述做出"总是符合"、"一般符合"、"不符合"的判断，分别计5、3、1分，计算总分对照结果分析。

情景描述	得分
1. 所在团队做事总是目标清楚，且团队成员能正确理解目标。	
2. 每次有新目标，团队领导都能迅速、成功地向成员明确传达，并且能得到成员的积极响应。	
3. 团队上下一条心，成员都非常关注团队目标的完成，并积极、迅速地提出合理化建议。	
4. 执行任务时，团队中的成员分工明确，各司其职。	
5. 为完成任务，团队成员总能做到沟通顺畅、有效。	
6. 团队成员均注重结果而不是具体过程。	
7. 所在团队总是能够按时完成任务，有时还可以超额完成任务。	
8. 团队中成员所做的事情比上司想象的结果更好。	
9. 团队中踏实肯干者总是得到鼓励、奖励乃至提升。	
10. 业务发展所需要的人才的流失率很低。	
11. 每次执行任务都会有具体的方案、步骤指导工作。	
12. 当任务有所变化时，团队能很快拿出应对措施并立即执行。	

13. 团队成员即使对领导的命令不认同，仍然坚定不移地执行。	
14. 成员有好的想法，会立即告诉上级或同事，将它变成执行方案付诸实施。	
15. 上级或同事会对团队成员的新想法迅速作出响应，直至变成具体行动。	
16. 在运用公司资源时，团队成员会自觉关心团队的运作成本。	
17. 团队成员为完成任务愿投入业余时间和精力学习，以谋求团队更大发展。	
18. 团队的环境有助于促进知识、技能的交流与提升。	
19. 团队成员愿意承担自己应负的责任。	
20. 团队成员之间合作愉快，能够有效地沟通并予以工作上的积极配合。	
总分	

（二）结果分析

20~50分：团队成员执行能力较差。

51~80分：团队成员执行能力一般。

81~100分：团队成员执行能力很棒。

第二节　积极态度

职场在线

洗厕所的邮政大臣

多年前，一个妙龄少女来到东京帝国酒店当服务员。这是她的第一份工作，因此她很激动，暗下决心：一定要好好干。但是她怎么也没想到，上司安排她洗厕所。

她不愿意，但又不愿意放弃，于是只好勉为其难地洗起厕所来。刚开始，只要一接近马桶，胃里就翻江倒海。但上司对她的要求并没有因此而降低：必须把马桶抹得光洁如新。

这使她陷入困惑苦恼之中，是继续干下去，还是另谋职业。她不甘心就这样败下来，正在此关键时刻，酒店的一位前辈的教导给了她极大的启示，让她发誓：就算一生洗厕所，也要做一个洗厕所最出色的人。

那位前辈当着她的面一遍遍地抹洗着马桶，直到抹洗得光洁如新，然后，他从马桶里盛了一杯水，毫不迟疑地一饮而尽。

她被深深震撼了：原来刷马桶也可以做到如此完美的程度。从此，她的热情被彻底点燃起来了，成为一个精神振奋的人，在每一件事情上都尽心尽力，追求完美。为了检验自己的自信心，为了证实自己的工作质量，也为了强化自己的敬业心，她喝过很多次厕水。

几十年过去了，她成了日本政府的邮政大臣，她的名字叫野田圣子。

> 事物永远是阴阳同存，积极的心态看到的永远是事物好的一面，而消极的心态只看到不好的一面。积极的心态能把坏的事情变好，消极的心态能把好的事情变坏。

积极态度能够最大限度地激发人的热情，让人相信自己，从而使事情向好的方面发展，在工作中也能更加主动热情，勇于承担责任，具有较高的执行力。

一、能力目标 Competency Goal

要想把本职工作做好，就得培养主动工作的习惯，培养积极的态度。这是很多成功者之所以取得成就的最重要的秘诀。积极的态度将激励你拥有巨大的勇气去面对工作的困难和艰辛，它将为你提供面对各种挫折和失败的勇气。

通过本节的学习，你将能够：

1. 了解积极态度与消极态度。
2. 学会勇于承担责任。
3. 学会主动工作。

（一）积极态度与消极态度

态度是指人的举止动作，是你向他人表达心情的方式，也是你对具体做法、反应的取舍，更是你行动的内在因素。不同的态度决定不同的行为，不同的行为决定不同的结果，不同的结果就是不同的人生。

1. 积极态度

积极态度是一种思维方式的外在表现，这种思维方式考虑积极的事情。积极态度是一种心态：偏向于创造性活动而不是枯燥乏味；偏向于欢乐而不是悲伤；偏向于希望而不是绝望。积极的态度是向上的、进取的、乐观的、创造性的。

● 积极态度可以把沉闷的个性转化为令他人觉得很振奋人心的个性。

● 积极态度能使一个美丽的人变得加倍美丽。

● 积极态度能把注意力吸引到那些通常被忽略的优良品质上。

● 积极态度是一个人所拥有的最强大、最宝贵的个性特征。

> 美国前总统里根，在任初期，有一次被枪击重伤，子弹穿入胸膛，情况危急。
>
> 在生命攸关的当头，里根对赶来探视的太太的第一句话竟是："亲爱的，我忘记躲开了。"美国民众在得知总统在身受重伤时，仍能不忘幽默本色，康复应指日可待，因此也稳定了可能因总统受伤而动荡的政局。

▶ 小知识

积极心理学（Positive Psychology）是心理学领域的一场革命，也是人类社会发展史中的一个新里程碑，是一门从积极角度研究传统心理学研究的东西的新兴科学。它是由美国著名心理学家马丁·塞里格曼提出并倡导，它从关注人类的疾病和弱点转向关注人类的优秀品质，它有三个层面的含义：第一，它关心人的积极的主观体验，主要探讨人类的幸福感、满意感、快乐感，建构未来的乐观主义态度和对生活的忠诚；第二，它主要提供积极的心理特征，如爱的能力，工作的能力，积极地看待世界的方法，创造的勇气，积极的人际关系，审美体验，宽容和智慧灵性等；第三，它关注积极的心理品质，包括一个人的社会性，作为公民的美德，利他行为，对待别人的宽容和职业道德，社会责任感、成为一个健康的家庭成员。

2. 消极态度

与积极态度相反，一个总是抱怨自己不幸的人，一个总是担心自己错过班车的人，一个总认为自己的投资时机错误的人，最容易朝着失败的方向前进。这是因为消极的态度使他的人际关系恶化，创造力受损，甚至影响他的身心健康。

3. 改变态度的方法

方法	具体要求
运用翻面技巧	当消极的事情进入我们的生活时，应该立刻把问题翻个面，寻找在另一面上存在的任何幽默之处。幽默感是一种态度上的品质，会使你能想到事情轻松的方面。
发挥积极因素	更多地考虑积极因素，更多地谈到你的积极因素，通过享受它来奖励自己。
隔离消极因素	几乎每个人，都可能会为某个难相处的领导工作，度过一段艰难的时光。事情不可往坏处想，如果常常想着不好的事情就会使你产生强烈的消极意识。必须设法使你与消极因素隔离开来。
简化处理原则	简单的心态使你能接受和欣赏生活中的简单快乐。摆脱你不需要、不适用或不喜爱的东西；平衡事业和家庭的责任，实现双赢；摆脱小事情，迅速解决它们；不要抱住已破损的关系不放手。
分享积极态度	当你把自己的积极态度分享给他人时，就会创造一种共生关系。接受方会感觉很好，而你也会如此。
建立自信心态	承认有时你在别人的感觉中要比在自己的感觉中更好；要经常自我暗示：我是最棒的，我是最优秀的，我是成功者。
坚持体育锻炼	良好的身体是积极心态的保障。体育锻炼对我们的精神状态所起的作用，与对我们的身体所起的作用一样大。锻炼能使我们精神振作。
清楚自己使命	对生活有使命感，可以把握方向，有助于调整重心，消除疑虑，就可更有力地掌握自己的态度。消极因素也就易于控制了。

（二）勇于承担责任

美国总统杜鲁门有一句著名的座右铭："责任到此，请勿推辞！"

每一个职场新人都应牢牢记住这句话："这是你的工作！"不管碰到什么问题，不管遇到什么阻碍，我们都要服从团队的命令，服从是团队责任的具体体现。只有具有团队责任的人才能在竞争激烈的职场中有良好的发展。

> 人可以不伟大，
> 但不可以没有责任心。
> ——［美］比尔·盖茨

既然你选择了这个职业，选择了这个岗位，就必须接受它的全部，而不是仅仅享受它给你带来的益处和快乐，就算是委屈和责骂，那也是这个工作的一部分。你是一个清洁工，就有义务忍受垃圾的气味，但是你是否在整天抱怨呢？是否思考过自己的责任呢？

美国前教育部长威廉·贝内特曾说："工作是我们用生命去做的事。"对于工作，我们又怎能去懈怠它、轻视它、践踏它呢？我们应该怀着感激和敬畏的心情，尽自己的最大努力，把它做到完美。当我们试图以种种借口来为自己开脱时，让这句话来唤醒你沉睡的意识吧：记住，这是你的工作！

小案例

武汉市鄱阳街有一座建于1917年的6层楼房，该楼的设计者是英国的一家建筑设计事务所。20世纪末，这座叫"景明大楼"的楼宇在漫漫岁月中度过了80个春秋后的某一天，它的设计者远隔万里，给这栋楼的业主寄来一份函件。函件告知：景明大楼为本事务所在1917年所设计，设计年限为80年，现已超期服役，敬请业主注意。

1. 团队责任

作为团队，责任体现为以效率和效益为中心，创新发展；遵纪守法，做社会公民；爱护成员，使成员健康成长；尊重合作伙伴，平等互利，合作共赢，实现共同成长；爱护团队客户，关注需求，倾心服务，实现价值共享；热心社区公益，奉献爱心，营造和谐，实现共同进步。

2. 团队成员责任

作为团队成员，要对自己负责，修身致知，健康成长；要对团队负责，尽心尽力，尽职尽责；要对家庭负责，奉养尊亲，忠诚慈爱；要对社会负责，明礼诚信，爱国守法。

责任是成就事业的可靠途径。责任出勇气，出智慧，出力量。有了责任心，再危险的工作也能减少风险；没有责任心，再安全的岗位也会出现险情。责任心强，再大的困难也可以克服；责任心差，很小的问题也可能酿成大祸。

（三）积极主动工作

工作积极主动的人往往具有不断探索新办法来解决问题的职业精神，会对团队的长远发展做出贡献。团队需求的人才不仅要具有专业技术知识，更需要那些工作积极主动、热情自信的人。一个合格的职业人不应是被动地等待上司安排工作，而是应该主动去思考岗位需要自己做什么，然后努力地去完成。主动的行为才能养成主动的习惯。行为的日积月累，让人形成了思维和行为的模式。工作同样也是一种习惯。主动做事就是一种习惯，而且是非常优秀的习惯。

小案例

美国标准石油公司曾经有一位小职员叫阿基勃特。他在出差住旅馆的时候，总是在自己签名的下方，写上"每桶4美元的标准石油"字样，在书信及收据上也不例外，签了名，就一定写上那几字字。他因此被同事叫做"每桶4美元"，而他的真名倒没有人叫了。

公司董事长洛克菲勒知道这件事后说："竟有职员如此努力宣扬公司的声誉，我要见见他。"于是邀请阿基勃特共进晚餐。后来，洛克菲勒卸任，阿基勃特成了第二任董事长。

培养主动工作的习惯需要做到以下几点：

●自动自发。不必领导交代，主动地去完成自己应该做的事，一定会让你获得不错的声誉。如果只有在别人注意时才有好的表现，那么你永远无法达到成功的顶峰。

●贵在坚持。职业生涯中，成功需要具备两个重要条件：坚持和忍耐。只要有坚强的意志，一个庸俗平凡的人也会有成功的一天；否则，即使是一个才识卓越的人，也只能遭到失败的命运。

●勇于承担。你的工作堆积如山，而这时领导却又给你布置下来新的任务。请千万不要有任何怨言，你应该把领导交给你的重任，看作是领导对你的信任，要有勇气承担，关键时刻显示你的胆略、勇气及能力。

●充满激情。那些对工作充满激情的人，犹如熊熊火炬，既能燃烧自己，也能感染影响别人。

二、案例分析 Case Study

案例一：贫穷的福勒

靠推销肥皂而成为世界闻名富翁的福勒曾经说过："我们是贫穷的，但这并不是上帝的过错，而是由于我们从来没有产生过致富的愿望。"

福勒出生在美国路易斯安娜州的一个黑人佃农家庭，他在 5 岁之前就开始劳动。这并不是什么特殊的事，因为大多数佃农的孩子都是这样度过的，他们都认为贫穷就是他们的命运，因此，他们从没有想过如何改善生活。

福勒经常和母亲一起谈论梦想，母亲经常对他说："福勒，我们不应该贫穷，没有谁注定是贫穷的。贫穷并不是上帝的意思。而是因为你的父亲从来就没有产生过致富的愿望。我们家庭中的任何人都没有产生过出人头地的想法。"

没有人产生过致富的愿望、这个观念在福勒的心灵深处刻下了深深的烙印，以至改变了他整个的一生。他开始想走上致富之路，他总是把他所需要的东西放在心中，而把不需要的东西抛到九霄云外。这样，他的致富的愿望就像火花一样迸发出来。

他决定把经商作为生财的一条捷径，最后选定经营肥皂。于是他就挨家挨户出售肥皂，长达 12 年之久。后来他获悉供应他肥皂的那个公司即将拍卖出售，售价是 37.5 万美元。他在经营肥皂的 12 年中一点一滴地积攒了 25 万美元。双方达成了协议：他先交 25 万美元的保证金，然后在 10 天的限期内付清剩下的 12.5 万美元。协议规定如果他不能在

倒霉的棺材

很久以前，有两个秀才一起上京赶考。行走之间，巧遇出殡的队伍，正抬着棺材哭天喊地。

甲秀才大呼倒霉："刚出门就碰上这等倒霉事真是流年不利！呸！呸！呸！"。一路上甲秀才唠唠叨叨，愁眉不展。终于到了考试的那一天，进得考场脑袋短路。结果：名落孙山。

乙秀才见到棺材起先也感到不是滋味。但他转念一想："咦！棺材，棺材，有官有财！原来是个好兆头啊。"于是乎精神百倍，加倍努力。结果：高中。

10 天内筹齐这笔款子，他就要丧失他所付的保证金。

福勒在他当肥皂商的 12 年中获得了许多商人的尊敬和赞赏。现在他去找他们帮忙了。他从私交的朋友那里借了一些款子，也从信贷公司和投资集团那里获得了援助。在第 10 天的前夜，他筹集了 11.5 万美元，也就是说，还差 1 万美元。

当时他已用尽了所知道的一切贷款来源。那时已是沉沉深夜，他在幽暗的房间里，跪下来祷告，祈求上帝领他去见一个会及时给他 1 万美元的人。他自言自语地说："我要驱车走遍第 61 号大街，直到我在一栋商业大楼里看到第一道灯光。"

夜里 11 点钟，福勒驱车沿芝加哥 61 号大街驶去。驶过几个街区后，他看见一个承包商事务所亮着灯光。他走了进去。在那里，在一张写字台旁坐着一个因深夜工作而疲乏不堪的人，福勒似乎认识他。福勒意识到自己必须勇敢些。"你想赚 1000 美元吗？"福勒直截了当地问道。这句话使得这位承包商吓得向后仰去。"是呀，当然想！"他答道。"那么，给我开一张 1 万美元的支票，当我奉还这笔借款时，我将另付 1000 美元的利息。"福勒对那个人说。他把其他借款给他的人的名单给这位承包商看，并且详细地解释了这次商业风险的情况。

那天夜里，福勒在离开这个事务所时，衣袋里已装了一张 2 万美元的支票。以后，他不仅在那个肥皂公司，而且在其他七个公司，包括四个化妆品公司，一个袜类贸易公司，一个标签公司和一个报馆，都获得了控制权。

在别人要求他谈谈自己的成功奥秘时，他用他的母亲多年前所说的话回答道："我们是贫穷的，但这并不是由于上帝，而是由于你们的父亲从未产生过致富的愿望，在我们的家庭中，从来没有一个人想到过改变自己目前的处境。"

> 播种思想，成就行为；
>
> 播种行为，成就习惯；
>
> 播种习惯，成就性格；
>
> 播种性格，成就命运。

福勒成功的秘诀就在于他始终秉持着积极的态度，并没有把贫穷当作自己的负担，而是把它当作了法宝。要想获得完满的人生，你必须借助积极情绪的力量。积极情绪会扩展我们的思维和视野，建构帮助我们成功的各项资源。积极情绪为我们带来健康，让我们更加坚韧，并抑制无端的消极情绪。最重要的是，我们都可以通过努力来提高自身的积极情绪。

积极的情绪和态度能帮你构建梦想并实现梦想。

案例二："销售之神"原一平

日本"销售之神"原一平刚开始做销售的时候文化程度低、口才差，外表丑陋，身高只有 1.45 米，他是凭什么成功的呢？

27岁的原一平揣着自己的简历，走入了明治保险公司的招聘现场。一位刚从美国研习推销术归来的资深专家担任主考官。他瞟了一眼面前这个身高只有1.45米，体重50公斤的"家伙"，抛出一句硬邦邦的话："你不能胜任"。原一平惊呆了，好半天回过神来，结结巴巴地问："何……以见得？"主考官轻蔑地说："老实对你说吧，推销保险非常困难，你根本不是干这个的料。"原一平被激怒了，他头一抬："请问进入贵公司，究竟要达到什么样的标准？""每人每月10000元。""每个人都能完成这个数字？""当然。"原一平不服输的劲儿上来了，他一赌气："既然这样，我也能做到10000元。"明治保险公司虽然没有录取原一平，但原一平不服气，便自己找上门去，死皮赖脸缠着要上班。"由于你没有被录取，所以上班也没有工资。""没关系！""由于你只能当见习推销员，所以没有办公桌。""没问题！"就这样，原一平赖着当了一名"见习推销员"，自己买了一张办公桌搬到了公司，开始了拼命的推销工作。由于没有工资，原一平只好举债度日，他咬紧牙关，省吃俭用，兢兢业业，起早贪黑地推销保险。经过整整一年拼命努力，说不完的辛酸，道不尽的苦楚，终于完成16.8万日元（当年的推销定额是9万日元），不仅兑现而且大大超过了自己的承诺。

被动完成的是任务，主动做事才是品质。

原一平是如何做到的呢？他把应聘那天的屈辱，看作一条鞭子，不断"抽打"自己，整日奔波，拼命工作，为了不使自己有丝毫的松懈，他经常对着镜子，大声对自己喊："全世界独一无二的原一平，有超人的毅力和旺盛的斗志，所有的落魄都是暂时的，我一定要成功，我一定会成功。"他明白，此时的他已不再是单纯地推销保险，他是在推销自己。他要向世人证明："我是干推销的料。"

原一平硬是凭着自己那股不服输的干劲，凭着对自己选择的职业的热爱，勇于承担，不断地鞭策自己，才终于达到了成功的彼岸。

有些人只有被人从后面催促时，才会去做他应该做的事，这种人大半辈子都在辛苦工作，却又抱怨运气不佳。还有一种人，根本不会去做他应该做的事，即使有人跑过来向他示范怎样做，并留下来陪着他做，他也不会去做。那些在职场中平平庸庸的人，只是被动地应付工作，为了工作而工作，他们在工作中没有投入自己全部的热情和智慧。他们只是在机械地完成任务，而不是创造性地、自觉自愿地工作。他们总是失业，得到他们应得的蔑视。而养成主动工作、积极进取这种习惯的员工，命运是完全不同的，他们很容易在职场中找到自己的位置，并获得成功。

三、过程训练 Process Training

活动一：坦然面对挫折

每个人都会遇到尴尬的事情或者小错，遇到这种状况我们不必挂怀，如果我们连这种小小的挫折都不能逾越的话，更会遭到许多无数的阻碍。这个游戏模拟了几个类似的场景，让学员认识和适应这种状况，以帮助他们坦然自信地面对小错。另外，这个培训游戏本身就很有意思，可以起到活跃气氛的作用。

> 很多时候，失败并不是由于挫折和困难造成的，而是因为我们缺少积极的心态。

（一）活动过程

1. 将学员分成几个小组，每组 5~10 人。

2. 让学员们即兴想一想，假如这时在你面前出现一个炸弹，你会怎么反应。让学员尽可能多的提出一些他们的反应，把这些话写在题板纸上。

3. 然后教学员"小丑鞠躬"的反应，当其他方法失败时，小丑鞠躬意味着面对观众，正视自己的失误，谦虚地说："谢谢你们，非常感谢你们。"

4. 鼓励学员试一试小丑鞠躬效应的几个变形。比如，他们可以用深情的口气说，也可以像主持人一样热情地说，也可以像一个演讲者一样慷慨激昂地说，无论什么形式，只要你喜欢。培训师应该鼓励学员探寻自己的风格。

5. 然后把奇形怪状的物品拿给学员看，告诉他们，他们不同组的任务就是尽可能多地说出这些物品的用途。

6. 让小组做好准备，跑到放东西的地方捡起一件物品，说出它们的名字，再尽可能多地说出几种用途。然后跑回队伍中，再派下一个人去，依此类推。

（二）问题与讨论

1. 在接下来的日子里，你是否会犯一些小错？如果回答是肯定的，那么请试着运用游戏中的技巧，看看别人会有什么反应？

2. 人生中总是会有许多的风风雨雨，怎样克服全看一个人的意志和态度。

（三）总结

1. 这个游戏的挑战性在于，它为学员设计了无数的场景，激发他们的想象力和表演技巧，鼓励他们摸索出自己的风格。只有这样，他们才可能真正学到其中的精髓，将这种精神吸收为自己的。另一个挑战是，面对稀奇古怪的东西不仅要说出它们的名字，还要说出用途。这不仅依靠一个人的人生经验，还考察他的反应力。

2. 化解尴尬的方法有很多。除了这种坦然面对外，还可以运用一些幽默手段，不仅可以化解尴尬，还能体现出你的智慧。幽默感还可以使这个游戏更加有趣，学员会更乐于玩这个游戏。

> **高能力人才的主动性表现**
>
> 1. 承担自己工作以外的责任。
> 2. 为同事和集体做更多的努力。
> 3. 能够坚持自己的想法或项目，并很好地完成它。
> 4. 愿意承担一些个人风险来接受新任务。
> 5. 总站在核心路线旁。

活动二：积极与消极

（一）活动过程

1. 每 3 个学员一组。

2. 三个人分别轮流扮演"事件叙述者"、"态度积极者"、"态度消极者"。

3. "事件叙述者"任意描述一个事件或问题，"态度积极者"和"态度消极者"分别对该事件作出积极和消极的评价和应对。

（二）问题与讨论

1. 不同的态度带来的评价和应对有什么区别？

2. 哪种应对更有利于解决问题？

四、效果评估 Performance Evaluation

评估：态度调节标准测试

（一）情景描述

请你根据实际情况选择自己的得分。

情景描述	积极	消极
1. 如果让我猜，我觉得老板现在给我的态度打分为：	10 9 8 7 6	5 4 3 2 1
2. 如果让我猜，我觉得同事和家人给我的态度打分为：	10 9 8 7 6	5 4 3 2 1
3. 现实地，我会给自己的态度打分为：	10 9 8 7 6	5 4 3 2 1
4. 在与他人相处时，我认为自己的效率可打分为：	10 9 8 7 6	5 4 3 2 1
5. 如果有仪表可以测量我的幽默感，我认为得分为：	10 9 8 7 6	5 4 3 2 1
6. 我最近的性情——我对他人表现出的耐心和敏感，可打分为：	10 9 8 7 6	5 4 3 2 1
7. 当谈到不让小事打扰自己时，我可得分为：	10 9 8 7 6	5 4 3 2 1
8. 根据近来得到的赞扬多少，我可得分为：	10 9 8 7 6	5 4 3 2 1
9. 我给最近几星期来自己对工作和生活的热情打分为：	10 9 8 7 6	5 4 3 2 1
总分		

（二）结果分析

70分以上：积极的态度会陪伴你在成功的路上越走越顺，即使你现在离成功还有很远，即使你现在只是在给别人打工，你仍然应该相信迟早有一天你的目标会实现，因为积极会让你成为团队最具魅力的成员，你的存在将会给整个团队带来前进的动力，你身边的人都充满激情，干劲十足，你的领导怎么会不喜欢你呢？命运之神怎么会不眷顾你呢？

30分以下：不要再消极下去了，你难道没有发现身边的同事都在尽力躲着你？你难道没有发现别人半天可以做完的事情，而你却花费两天的时间？难道你没有发现正是因为你在一开始就对自己说：我做不完的，还是留着明天再做吧。结果就真的做不完。你难道真的没有发现自己给团队带来的效益几乎是微乎其微？

第三节 立即行动

职场在线

20世纪70年代,美国有一个叫法兰克的年轻人,由于家境贫困,他去了芝加哥寻求出路。在繁华的芝加哥转了几圈后,法兰克没有找到一个能够容身的处所,于是便买了把鞋刷给别人擦皮鞋。

半年后,他用微薄的积蓄租了一间小店,边卖雪糕边擦鞋。谁知道雪糕的生意越做越好,后来他干脆不擦皮鞋了,专门卖雪糕。

如今,法兰克的"天使冰王"雪糕已拥有全美70%以上的市场,在全球有60多个国家超过4000多家的专卖店。

巧的是,有一个叫斯特福的年轻人,与法兰克几乎同时到达芝加哥。斯特福的父亲是一位富有的农场主,斯特福上了大学,还读了研究生。就在法兰克给别人擦皮鞋的时候,斯特福住在芝加哥最豪华的酒店里进行市场调查,耗资数十万。经过一年的周密调查,斯特福得出的结论是:卖雪糕一定很有市场。当斯特福把结果告诉父亲时,遭到了强烈反对而没有付诸行动。后来,又经过一番精确调查后,自己还是觉得卖雪糕的生意好做。一年后,他终于说服了父亲,准备打造雪糕店。而此时,法兰克的雪糕店已经遍布全美,最终无功而返。

> 想的好是聪明,计划得好是更上一层的聪明,而做得好是最聪明、最好的。
> ——[法]拿破仑

行动孕育着成功,行动起来,也许不会成功,但不行动,永远不能成功。不管梦想是大是小,目标是高是低,从现在开始,积极行动起来,只有紧紧抓住行动这根弦,才能弹出职场美妙的音符。

有人曾问一位非常成功的人士:"请问你为什么会成功?"他回答:"马上行动!"那人又问他:"请问当你遇到挫折时,你会怎么办?"他回答:"马上行动!"那人又问他:"请问当你遇到困难情绪低落时,你会怎么办?"他还是这样回答:"马上行动!"那人还问他:"你能不能告诉我其他的成功秘诀?"他还是这样回答:"马上行动!"简简单单四个字道出了所有成功的秘诀。

一、能力目标 Competency Goal

行动是实现目标的唯一途径。如果你不采取任何行动，即使成功的果实就在你眼前，你也采不到。英国前首相本杰明·狄斯累利曾指出，虽然行动不一定能带来令人满意的结果，但不采取行动是绝无满意的结果可言。做了，你就有可能成功；不做，你永远不可能成功。"

> 敢于去做，你就会拥有力量。
> ——[美]爱默生

通过本节的学习，你将能够：

1. 了解立即行动的必要性。
2. 了解高效行动的六种品质。
3. 掌握培养行动习惯的方法。

（一）行动从现在开始

清晰的目标为团队发展指明方向；相关的技能保证团队成员能应对各种问题；相互的信任让团队人心更凝聚；良好的沟通让团队氛围更和谐；恰当的领导为团队保驾护航……但是，要想让这些重要的因素发挥作用，必须依靠执行力，必须立即行动。

▶ 小故事

西晋时的祖逖，从小勤练武术，钻研兵法，立志要做一番大事业。刘琨也是个有抱负的年轻人，两人很快便成为好朋友。一天晚上，半夜过后，祖逖忽然被一阵鸡鸣声吵醒，他连忙把刘琨唤醒说："这鸡鸣声把人吵醒，虽然很讨厌，但我们可以趁此机会早些起床练习武艺。""好啊！"刘琨欣然同意。于是两人来到院子里，专心地练起刀剑来。从此，两人每到夜半，一听到鸡鸣，便起床练剑。

当时，祖逖看到国家被匈奴军队攻陷了很多城池，非常着急，立刻上书皇帝，请求率兵北伐，收复失地。皇帝很高兴，封祖逖为"奋威将军"，带领军队北上。由于祖逖和刘琨作战英勇，不久便收复了很多北方的城池。

在现实生活中碰到的问题，一般有两种处理方法：一是果断处理，二是犹豫不决。前者能够及时解决问题，为下一步工作做好充分的准备。而后者在做事上既耽误了时间，又失去了做事的最佳时机。正如马丁·科尔所说："世间最可怜的，是那些做事举棋不定、犹豫不决、不知所措的人，是哪些自己没有主意、不能抉择的人。这种主意不定、意志不坚的人，难以得到别人的信任，也就无法使自己的事业获得成功。"

但是，在现实工作中，为什么很多人会让机会白白溜走？因为他们不敢执行，因为他们优柔寡断、犹豫不决，不能当机立断，马上行动。事实上，高效率员工和低效率员工的差别就是行动的时机和速度。

有一个美国人一直想到中国旅游，于是定了一个旅行计划。他花了几个月阅读搜集来的资料——中国的艺术、历史、哲学、文化。他研究了中国各省地图，订了飞机票，并制定了一个详细的日程表。他标出要去观光的每一个地点，每个小时去哪里都定好了。这人有个朋友知道他翘首以待这次旅游。在他预定回国的日子之后几天，这个朋友到他家做客，问他："中国怎么样？"这人答道："我猜想中国是不错的，可我没去。"他的朋友大惑不解："什么！你花了那么多时间作准备，却没有去，出什么事啦？"他回答道："我喜欢制定旅行计划，但我不愿去飞机场，所以待在家没去。"

（二）高效行动的六种品质

成功没有秘诀，就是要在行动中尝试、改变、再尝试……直至成功。有的人成功了，不是因为他们的运气比我们好，而是因为他们比我们犯的错误、遭受的失败更多。但是，仅仅行动起来是不够的，因为在实现目标的过程中，会遇到很多困难和阻碍，这就需要一些高贵的品质来协助，让我们能够不偏离方向，不被困难阻断，最终到达成功的彼岸。

> 采取行动，保持稳健的步调，不要浪费你的时间。不论身在何处，都要积极行动、创造，找到自己的定位，成就自己的伟大事业，简单一句话，这一切的一切都要你采取行动才能够办到。
>
> ——[美]罗斯福

1. 勇气

当你开始行动的时候，你就已经在冒某种程度的风险了，因此，要想在事业上有所成就，非得有勇气不可。要想成为一个成功者，就必须具备"拼着失败也要试试看"的勇气和胆量。但是，勇气不等于赌博，不等于碰运气，真正的勇气是积极主动地进取，是一种魄力。

1956年，50岁的哈默购买了西方石油公司，开始做石油生意，石油是最能赚大钱的行业，竞争十分激烈。而初涉石油业的哈默要建立自己的石油王国，无疑面临着极大的风险和困难。首先碰到的是油源问题。1960年，石油产量占美国产量38%的德克萨斯州，已被几家大石油公司垄断，哈莫无法插手；沙特阿拉伯是美国艾克森石油公司的天下，哈默难以染指……如何解决油源问题呢？当花费了1000万美元勘探基金而毫无结果时，哈默接受了一位青年地质学家的建议：旧金山以东一片被德士古石油公司放弃的地区，可能蕴藏着丰富的天然气，并建议哈默把它租下来。哈默又千方百计地从各方面筹集了一大笔钱，投入了这一冒险的投资。他虽然知道，如果这一次失败了，他就完了，但他仍勇敢地去做了。当钻到860英尺深时，终于钻出了加利福尼亚州的第二大天然气田，估计价值在2亿美元以上。

2. 耐力

坚韧不拔的精神是成功必不可少的，但是很少有人能正确地理解它。坚韧不拔的耐力要求我们在失败中倒下去，再在失败中站起来，不要让失败动摇我们的决心，更不要因为失败而放弃我们的目标，只要我们拥有不屈的耐力，那么我们总会获得成功。

3. 毅力

凡是成功地将愿望转变为现实的人，都有一种百折不挠、勇于进取的毅力，这是行动力得以发挥效应的最根本条件，也是一切成功之源。一个凡事坚持到底有毅力的人，世界必将为他打开出路，而那些毅力不佳的犹豫沮丧者，不会引起别人的敬仰，也不会得到别人的信赖，更不能成就什么大事。

加大自己愿望的程度、拥有明确的目标和计划，学会自我激励，在前进中遇到麻烦或障碍时及时去面对它、解决它，这对于增强你的毅力很有帮助。

▶ 小案例

"推销之神"原一平 69 岁时，应邀到一家保险公司做公开演讲。有人问他推销成功的秘诀是什么。他当场脱掉鞋袜，请提问者到讲台上来。他对这个提问者说："请你摸摸我的脚底板。"提问者感到莫名其妙，但也只好按照原一平的话去做了。原一平问："你觉得怎么样？"提问者说："您的脚底茧特别厚啊！""不错，我的脚底特别厚，你知道这是为什么吗？""不知道。""这是因为我走的路比别人多，比别人跑得勤，所以脚茧特别厚。"提问者这才恍然大悟，道谢而去。

> 1. 立即着手行动。
> 2. 从今天，从现在开始行动。
> 3. 不要找任何借口。

4. 热情

热情是一种难能可贵的品质，是持续行动必不可少的品质。热情有一股伟大的力量，它可以使你释放出潜在的能量，并发展出一种坚强的个性。当你将热情灌注到行动中，你的行动将不会显得辛苦和枯燥，它会使你的全身充满活力。热情不但能激发你的潜力，它所散发出来的感染力还可以影响到周围的人，他们会理解你、支持你，也变得与你一样有热情。

5. 信念

在行动中，艰难坎坷、曲折磨难、痛苦彷徨、失意迷茫，甚至失败，都是不可避免的，但这些都不可怕，真正可怕的是失去支撑自己走下去的信念。拥有坚定的信念，当你摔了跟头，你不会气馁，而是立即爬起来，掸掸身上的尘土，为自己鼓劲，为自己加油；当你获得一次微小的成功之后，你不会骄傲，更不会停止自己追求的脚步，而是对自己说：我真棒，可这只是一个小小的胜利，更大的目标在等着我呢；当困难来临时，会给自己打气，用信念滋养勇气；当失败来临时，会自我激励，总结经验寻找新的挑战；当机会来临时，会为自己壮胆，用知识和智慧，写下新的业绩。

小故事

清代著名学者彭淑端曾经在一篇文章中写道："天下事有难易乎？为之，则难者亦易矣；不为，则易者亦难矣。"他为了证明这个观点，还举了一例说明：蜀之鄙有二僧，其一贫，其一富。贫者语于富者曰："吾欲之南海，何如？"富者曰："子何恃而往？"曰："吾一瓶一钵足矣。"富者曰："吾数年来欲买舟而下，犹未能也，子何恃而往？"越明年，贫者自南海还，以告富者，富者有惭色。西蜀之去南海，不知几千里也，僧之富者不能至，而贫者至之。

> 没有行动力，所有卓越的力量都只是空谈，所有完美的计划都只是幻想。

6. 决心

决心，是成功的首要因素，是做任何事的首要条件，只有具备了这个条件，才能获得成功。有决心，才能把想法付诸行动，行动了，决心才能发挥作用，行动和决心是相辅相成的，缺一不可。

（三）培养行动习惯的方法

行动习惯，也就是立即把思想付诸行动的习惯，这对完成事情来说是必不可少的。如下方法能培养你立即行动的习惯：

●不要等到条件都成熟了才开始行动：现实中没有完美的开始时间。你必须在问题出现的时候就行动起来并把它们处理好。开始行动的最佳时间就是现在。

●做一个实干家要实践，而不要只是空想：一个没被付诸行动的想法在你的脑子里停留得越久越会变弱，几星期后你就会把它给全忘了。

●想法本身不能带来成功：想法只有在被执行后才有价值。如果你有一个觉得真的很不错的想法，那就为它做点什么吧。不行动，想法永远不会被实现。

●用行动来克服恐惧和担心：行动是治疗恐惧的最佳方法。万事开头难，一旦行动起来，你就会建立起自信，事情也会变得简单。

在《世界上最伟大的推销员》中有这样的一段文字："我的幻想毫无价值，我的计划渺如尘埃，我的目标不可能达到。一切的一切毫无意义——除非我们现在就付诸行动。立刻行动！"

二、案例分析 Case Study

案例一：一个马掌钉与一个王国

国王理查三世和他的对手里奇蒙德伯爵亨利要决一死战，这场战斗将决定谁统治英国。

战斗进行的当天早上，理查派了一个马夫去备好自己最喜欢的战马。"快点给它钉掌，"马夫对铁匠说，"国王希望骑着它打头阵。"

"你得等等，"铁匠回答，"我前几天给国王全军的马都钉了掌。现在我得找点儿铁片来。"

"我等不及了。"马夫不耐烦地叫道，"国王的敌人正在推进，我们必须在战场上迎击敌兵，有什么你就用什么吧。"

铁匠埋头干活，从一根铁条上弄下四个马掌，把它们砸平、整形，固定在马蹄上，然后开始钉钉子。钉了三个掌后，他发现没有钉子来钉第四个掌了。"我需要一两个钉子，"他说，"得需要点儿时间砸出两个。"

"我告诉过你等不及了，"马夫急切地说，"我听见军号了，你能不能凑合？""我能把马掌钉上，但是不能像其他几个那么结实。""能不能挂住？"马夫问。

"应该能，"铁匠回答，"但我没把握。"

"好吧，就这样，"马夫叫道，"快点，要不然国王会怪罪到咱们俩头上的。"两军开始交战了，理查国王冲锋陷阵，鞭策士兵迎战敌人。"冲啊，冲啊！"他喊着，率领部队冲向敌阵。远远地，他看见战场另一头几个自己的士兵退却了。如果别人看见他们这样，也会后退的，所以理查策马扬鞭冲向那个缺口，召唤士兵调头战斗。

他还没走到一半，一只马掌掉了，战马跌翻在地，理查也被掀在地上。国王还没有再抓住缰绳，惊恐的畜生就跳起来逃走了。理查环顾四周，他的士兵们纷纷转身撤退，敌人的军队包围了上来。他在空中挥舞宝剑，"马！"他喊道，"一匹马，我的国家倾覆就因为这一匹马。"他没有马骑了，他的军队已经分崩离析，士兵们自顾不暇。不一会儿，敌军俘获了理查，战斗结束了。从那时起，人们就说：

少了一个铁钉，丢了一只马掌；

少了一只马掌，丢了一匹战马；

少了一匹战马，败了一场战役；

败了一场战役，失了一个国家。

所有的损失都是因为少了一个马掌钉。

这个著名的传奇故事出自已故的英国国王理查三世逊位的史实，

有位医学院的教授，在上课的第一天对他的学生说："当医生，最要紧的就是胆大心细！"说完，便将一只手指伸进桌子上一只盛满尿液的杯子里，接着再把手指放进自己的嘴中。随后教授将那只杯子递给学生，让这些学生学着他的样子做。看着每个学生都把手指探入杯中，然后再塞进嘴里，忍着呕吐的狼狈样，他微微笑了笑说："不错，不错，你们每个人都够胆大的。"紧接着教授又难过起来："只可惜你们看的不够心细，没有注意到我探入尿杯的是食指，而放进嘴里的却是中指啊！"

他 1485 年在波斯战役中被击败。而莎士比亚的名句："马，马，一马失社稷。"使这一战役永载史册，同时也告诉了我们这样一个道理，虽然只是少了一颗钉子的准备，却带来了巨大的危险。

正是因为行动力不足，铁匠和马夫对这个决定战争胜负和王国存亡的马掌钉采取了忽视的态度，没有完整地执行国王的命令。

案例二：积极行动的人

许多年前，美国最著名、最有能力的一位银行家弗兰克·A.范德里普前往纽约市的花旗银行就职。他的底薪比一般人高，因为他有能力，而且成绩斐然，是个很有价值的人。

银行给他分配了一间私人办公室。里面有一张豪华的桃木办公桌以及一把安乐椅。办公桌上有一个电铃，连接到办公室外秘书的桌子上面。第一天，没有任何工作送到他办公桌上。第二天、第三天、第四天过去了，还是没有任何工作给他。没有人进来或跟他谈话。到第一周的周末，他开始感到不安。

第二个星期，范德里普先生走进这家银行总裁的办公室，对他说："你付给我很高的薪水，却不给我事干，这让我神经受不了了。"总裁先生抬起头来，一双敏锐的眼里闪烁着愉快的光芒。范德里普先生继续说道："当我坐在那儿无所事事时，我一直在思考一个如何增加本银行业务的计划。"这位总裁安慰他说，"思考"和"计划"都是极有价值的东西，并请他继续说下去。

范德里普先生接着说："我已经想到一个可以利用我在债券方面经验的计划。我提议在本银行内设立一个债券部，并在各大报刊登广告，把它当作我们业务的一大特色来宣传。"

"什么？我们银行登广告？"总裁问道，"自从开业以来，我们从未登过任何广告。而我们的业务部却一直不错。"

"现在是你应该开始登广告的时候了。"范德里普先生说，"而你第一要宣传的就是我筹划成立的新债券部门。"

积极行动的人通常都会赢，范德里普先生赢了，花旗银行也赢了。因为这次谈话的结果，开始了任何一家银行所曾经进行过的最先进及最有效益的一次广告活动，也使得花旗银行成为美国最有实力的金融机构之一。这次谈话的另外几个结果也值得一提。其中的一项结果就是：范德里普先生随着花旗银行成长，最后终于成为这家大银行的总裁。

执行力不佳的 8 个原因

1、管理者没有常抓不懈——虎头蛇尾。

2、管理者出台管理制度时不严谨——朝令夕改。

3、制度本身不合理——缺少针对性、可行性。

4、执行的过程过于繁琐——囿于条款，不知变通。

5、缺少良好的方法——不会把工作分解汇总。

6、缺少科学的监督考核机制——没人监督，也没有监督方法。

7、培训后没有进行跟进——让员工感到形式化。

8、缺少大家认同的企业文化——没有形成凝聚力。

三、过程训练 Process Training

活动一：执行、执行

（一）活动过程

1. 所有人分组，根据现场情况分成 4 人或者 5 人一组。

2. 每个小组选出一个人做队长，然后每个小组发给他们一张任务说明书。

3. 检查每个小组完成任务的情况。

（二）问题与讨论

1. 你们小组在接到任务之后，是如何去做的？

2. 执行的过程中遇到了哪些问题？是如何面对的？

任务说明书

要求：请用最快的速度找到名字在下面出现两次或者两次以上的物品。（时间 10 分钟）

手表 手机 电源 鼠标 白纸 印章 铅笔 电脑 员工手册 证书 电话 台历 公司标识 笔 书包 杯子 手表 照片 皮鞋 领带 计算器 照片 皮鞋 易拉罐 鲜花 名片 照片 书 笔记本 裤子 记事薄 软盘 光盘 鲜花 铅笔 公司标识 年历卡片 易拉罐 咖啡 茶叶 手机 鲜花 照片 报纸 名片夹 皮鞋 银行卡 项链 戒指 名片 荧光笔 口香糖 水果 照片 银行卡 麦克风 易拉罐

活动二：画肖像

（一）活动过程

1. 每 6 人分为一个小组。

2. 培训师准备 6 个名人肖像。

3. 每组派一位代表，背对大家，站在画纸前。

4. 培训师展示一张肖像三分钟，其余组员依次描述画像特征，描述过程中只能对面部或服饰进行描述，代表不得回头偷看，将肖像画出来，并写上这位名人的姓名。

5. 换一位代表上场，在同样的时间内完成另一幅名人肖像，直到小组成员都分别上台，并完成画像。

6. 画像越准确，猜对名人姓名属相越多，哪组获胜。

有个农夫新购置了一块农田，可他发现在农田的中间有一块大石头。"为什么不铲除它呢？"农夫问。"哦，它太大了。"卖主为难地回答说。

农夫二话不说，立即找来一根大铁棍，撬开石头的一端，意外地发现这块石头的厚度还不及一尺，农夫一会儿就解决掉了这块石头。

1. 没有执行力，就没有核心竞争力。

2. 没有执行力，战略再好也是虚设。

3. 没有执行力，机遇来了却抓不住。

4. 没有执行力，组织力量无法发挥。

5. 没有执行力，前景再美也会失败。

（二）问题与讨论

1. 在画像过程中，小组有没有对肖像特征的描述进行分配？是乱说一通？还是有序进行？结果有区别吗？

2. 在画像过程中有违反活动要求的行为吗？是怎么处理的？

3. 最终获胜的小组有什么值得学习的经验？

四、效果评估 Performance Evaluation

评估：团队执行力评估

（一）情景描述

关注你的成员对团队每一项工作的反映，能够提高团队任务的成功性。对下列每一个说法，请选择你认为与实际情况相符的选项。（"非常不同意"、"有些不同意"、"有些同意"、"非常同意"分别计4、3、2、1分。）

情景描述	选择	得分
1. 成员很清楚团队目标。		
2. 成员认同团队目标。		
3. 团队任务需要我们协同工作。		
4. 成员清楚了解自己的角色。		
5. 成员接纳自己的角色。		
6. 成员的角色分配和他们的能力相匹配。		
7. 必要时，团队的领导风格会随团队需求而改变。		
8. 团队的沟通氛围很开放，允许所有成员都参与进来。		
9. 团队能定期获取关于其生产力的反馈信息。		
10. 成员之间会相互提供建设性反馈。		
11. 我们的团队能定期收到关于绩效和工作进展情况的反馈。		
12. 我们所处团队的成绩能够得到积极的认可。		
13. 汇报和认可是以团队的绩效为基础的。		
总分		

（二）结果分析：

请根据相应的得分判断团队的执行力状况。

42分以上为优秀；

28~41分为良好；

27分以下为一般。

203

第七章　团队领导

一个优秀的团队领导是一个团队的核心，他能够带动并且提高整个团队的活力，指导并帮助团队取得更加突出的成绩。但那些优秀领导的做事方法各异，性格各不相同。在充满风险与挑战的现实环境中，团队领导是一个团队的关键人物。这个领导存在于各个不同的团队之中，尽管他们面临的情况各不相同，但所有的团队领导的责任都是一样的，在情感上与专业技术上能够为团队服务，能够更有效地指导团队，帮助团队去取得成功。也就是说，领导工作的目标是使团队的集体增加更大的价值。

通过本章的学习，你将能够：
1. 了解领导角色的内涵、特征和内容。
2. 了解领导风格和领导方式的特征和要求。
3. 了解领导能力的内容和提升途径。
4. 了解授权的形式、原则和操作程序。

> 杰出的领导者在面对问题时，必须目标明确、态度一致，并作出符合自身能力的承诺。

第一节　领导概述

职场在线

研发部门的章明带领着一支由经验丰富的专业人员组成的团队。这使得他可以更加有效地将民主管理风格应用到那些对团队成员有影响的决策中。他明白，如果只懂得如何使用锤子，那么所有的东西看起来都像钉子。

来自销售部门的刘海说，"当我第一次成为经理时，我真不知道如何管理团队。我以前总认为，大棒加胡萝卜的方法是一种有效的管理方法。如果我的直接下属完成了我规定的任务，那么他们就会得到奖励。否则，我就要使用大棒惩罚他们。这好像是管理员工的一种合乎情理的方法，但是我发现无济于事。我的团队与其说是充满热情的销售队伍，还不如说是机器人。后来我意识到，当我根据每个成员的特性及其当时的情境调整管理风格时，成员会做出更积极的回应，而且生产力也提高了。当然，有时我仍然会摆出大棒，但是如果我使用一种更加说教或民主的方式，通常效果会更好。"

> 领导，必须具备胜任管理职位的工作能力，必须培育非履行职权的人格魅力，必须拥有健康的体魄和心理。

胡德是一名经理，他认识到他的团队现在难以适应新生产技术的一个原因是，许多成员都不太熟悉新技术，因而无法有效利用其大多数的关键特征。由于生产需要不可能针对每个人开展培训课程，但是胡德知道如果没有这种培训他们绝不可能有效地从旧阶段转向新阶段。为了改变他的团队，胡德首先自己参加培训，然后分别对每个成员进行培训，直到他们完全理解新生产技术。

不论是章明、刘海，还是胡德，作为团队的领导者都找到了符合自己的领导角色，在面对团队管理等问题时，能够找到合适的解决办法，并带领团队走向成功。

一、能力目标 Competency Goal

由于团队工作的连续性和统一性，领导就成为团队中不可或缺的角色。领导角色在团队中身居高位、肩负重任、总揽全局、运筹帷幄，人们总是期望领导者能明晰自己的权力与责任，善于根据角色要求行动，起到示范和楷模作用。

通过本节的学习，你将能够：

1. 了解领导与角色的内涵与要求。
2. 了解领导的功能及其具体内容。
3. 了解领导能力的具体要求。
4. 了解不同领导风格与方式。

（一）领导与领导角色

1. 领导

所谓领导，就是领导者运用权力或权威对团队成员进行引导或施加影响以使团队成员自觉地与领导者一起去实现团队目标的动态过程，它包括率领、带领、引导、指导等。领导要有效、协调地提出和实现组织的目标；领导要调动人的积极性，为个人成功提供条件；领导要维持良好的信息交流（包括建立信息交流的措施和良好的交流体系）。

2. 领导角色

从领导者的工作性质和担负任务的角度来看，领导者在团队中就是规章的制定者、进程的控制者、任务的分配者、冲突的协调者，也是团队的代表。这些都对领导者提出了更高的要求。

● 领导者要率领和引导团队成员朝着一定目标前进。
● 领导者要全心全意为团队成员服务，为完成目标创造有利条件。
● 领导者要努力提高自身素质，形成独特的人格魅力和团队向心力。
● 领导者要不断进行自我完善和提高，对各种情况做出科学的反应。

（二）领导的功能

领导的功能总体来说体现在三个方面：

1. 完成任务

完成任务的工作内容主要包括设定目标、制订工作计划、分配任务、做出决策、评价工作、承担责任等。

2. 建设团队

建设团队也是领导的核心任务：制定团队规章、营造团队氛围、培养关键成员、解决内部冲突、促进团队和谐等。

> 领导也很简单，就是两件事：
>
> 一是用人，内圈用德，外圈用才，用人所长，容人所短；
>
> 二是激励，解人之难、记人之功，通过正面激励，引导下属往前跑，通过负面激励，推动下属往前走。要知道，任何领导都是从做下属开始的，谁都不可能一步登天当领导。

3. 职业发展

领导还负有帮助成员发展其职业生涯的任务：了解成员的强项、哪些方面需要提高、组织团队培训、如何促使他们在职业生涯方面提高和发展等。

（三）领导能力

领导能力是一种能够激发团队成员热情与想象力的能力，是一种能够统率团队成员全力以赴去完成目标的能力，是影响别人，让别人跟从的能力。它包括四个方面的具体内容：

类型	内容
素质能力	包括学习能力、做事的能力、亲和下属的能力、沟通的能力、协调的能力、决策能力、分析判断能力、激励能力、指挥能力等，还有领导的威信。
用权授权	用权时能规范化、实效化；授权时能选择合理的方式，该放权时能放权，该集权时要集权，放权集权有度。
领导风格	即领导者的行为模式。好的领导必须以合适和恰当的风格把战略意图和合理的价值观念传播给成员，以达到领导目标。

总之，领导能力通常是指积极影响或引领变化，积极采取行动，对满足需要和完成任务的过程进行监督，并带头实现目标的能力，不管是否这个人被称为领导。

▶ **小故事**

冬日的雨天，很冷。大家在吃早餐，一位新兵将吃不完的半个馒头丢在了馊水桶里。

政委来视察，看到馊水桶里的半个馒头，问是谁丢的，没人承认，再问，还是没人承认。好，全连所有战士站在操场淋雨，直到说出来为止。一小时过去了，还是没人说，政委也站着陪大家一起淋雨。最后，政委对大厨说，将馊水桶里的半个馒头捞起来，放在锅里煮一锅汤，全连包括他自己都喝一碗，末了他又说，再加一大把辣椒和老姜。

自此之后，不会再有人随便浪费粮食了。严格与爱，担当与责任就是这位政委的领导力。

七层次领导力
层次一：危机主管／会计；
层次二：人际关系管理者／沟通者；
层次三：管理者／组织者；
层次四：推动者／影响者；
层次五：整合者／激励者；
层次六：指导者／伙伴；
层次七：智者／高瞻远瞩。

（四）团队领导的艺术

团队领导与团队成员有时候并没有明显的界限，但是领导在团队中却发挥着重要的作用。而在团队组建与运转过程中，团队领导需要把握一定的策略，只有这样才能事半功倍，促进团队的成长。

1. 维护团队健康成长

在团队中，如何使团队成员能够全身心地投入，并且在工作中有好的表现，是每个团队领导首要的工作，以下建议可能是很有效的。

●清楚定位、关注团队表现，而不是个人英雄主义。

●鼓励团队成员之间进行充分的沟通，促成成员的互相信赖。

●及时处理团队问题，为团队提供资源和协助，帮助全体成员成长。

●不要一味地压制，要根据实际确定激励的方式。

●不断为成员提供工作挑战、定期培训来激发成员成长。

2. 选择合适的领导风格

对领导者管理工作的两个方面：所面临的工作和完成工作的团队成员之间的关系的不同态度与倾向，有四种不同类型的领导风格。

> 领导力在顺境的时候，每个人都能表现出来，只有在逆境的时候才是真正的领导力。
>
> ——马云

小案例

默克尔的领导力

化学博士出身的德国总理默克尔，外表平庸、举止并不优雅，演讲啰嗦，是德国历史上首位女总理，超越了撒切尔夫人的影响力和任期，被称为力挽狂澜的欧盟"铁娘子"。出于性情，默克尔总是努力将政治进程放缓，将问题独立分解，并在采取下一步行动之前分别观察并测试每一种解决方案。在全世界看来，这是一个教条的普鲁士人逼迫其他人遵守纪律，而在德国人看来，则是他们的总理对其他国家一次次做出谨慎且最小可能的让步。德国纳税人感到默克尔在保护他们，即使他们知道德国可能即将作出更多妥协。很多人认为正是由于"科学家式"的政治决策让她的风格独树一帜。

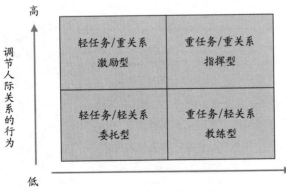

领导风格	工作任务	人际关系	特征
激励型	不注重	注重	他们认为人的因素在完成目标的各因素中是最重要的，只要能调动起团队成员的工作劲头，就能完成工作任务。
委托型	不注重	不注重	他们相信团队成员有解决问题的能力，因此只指出大致的方向和目标，给团队成员留有宽松的选择余地。
指挥型	注重	注重	他们认为团队成员没有足够的能力和动机完成任务，领导者要事必躬亲，监督、指挥，并控制团队成员的行为，如何思考。
教练型	注重	不注重	他们相信团队成员有完成任务的动机，但缺乏必要的能力，他们不断地教导团队成员如何去做某项具体的工作，而忽略人际关系。

3. 选择合适的领导方式

领导在团队工作过程中参与程度和指挥程度的不同，可以将领导方式分为五类，参与程度越高，决定权越多地掌握在团队成员手中；指令越多，决定权越倾向于由领导本人做出（见下表）。

领导方式	特征	使用情形	举例
命令	领导者保持完全的控制，命令下属去干什么并作出决定。	紧急情况、危机境遇；当你不得不强制实施上层的变革时。	"小张，下午三点之前你必须把客户调查问卷设计好，内容要包括……"
说服	领导者在采纳某种想法或采取某种行动之前，首先说服他们接受。	向你的团队介绍变革的目的。	"小张，时间紧急呀，下午三点之前你得把客户调查问卷设计好……"
协商	领导者在做决定之前与下属进行协商，并把他们的观点提出来进行讨论。	找出人们对变革目标的反应；做决定前收集信息、听取意见；获得解决问题的办法。	"小张，对客户调查问卷的设计你有什么想法吗？"
参与	领导者与下属充分协商从而共同作出决定，以使成员充分参与。	适用于变革的任何阶段。	"小张，我们需要知道客户的潜在需求，我想听听你的意见，然后一起解决这个问题。"
授权	领导者赋予下属职权，让他们作出决定、解决问题。	变革过程中把资源配给具备适当技术、专业知识和支持变革的人，但你需对最终结果负责。	"小张，我们需要知道客户的潜在需求，你能调查一下，并找出了解他们观点的最佳方式么？"

这些方式没有好坏之分，重要的是找到一种适合当时情景的方式；这些方式也没有明显的界限，不同的人有不同的领导方式，对待具体问题，需要由个人决定并选择最合适的领导方式。

二、案例分析 Case Study

案例一：林肯的胸襟

1860 年，林肯当选为美国总统。有一天，有位叫巴恩的银行家到林肯的总统官邸拜访，正巧看见参议员萨蒙·蔡思从林肯的办公室走出来。于是，巴恩对林肯说："如果您要组阁的话，千万不要将此人选入您的内阁。"林肯奇怪地问为什么？巴恩说："因为他是个自大成性的家伙，他甚至认为他比您伟大得多。"林肯笑了："哦，除了他以外，您还知道有谁认为他自己比我伟大得多？""不知道，"巴恩答道，"不过，您为什么要这样问呢？"林肯说："因为我想把他们全部选入我的内阁。"

事实证明，巴恩的话是有道理的。蔡思果然是个狂妄自大而且妒忌心极强的家伙。他狂热地追求最高领导权，本想入主白宫，不料落败于林肯，只好退而求其次，想当国务卿。没想到，林肯却任命西华德为国务卿，无奈，只好坐第三把交椅——当了林肯政府的财政部长。为此，蔡思一直怀恨在心、激愤不已。不过，这个家伙在金融方面确实是个不可多得的人才，在财政预算与宏观调控方面很有一套。林肯一直十分器重他，并通过各种手段尽量减少与他的冲突。

后来，目睹过蔡思种种表现并搜集了很多资料的《纽约时报》主编亨利·雷蒙顿拜访林肯的时候，特地告诉他蔡思正在狂热地上蹿下跳，以谋求总统职位。林肯以他一贯特有的幽默对雷蒙顿说："亨利，你不是在农村长大的吗？那你一定知道什么是马蝇了。有一次，我和我的兄弟在肯塔基老家的农场里耕地，我赶马，他扶犁。偏偏那匹马很懒惰，老是磨洋工。但是，有一段时间它却在地里跑得飞快，我们差点儿都跟不上它。到了地头我才发现，有一只很大的马蝇叮在它的身上，于是我把马蝇打落了。我的兄弟说：'哎呀，就是因为有那家伙，这匹马才跑得那么快。'"然后，林肯意味深长地对雷蒙顿说："现在正好有一只名叫'总统欲'的马蝇叮着蔡思先生，那么，只要它能使蔡思那个部门不停地跑，我还不想打落它。"

林肯的胸襟和用人能力，使他成为美国历史上最伟大的总统之一。

每家企业里都有这样的狂妄自负、根本不把任何人放在眼里的家伙。这些人或拥有某一方面的不可替代资源（比如背景），或聪明、好动，是某一方面或某几方面的专家，充满创新精神或者野心勃勃，对成功以及与成功相关的东西（金钱、职位、权力等）具有极其浓厚的兴趣。他们不会循规蹈矩，也不会轻易地被权威所折服。团队领导必须有广阔的胸襟、卓越的远见才能团结有能力的人在团队内发挥他们最大的才智。

案例二：全球第一CEO

杰克·韦尔奇从入主通用电气起，在短短20年间，他将一个弥漫着官僚主义气息的公司，打造成一个充满朝气，富有生机的企业巨头。在他的领导下，通用电气的市值由他上任时的130亿美元上升到了4800亿美元，排名也从世界第十提升到第一。他所推行的"6个西格玛"标准、全球化和电子商务，几乎重新定义了现代企业。2001年9月退休后，他被誉为"最受尊敬的CEO"、"全球第一CEO"、"美国当代最成功最伟大的企业家"。作为团队领导，他说："在GE，我不能保证每个人都能终身就业，但能保证让他们获得终身的就业能力。"

在管理上，杰克更是独创了许多方法，最为著名的莫过于"聚会"、"突然视察"、"手写便条"了。杰克懂得"突然"行动的价值。他每周都突然视察工厂和办公室，匆匆安排与比他低好几级的经理共进午餐，

領導人要有超速成長的能力，總是走在時代的前列，走在隊伍的前列；

領導人應該高瞻遠矚，能夠鑒常人之所不能鑒，能夠為常人所不能為；

領導人應該能選賢任能，可以把優秀的人才與企業的財和物聚合在一起，創造業績；

領導人應該能不斷地複製自己，帶隊育人；

領導人應該有超常的績效；

領導人應該會凝聚人心，使人們心甘情願地跟他走，擁有大批的追隨者。

无数次向公司员工突然发出手写的整洁醒目的便条。所有这一切都让人们感受到他的领导能力。尤其是这些小小的便条，更给人以无比的亲切和自然。形成了一种无名的鞭策和鼓励。

当然还有人才，这是杰克最重视的地方了。他说："领导者的工作，就是每天把全世界各地最优秀的人才延揽过来。他们必须热爱自己的员工，拥抱自己的员工，激励自己的员工。"作为一个过来人，韦尔奇给公司领导者传授的用人秘诀是他自创的"活力曲线"：一个组织中，必有20%的人是最好的，70%的人是中间状态的，10%的人是最差的。这是一个动态的曲线，即每个部分所包含的具体人一定是不断变化的。但一个合格的领导者，必须随时掌握那20%和10%里边的人的姓名和职位，以便做出准确的奖惩措施。最好的应该马上得到激励或升迁，最差的就必须马上走人。

> 一个领袖人物必须正直、诚实、顾及他人的感受，并且不把个人或小团体的利益和需要摆在一切衡量标准的首位。否则人们就不会追随他。
> ——[美]约翰·科特

该案例中，杰克·韦尔奇改变了"创业难，守业更难"这个说法，充分体现了他的创新和谋略能力。他倡导和实行管理革命，重新弘扬了为股东创造价值这一企业经营的根本原则，使企业获得了真正的动力；他创造了一个最有益于人才成长的文化，造就的不仅是一代企业家，更造就了一种积极向上的精神。

三、过程训练 Process Training

活动：建绳房

通过活动明确团队中的领导角色，锻炼团队中的领导能力。

（一）活动过程

第一阶段：培训师先把学员分为3个小组。甲组分得一根20米的绳子；乙组分得一根18米的绳子；丙组分得一根12米的绳子。然后培训师发给每人一个眼罩，并通知他们带上眼罩后：甲组建一个三角△；乙组建一个正方形□；丙组建一个圆形○

第二阶段：当完成第一阶段后，培训师现在告诉3个小组的全体人员，要他们统一起来建一个绳房子。

（二）问题与讨论

1. 你对比第一阶段及第二阶段，哪一个阶段更加混乱，为什么？

2. 如果你作为领导，你会怎样组织第二阶段以尽快更好地完成任务？

（三）总结

1. 高绩效团队，团队成员角色非常重要，角色互补，学会理解和帮助，完成团队共同目标，相互尊重，相互补台不拆台，组织和带领好团队，不能形成一手遮天、狂妄自大的角色。

2. 领导者需要产生一个新的系统，包括产生领导、想出解决问题方案并实施、沟通渠道及方式、组织协调问题。在第二阶段需要产生新领袖，以前的小组领袖在心态等各方面需要调整。

3. 团队任务的完成需要这样的一个过程：领导的产生——使命感——影响力——了解全局——让其他人追随成功的组织——有力的领导者——好的工作流程——有效的沟通——明确的团队成员角色——分享意见和观点——互相合作。

四、效果评估 Performance Evaluation

评估一：团队领导能力测评

（一）情景描述

请回答问题：

1. 以下三种职业，你最喜欢哪一种？ （　）

　A. 做某个组织的发言人

　B. 做某个团体的领导人

　C. 做一支军队的指挥官

2. 你认为授权下级有何好处？ （　）

　A. 有利于提高员工个人能力

　B. 可以让上级领导集中精力于高层管理

　C. 减轻上级领导的工作负担

3. 作出与下属工作密切相关的决定前，是否征求他们的意见？（　）

　A. 是的，我一贯重视员工的意见

　B. 不，我认为管理者有权作决定

　C. 不一定，这要取决于我是否有时间

4. 你授权给下级时，给他们多大权限？ （　）

　A. 希望他们先斩后奏

　B. 每作重要决定时，都征求你的意见

　C. 自行决定是否要征求你的意见

5. 你希望下属参与制定工作计划吗？ （　）

　A. 不因为他们会劝我而降低指标

　B. 是的，因为这样才能使他们发挥积极性，真正全心全意完成工作

　C. 有时候，但重大项目除外。

好领导六字箴言

　六个最重要的字：我承认我错了。

　五个最重要的字：我为你骄傲。

　四个最重要的字：你看如何？

　三个最重要的字：对不起。

　两个最重要的字：谢谢。

　一个最不重要的字：我。

6. 如果某位部下在完成一项艰巨任务过程中表现出色，你会：（　）

    A. 立即表示祝贺

    B. 不加评论，避免他趁机要求加薪

    C. 遇到他时顺便表扬几句

7. 如果某位一向表现很佳的员工突然业绩下降，你会：（　）

    A. 忙找他促膝谈心，找出问题所在

    B. 态度强硬地逼他改正

    C. 让人事部门去调查原因

8. 如果你将向全体部下宣布一项重要的新措施，你会：（　）

    A. 发一份简报，将新措施方案刊载在其中

    B. 安排一名助手去向大家解释

    C. 召开一次专门会议，向每位下属详细解释新方案

9. 如果某位部下因未获提升而情绪低落，你会：（　）

    A. 告诉他那个职位本来就不适合他

    B. 教他改进的方法，以便在下次提升时脱颖而出

    C. 劝他别伤心，告诉他谁都会有挫折

10. 如果你对某位下属提出的过激方案不感兴趣，你会：（　）

    A. 指出这个方案的缺陷，同时鼓励他重新考虑新方案

    B. 告诉他这个方案不合时宜，成本太高，不能实施

    C. 表示你将认真考虑他的意见，随后丢进档案柜不再理会

（二）评估标准及结果分析

得分	1	2	3	4	5	6	7	8	9	10
A	0	0	10	5	0	10	10	5	10	10
B	10	5	0	0	10	0	0	0	10	5
C	5	10	5	10	5	5	5	10	5	0

80~100分：你是一位出色的领导，你善于调动员工的积极性，善于合适地授权下级，使公司运行具有较高效率，较强的竞争力；

55~75分：你能正确认识经营管理者的职责，不过还不够大胆，不能充分信任员工，你还需学习和训练。

25~50分：你过于保守，束缚下属的发展，你不仅需要参加各种培训和学习，还应增加自信以及对别人的信心。

0~20分：你根本不适合做经营管理工作，你很难是一名领导者。

一位企业家说，如果你给下属80%的工作，他的能力会退步，如果你给下属100%的工作，他的能力会停步不前，但如果你给下属120%的工作，会使他的能力有突破性的进展。

评估二：领导方式评估

（一）情景描述

下面的 18 道题可供你自我测试一下，看看你大体上是采用哪一种方式领导和管理企业。每题用"是"或"否"回答。

情景描述	是	否
1. 你喜欢经营咖啡馆、餐厅这一类的生意吗？		
2. 平常把决定或政策付诸实施之前，你认为有说明其理由的价值吗？		
3. 在领导下属时，你认为与其一方面跟他们工作一方面监督他们，不如从事计划，草拟细节等管理性工作。		
4. 在你所管辖的部门有一位陌生人，你知道那是你的下属最近录用的人，你不介绍自己而先问他的姓名。		
5. 流行风气接近你的部门时，你当然让下属追求。		
6. 让下属工作之前，你一定把目标及方法提示给他们。		
7. 与部门过分亲近会失去下属的尊敬，所以还是远离他们比较好，你认为对吗？		
8. 郊游之日到了，你认为大部分的人都希望星期三去，但是从许多方面来判断，你认为还是星期四去比较好，你认为不要自己做主，还是让大家投票决定好了。		
9. 当你想要你的部门做一件事的时候，即使一件按铃招人即可做的事情，你一定自己去以身作则以便他们跟随你做。		
10. 你认为要把一个人撤职，并不困难？		
11. 越能够亲近下属，就越能够好好领导他们，你认为对吗？		
12. 你花了不少时间拟定了某一个问题的解决方案，然后交给一个下属。可是他一开始就找这个方案的毛病，你对此并不生气，但是对于问题依然没有解决而觉得坐立不安。		
13. 充分处罚犯规者是防止犯规的最佳方法，你赞成吗？		
14. 假设你对某一情况的处理方式受到批评，你认为与其宣布自己的意见是决定性的，不如说服下属请他们相信你。		
15. 你是否让下属为了他们的私事而自由地与外界交往？		
16. 你认为你的每个下属都应该对你抱忠诚心吗？		
17. 与其自己来解决问题，不如组织一个解决问题的委员会，对吗？		
18. 不少专家认为在一个群体中发生不同意见的争论是正常的，也有人认为意见不同是群体的弱点，会影响团结。你赞成第一个看法吗？		

（二）评估标准与结果分析

如果 1、4、7、10、13、16 题答"是"多，说明你具有专制型领导倾向，你是一位争强好胜，性格武断的人，凡事都亲力亲为。

如果 2、5、8、11、14、17 题答"是"多，说明你具有民主型领导倾向，你是一位重实效、讲效益的管理者。

如果 3、6、9、12、15、18 题答"是"多，说明你具有放任型领导倾向，你是一位很有人情味的领导者，你相信集体的力量，能认清人际关系的重要性。

第二节　领导工作

职场在线

　　4个月前，王涛来到一家国内知名的家电公司，担任华南分公司经理，管理着6个省份的市场，5个省级区域经理是他的直接下属。到华南分公司的第二周，王涛就召集5位区域经理和10多位主要城市的办事处经理们，在广州开了一个碰头会。在会上，王涛听取了各地的市场简报，也讨论了近期销售指标的执行情况，王涛没有给予更多指令和主观评价，他有两个计划：一是计划用一个月的时间走访主要市场、拜访代理商和零售终端，在实地或在下一次例会上，再向下属说明自己的操作思路和具体要求；二是在两个月里，通过相对亲和与粗放的管理，了解几位下属的实际表现和工作能力，然后再做出相关调整。

　　情形不太妙。在华南各地，公司产品的市场占有率都远远低于几个国内主要竞争产品，不可思议的是，那些区域经理似乎已经接受了这样的现实。在月底关账的前几天，王涛有意不主动给各地打电话，看看有谁会自觉汇报当地情况，结果竟然没有一个人这样做。

　　王涛给上司——销售总监马骏做过几次电话汇报，也用电子邮件做了一些说明，他想从上司那里得到明确的授意，好让他明确总部对华南分公司，除了销售指标之外的其他中长期要求。马骏没有作出更多指导，更象是没有听懂，在电话里安慰王涛"多走走，不要急"。

　　如果你是王涛，你准备做哪些工作？如何开展？

　　作为一个团队——华南分公司的领导，在这种情况下，王涛首要的工作是提升团队凝聚力和士气，要沉下心来多与团队其他成员进行沟通，增强团队合作，为销售工作打开局面。

> 　领导力是怎样做人的艺术，而不是怎样做事的艺术，最后决定领导者的能力是个人的品质和个性；领导者是通过其所领导的员工的努力而成功的；领导者的基本任务是建立一个高度自觉的、高产出的工作团队；领导者们要建立沟通之桥。

一、能力目标 Competency Goal

在团队中，创造一个可以畅所欲言的团队氛围，并与团队成员探讨团队目标的实现，欣赏并提升每一个成员是团队领导最重要的工作内容。

通过本节的学习，你将能够：

1. 了解促进团队合作的方法。
2. 了解高凝聚力团队的特征。
3. 了解提升凝聚力领导要做的工作。
4. 了解培养团队成员的要求。
5. 了解教练型领导的要求和工作程序。

（一）促进团队合作

团队合作的氛围由全体成员的个体行为以及他们对合作氛围的期望程度来决定。团队领导希望团队成员能够彼此帮助，合作共事的明确态度可以提高团队合作的期望值，促进团队成员的合作。以下几种做法对促进团队合作非常有益。

> **小问题**
>
> 娃哈哈集团董事长兼总经理宗庆后将交班给年仅24岁的独生女儿宗馥莉，并正为女儿掌权做积极的造势和铺垫工作。但悬念是，宗馥莉接班后，能否走出宗庆后的光环，独立地带领企业取得新的成功。除了经营水平和能力外，宗馥莉主要面临两方面的问题：其一是对外的感召力，即市场、原来的客户和合作者等是否信任她；其二是对内的凝聚力，即企业内的经理层与员工是否认可她，她能否促成团结。而这两个难题，恰恰是宗庆后的领导集团所无法触及的领域。

1. 召开团队会议

经常性地组织成员开展团队会议能够增进团队成员之间的相互了解，提升团队合作的氛围。领导者还可以安排团队成员轮流主持会议，并使所有团队成员都能了解会议的主题和进程，并畅所欲言，自由地开展讨论。

2. 褒奖合作行为

如果团队内部的合作行为未能得到适当的褒奖，那么合作就不可能长久。为了促进团队合作、提高团队绩效，团队领导就应该明确对合作的奖励，而不仅仅是以结果论英雄。对于在团队中积极进行合作的行为予以嘉奖，进而在团队中形成积极合作的氛围。

记住，是人使事情发生，世界上最好的计划，如果没有人去执行，那它就没有任何意义。我努力让最聪明，最有创造性的人在我周围。我的目标是永远为那些最优秀，最有天份的人创造他们想要的工作环境。如果你尊敬人并且永远保持你的诺言，你将会是一个领导者，不管你在公司的位置高低。

——通用汽车副总裁马克·赫根

3. 开展文体活动

组织团队成员通过聚餐、体育比赛、文艺会演等活动，加强彼此间的了解，建立友谊，能促进成员在开展工作时紧密合作，互相支持。同时还要开展各项提升员工技能的培训，发展和提升成员的职业空间。

4. 解决团队问题

团队为了生存与发展，必须能够发现存在于自身内部的各种隐患，并有效地消除这些可能妨碍到团队发展的障碍。因此，领导应积极发现和解决团队运营过程中的问题，以保障团队的正常运营。

（二）提升凝聚力

团队凝聚力是团队对每个成员的吸引力和向心力，是维持团队存在的必须条件，团队凝聚力还是衡量一个团队是否具有战斗力的重要标志。凝聚力高的团队有如下特征：

● 团队内部沟通渠道畅通、信息交流频繁，无沟通障碍。

● 团队成员有强烈的归属感，愿意成为团队的一份子。

● 团队成员具有较强的参与意识、强烈的事业心和责任感。

● 团队成员具有很强的协作能力，互助风气明显，信息共享氛围浓厚。

● 团队成员有很多的发展机会，愿意将自己的前途与团队的前途绑定在一起，并愿意将个人的目标与团队的目标融合为一体。

团队领导对提升团队凝聚力具有最重要的责任，作为团队领导要做好以下工作：

● 与成员保持良好的沟通，了解团队成员工作状态和生活状况，了解成员的合理需求并尽力满足他们，创造一个良好和谐的团队氛围。

● 尊重团队成员，充分信任，缺乏信任关系的团队是没有执行力的。

● 不断给予团队成员鼓励，不与成员争利，不与成员争权，并给予充分授权。

● 要让团队成员真正能体验到自身得到了成长，在成长的过程当中体会到成功的快感，方能造就团队成员的向心力与归属感。

塑造一支高凝聚力的团队，非一朝一夕之功，对每一个团队领导来说，摸索总结，实践检验，建立起合适的团队文化，和团队成员保持良好的互动是塑造团队凝聚力的基本功课。

（三）培养团队成员

培养团队成员是领导者最重要的任务之一，这是为了能够让更多的人为团队创造价值，也是更好地完成团队目标的有力保障。孔子说，君子要"己欲立而立人，己欲达而达人"。即，你要实现一种欲望，就要先帮助别人实现；你要达到一个目标，就要先帮助别人达到他的

杰克·韦尔奇在其任期的20年间，每两周都定期参与授课，为学员讲1至4小时的课。所以，杰克·韦尔奇被誉为"董事长的董事长"。

目标。培养团队成员可以从以下几个方面着手：

1. 关心成员

关心团队成员的工作和生活，体验到成员对团队的感受，关注成员的情感，体验他们的情绪和压力，同时也让成员分享到团队成长的果实。

长江实业执行董事洪小莲曾经是李嘉诚的秘书。她说："如果当年我的老板不是李先生，就没有今日的我。"当秘书时没什么消遣，洪小莲就用午饭时间来看报纸娱乐版。李嘉诚刚好走过，说："看这些东西是没有益处的。"她当时想："关你什么事，我是浪费自己的时间。"后来，她觉得李先生的话不无道理，于是开始工余进修。再后来，她又鼓励下属进修。从李嘉诚那里，她学到了关心下属成长。当然，自己本身也是受益者。

教练的方法是鞭策、激励、指导、示范、参与、甚至是不由分说的粗暴指令。与顾问的启发、引导的温文做派完全不同。我们像一群临时组合起来的球员，开始时缓慢、拙笨，但很快就知道了重要的是要听得懂教练的号令，跟上全队的节奏。

2. 激励成员

管理就是激励和组织人员实现团队目标的过程。激励与组织人力资源就是领导力。应该时刻善于激励员工，用积极推动的方法解决问题，从而影响和改变他人。领导应该有阳光心态，帮助成员成长、成功，要学会用鼓励的语言与方法培养成员，为他们取得的成功喝彩。

3. 教导成员

领导者的任务就是要充分调动和运用每个人的长处，共同完成任务。作为领导者，基本要求就是要团队成员。如果能把你学会的东西，把你掌握的知识和技能与团队成员分享，而且是手把手地教会下属，你就是一个好的老师，也才是一个合格的领导者者。下图是有效教导四阶段法：

第一阶段：学习准备	第二阶段：领导示范
话家常，拉近距离 告知所要学习什么工作 确认是否做过 激发学习动机与兴趣 调整位置，询问身体状况	讲解主要步骤 做给他看 强调作业要点 耐心讲解，说明理由 寻求反馈，询问是否了解
第三阶段：学员试作	第四阶段：开始工作
让他试做，纠正错误 让他边做边说出主要步骤 再让他做一次并说出要点 教到他直到掌握 询问其体验和感受	让他开始工作 指定协助他的人 常常检查 鼓励他提问 逐渐减少指导

教导成员要运用合适的教练技术帮助团队成员通过学习获得成长，提升团队成员的工作能力，改善团队成员的心智模式。

小思考

一用户在洗衣时被洗衣机内部一个毛刺划破了手指，服务人员甲说："我们的产品完全符合国家标准，你没有按我们的说明书使用，我们不负责。"洗衣机厂的生产厂长乙听说这件事后，查到这台洗衣机的生产责任人，罚了100块钱，然后采取措施，增加了一个工位，专门用来打磨配件上的毛刺。

1. 你认为服务人员甲的这种做法对吗？为什么？
2. 你认为生产厂长乙的做法合适吗？为什么？
3. 如果你是洗衣机厂的一把手，你如何处理此事？

教练型领导要有坚定的信念、明确的目标、正确的方法、适宜的创新，要时常内省，要具有平和、宽容、乐观、耐心和坚持的品质，要信任自己、信任他人。教练型领导在培训团队成员时要做到：

● 帮助成员确定问题，因为成员可能还不知道问题出在哪里。

● 帮助成员设定目标。

● 协助成员制定行动计划。

● 清楚说明决策的理由，同时也听听成员的想法，促进他们提出新的意见和想法，必要的时候支持和赞美成员提出的意见和建议。

> 我不认为领导能力是能够教出来的，但我们可以帮助人们去发现，并挖掘自己所具备的领导潜能。
> ——[美]约翰·科特

二、案例分析 Case Study

案例一：通用汽车的员工培养模式

通用汽车每年都招募大批的年轻毕业生，有工程、销售、财务等各方面的人才，公司会去仔细观察，发现他们的潜能，培养他们的领导力。"我们很少招募只有专业知识而没有领导力的人。"科卡伦说。他的理解中，一个好的领导人绝不只是规划前景，而会给团队一个明确的目标，提供充分的资源，给员工充分发挥自身能力的自由，能激励别人去达到团队共同的目标，这个人还要有出色的影响力，具有热情和激情，能令大家热爱自己的工作，自觉为公司的目标努力奋斗。

"另外，一个好的领导人绝不是机械地教下属怎么做事，而会启发他们思考，给别人留下发挥潜能的余地，而且让员工感受到你对他们的关心。"

基层员工的领导力何以得到体现呢？科卡伦对这一点的回答是，对领导力的理解并非那么狭窄，并不是只有在领导岗位上的人才需要领导力，一个基层的员工也应该具有自我领导力，对自身具有高标准的要求，不断学习，并对工作保持热爱之情。

公司需要愿意挑战自我的人。那些乐于学习和迎接挑战、自我要求比较高的人会以身边优秀的人物作为尺度，渴望做得更好，所谓见贤思齐。在 GE，工作并不容易，竞争和挑战的氛围很浓，公司需要发现能够自然适合这种文化的人。比如在一场考试中，如果测试的结果相当理想，已经处在前面 5% 的水平，仍会有些学生并不满足，会重新审视试卷找出错误，有时他们会经过反复核算，坚信自己是对的，然后找到教授加以证明。"我们喜欢这样的人，我们寻找这样的人，因为他们具有最大程度的自觉。"

从长远来看，一定要关注企业所赋予员工的价值，他们从职业生涯中得到的不应仅是某个方面的专业知识，还要拥有智慧，而后者更为重要。他的理解，只有在实践中遇到了问题并加以解决，才会得到智慧。

案例二：华为文化的凝聚力

华为文化之所以能发挥使员工凝聚在一起的功能作用，关键在于华为文化的假设系统，也就是隐含在华为核心价值观背后的假设系统。华为的价值评价与价值分配系统要保证使这种奉献得到合理的回报。正是这种文化的假设系统使全体华为人认同公司的目标，并把自己的人生追求与公司的目标相结合，帮助员工了解公司的政策；调节人与人之间、个人与团队之间、个人与公司之间相互利益关系。从而形成文化对华为人行为的牵引和约束。

强化 8 小时之内的企业文化与管理，将企业文化建设融入华为的日常管理活动之中，将企业"魂"凝聚在企业产品质量、信誉、品牌和市场竞争力之中，体现于企业各级管理者的日常管理行为之中。在 8 小时之外，华为公司努力丰富企业文化与生活，增强员工之间的情感沟通，提高员工的工作生活质量和思想境界，从而进一步提高 8 小时之内员工工作的协作精神和创新意识。

华为作为全球最大的通讯企业，在中国的白领心目中已树立起一个企业文化凝聚力的文化价值标杆。华为文化是华为凝聚力的源泉。其他的不说，华为的 8 小时之内和 8 小时之外的管理都为员工提供了一个实现自己价值和感受生活的丰富平台。所以，很多年轻学子以进入华为为荣耀，华为的这种文化内在凝聚力不仅成就了团队的目标，也在成就团队目标的同时实现了成员个人的目标和价值。

员工需要什么？

一项针对 1500 人的调查中的结果显示，员工认为最重要的前五件事情是：

1. 有学习的机会和选择任务的权利。
2. 灵活的工作时间和个人时间。
3. 个人赞扬。
4. 工作中有更多的自主性及权力。
5. 与管理人员接触。

金钱虽然被提到了，但它不在这五项之列。

案例三：英国曼联足球队

英国曼联足球队是世界足坛上的一颗明星。打造这颗明星的是苏格兰人弗格森。

自从弗格森1986年首次接管曼联队，他就意识到需要一个有效地培养后备力量的计划。他说："我们必须警惕，那些正在球场上的队员会逐渐衰老，这是我们不可克服的，但是我们需要花费足够的心思来挑选那些符合条件、拥有过硬素质并执着坚持要加入到一线队伍固定位置的年轻力量。"他明确表示："我管理一个球队的目标是为一个俱乐部将来几年甚至几十年的成功打下基础。昙花一现的成功永远满足不了我。"接着，他就着手为俱乐部在未来几年甚至是几十年中取得成功打基础。他重新建立了人才甄别体系，并将其融入了全面、结构化的青年队伍政策中。正是在这样的政策下，诞生了吉格斯、内维尔兄弟、斯科尔斯和大卫·贝克汉姆。从1986年到2007年，曼联队在弗格森的带领下共获得包括英超、足总杯、联赛杯、欧洲杯、欧洲优胜者杯、超级杯、俱乐部世界杯(丰田杯)等在内的总共18座冠军奖杯。1999年6月，他因率领曼联队在1998~1999赛季取得历史性成绩——三冠王而被英国女王授予爵士头衔。同年12月，他被法国《世界足球》杂志评为当年世界最佳足球教练。2000年12月，弗格森被英国广播公司授予"终生成就奖"。

弗格森用行动诠释并印证了一种管理理念：人们不会关心你知道什么，他们只知道你关心了什么。他用心展现了自己的领导才能，并且贯彻了自己的理念：持续培养优秀人才，让整个团队不断向前。

球队是最看重成绩的团队之一，我们应好好学习一下球队教练的激励方式，以及它们对于明星球员的渴求，在球队里不但需要大家的配合，更需要的是一个球星，只有明星球员才能在最关键的时候射门进球。曼联的土壤非常适合明星球员的生存，曼联队的明星球员层出不穷，正是在这个团队中得到发掘并成长为明星球员，才为曼联队创造了一个又一个的惊喜。

> 在每个人的成长过程中，你会经历大大小小许多领导，只要你用心学习，不管是好领导，还是坏领导，你都可以从正反两方面学到经验和教训，这对你将来当好领导是十分珍贵的经历。

三、过程训练 Process Training

活动一：游戏——泰坦尼克号

一个人在紧急情况下，才能更好地发挥其潜在的创造力和主观能动性，下面的游戏将帮助我们练习在遇到困难时，如何做计划、如何合作以及如何有效地利用有限资源。

（一）活动过程

1. 培训师给大家讲下面一个故事：泰坦尼克号即将沉没，船上的乘客（学员）须在"泰坦尼克号"的音乐结束之前利用仅有的求生工具——七块浮砖，逃离到一个小岛上。

2. 培训师指导学员布置游戏场景（参与人数：10～12人一组）：将25米的长绳在空地上摆成一个岛屿形状，在另一边，摆4条长凳，用另外的绳子作为起点。

3. 给学员5分钟时间讨论和试验。

4. 出发时，每一个人必须从长凳的背上跨过（就如同从船上的船舷栏杆上跨过），踏上浮砖。在逃离过程中，船员身体的任何部分都不能与"海面"——地面接触。

5. 自离开"泰坦尼克号"起，在整个的逃离过程中，每块浮砖都要被踩住，否则培训师会将此浮砖踢掉。

6. 全部人到达小岛之后，并且所有浮砖被拿到小岛上，游戏才算完成。

> 领导者是通过其所领导的员工的努力而成功的。领导者的基本任务是建立一个高度自觉的、高产出的工作团队。

（二）问题与讨论

1. 你们组可以想出什么样的办法来达成目标？

2. 小组是否确定出领导者？是根据什么确定的？撤离方案的形成是领导的决定还是小组讨论的结果？

3. 你们的方案是否坚决贯彻到底了？中间发生了什么变化？为什么？

4. 事后回顾当初的方案觉得是否可行？有更好的方案吗？为什么当时没有想到或没有提出来？

5. 小组是如何分配组员撤离的先后次序的？考虑到了什么因素？

> 使人者,器之。(使用人,按照各人的才能合理使用。)
> ——《论语·颜渊》

（三）总结

1. 如何应付突如其来的紧急情况，反映了一个人头脑的清醒程度和他的应变能力；同时，如何利用有限的资源更大程度地达成我们的目的，也是观察一个人想象力和创造力的最好途径。

2. 在我们面临危险的时候，每个人都会有不同的想法，此时就需要出现一个领导者的角色，否则大家七嘴八舌，互相不服，最后只会使得整个集体都受到损失。如何选择这个领导者是一个很关键的问题，但是关键的关键是此人一定要能够服众，让大家都听他的。

活动二：游戏——解手链

此活动可以让受训者了解解决问题的一般步骤，使学员体会聆听沟通的重要性，并深刻领会团队的合作精神。

（一）活动过程

1. 每 8 至 10 人为一组，必须为偶数。让每个小组围成一圈。

2. 请大家按培训师的指示做：

（1）举起你的左右手交叉放在胸前，握住身边那个人的右左手。

（2）在不松手的情况下，把这张人网张开，成为一个组员之间手拉手的圆。

（3）请每组学员共同想办法把圆理顺，使学员之间的手拉手形式变成正常情况下不交叉的方式，并且必须在不松手的情况下做到这一点。

（二）问题与讨论

1. 在开始时，你们是否觉得思路混乱？

2. 当解开一点后，你们的想法是否改变？

3. 最后问题得到了解决，你们是不是很开心？

4. 在这个活动中你们学到了什么？

（三）总结

1. 在活动过程中，当面对一个复杂的问题时大家会感到无从下手，从而往往站在原地不动，但实际上只要有所行动就会有所变化，只要有变化就有成功的可能性。

2. 如果你的尝试获得了一些效果，你就会变得积极起来，所以试着尝试一些新的办法。

3. 问题难以解决，往往是因为很多人都只是从个人的角度去考虑怎样解套，实际上应该从整体的角度来解决问题，才能有进展。

> 管理的核心是人，如何充分调动人的主观能动性，令团队成员自动自发的工作，成为了管理者核心能力的体现。

四、效果评估 Performance Evaluation

评估一：团队领导能力测试

（一）情景描述

1. 一个客户来到办公室又踢又嚷，想把每个人的头发揪下来。你怎么办？　　　　　　　　　（　　）

A. 你想是否该打电话给精神病院或公安局。最后，你情愿让其他人来提出解决方法。你可不想因为别的事出了岔子而引火上身

B. 你判断出该由谁来应付这情况。如果别人都不在，你会镇静地走向那个可能精神错乱的客户。总得有人出面，不是吗？

2. 团队工作需即时确定一个召集人。目前的问题是："那么，谁将代

表你们团队呢？"——有人这样问。此时会出现的情况最可能是： （ ）

　　A. 你的同级别的同事们纷纷推举你来领导这个小组，你取得了压倒性的胜利

　　B. 你马上将食指指向离你最近的人。最好是他或她，反正不要是我，对吗？

3. 某大学职业顾问与你的上司接洽，需要请你单位某人作为嘉宾发言人，前往他们的职业讲坛介绍你们的行业。你： （ ）

　　A. 立刻将手举得比房间里任何人都高

　　B. 顷刻间将自己藏于桌子后。你的事情已经够多了。你肯定你的上司不会介意让别人去做这种事情

> 领导就是要让他的人们，从他们现在的地方，带领他们去还没有去过的地方。
> ——[美]基辛格

4. 上司忽然决定将一个 VIP 项目委派给你，你将做的第一件事情是： （ ）

　　A. 马上要求一套规章，然后排除万难竭尽全力地按章行事

　　B. 你向上司问一个最后期限，请他做一些必要的说明，然后列出一系列自己该做的事情

5. 当你在办公室的用餐区用餐时，发现你的两位同事正吵得面红耳赤。你： （ ）

　　A. 事不关己，高高挂起

　　B. 找机会与他们谈一谈

6. 每天当你决定穿什么去上班时，你： （ ）

　　A. 用最新潮的服饰将自己打扮得最时尚

　　B. 穿得像你的上司

7. 对于你，一个典型的工作日怎样度过？ （ ）

　　A. 对你的工作日如何安排有个大致的概念。你有一个工作清单，一系列的目标，计划到每天、每月、每年

　　B. 你到办公室，差不多刚好准时。你冲到自己桌前，处理目前看起来最紧急或最重要的事情

8. 无论你如何卖命地工作，但： （ ）

　　A. 你永远落在计划之后。你经常到了最后期限还未完成工作，不断要求延长期限

　　B. 似乎永远觉得不够你干的

9. 在会议中，你常常： （ ）

　　A. 提问，做报告或提出建议

　　B. 心不在焉

10. 当你接电话、做报告、回电子邮件时，你： （ ）

　　A. 使它尽可能清晰明了、准确无误，并检查语法和礼仪是否规范

　　B. 尽量使它像对话似的自然。你与人讲话和通信时随心所欲

（二）评分标准及结果分析

得分	1	2	3	4	5	6	7	8	9	10
A	5	0	0	5	5	5	0	5	0	0
B	0	5	5	0	0	0	5	0	5	5

0~15 分：你天生是块做领导的料。你的 LQ(Leadership Quotient 领导商数) 在职场里很高。你看起来是领导，感觉是领导，而且做着领导的事。你周围的人们也很清楚这一点。

20~35 分：你有领导的素质，但你崇尚在安全的范围内发挥你的长处。你能应付责任、你能做决策，但你不想天天做这些事。既然你已身在半途，你可能愿意作为某些项目的牵头人，但你必须确保该项目能让你有选择让贤的权力。

40~50 分：你向往稳定的生活，而非有风险。因此你更喜欢听从命令而不是发布命令。你可充分发挥你的能力，在同事的权力斗争中充当和事佬。你是那个将团队带向成功的部队中的一员。

评估二：你是个有领导能力的人吗?

（一）情景描述

你是一个领导者，还是一个跟随者? 请你选择答案。

情景描述	是	否
1. 别人拜托你帮忙，你很少拒绝吗?		
2. 为了避免与人发生争执，即使你是对的，你也不愿发表意见吗?		
3. 你遵守一般的法规吗?		
4. 你经常向别人说抱歉吗?		
5. 如果有人笑你身上的衣服，你会再穿它一遍吗?		
6. 你永远走在时髦的前列吗?		
7. 你曾经穿那种好看却不舒服的衣服吗?		
8. 开车或坐车时，你曾经骂骂别的驾驶者吗?		
9. 你对反应较慢的人缺乏耐心吗?		
10. 你经常对人发誓吗?		
11. 你经常让对方觉得不如你或比你差劲吗?		
12. 你曾经大力批评电视上的言论吗?		
13. 如果你请的工人没有做好，你会反应吗?		
14. 你惯于坦白自己的想法，而不考虑后果吗?		
15. 你是个不轻易忍受别人的人吗?		
16. 与人争论时，你总爱争赢吗?		
17. 你总是让别人替你做重要的事吗?		
18. 你喜欢将钱投资在财富上，而胜过于个人成长吗?		

19. 你故意在穿着上吸引他人的注意吗？		
20. 你不喜欢标新立异吗？		

（二）评估标准及结果分析

评分标准：回答"是"得1分，回答"否"得0分。

14~20分：你是个标准的跟随者，不适合领导别人。你喜欢被动地听人指挥。在紧急的情况下，你多半不会主动出头带领群众，但你很愿意跟大家配合。

7~13分：你是个介于领导者和跟随者之间的人。你可以随时带头，或指挥别人该怎么做。不过，因为你的个性不够积极，冲劲不足，所以常常是扮演跟随者的角色。

6分以下：你是个天生的领导者。你的个性很强，不愿接受别人的指挥。你喜欢使唤别人，如果别人不愿听从的话，你就会变得很叛逆，不肯轻易服从别人。

第三节　领导授权

　　某公司某车间岗位设置如下：车间主任一名、工人若干名。车间主任，大学本科学历，29岁，工作态度端正，尽职尽责，管理有思路，其他人认为这个车间的工作尚可。但是，本车间人员却始终不能认可这位主任，甚至与他格格不入，对他一肚子意见，车间整体工作也受到阻碍。

　　通过调查了解，虽然这位主任吃苦耐劳，工作尽心尽力，但是员工最不满意的地方是他的管理方法上存在的一些问题——授权问题。这位主任在日常工作中大事小事，事必躬亲，有什么工作不知道安排布置，而是自己干，唯恐出现差错，过分强调了基层管理人员"身体力行"的作用，弄得工人手足无措。不知道授权，导致形成了"领导干，工人看"的局面，造成了员工一致的抵抗情绪。

　　从以上案例中，可以看出一个简单的问题，作为领导，要给自己一个合理的定位，根据自己的管理需要，恰当地授权可以促进工作进步，如果不懂得授权，反而会影响工作。管理是一门学问，而授权是管理中的艺术，是通过别人来实现自己目标的艺术。

　　作为一名领导，若想真正通过下属实现你的预期目标，唯一要做的就是学会授权。据有关资料显示，在中国，至少有80%以上的管理者不懂得授权。由于传统观念的影响，他们看来，下属的能力永远不如自己，授权给他们唯恐把事情办砸，所以大事小事，事必躬亲，整天忙得不亦乐乎，成效却不甚显著，甚至会遭到下属的反对或抵触。

> 完美的管理，是领导们通过适度的授权，以及无所不在的教育，让每个人都负起责任，只有下面井然有序，自己才有时间安心喝茶并考虑一些更长远的事情。

一、能力目标 Competency Goal

很多领导者发现，授权是一件极其困难的事情。大家都有各种不将管理权授予他人、不将职责委托给他人的理由。实际上，授权是一个优秀领导者必须具备的能力，它对领导者、团队成员以及团队整体利益都有益处。

> 用他，就要信任他；不信任他，就不要用他。
> ——〔日〕松下幸之助

通过本节的学习，你将能够：

1. 了解领导授权的含义和优势。
2. 了解领导授权的原则、障碍和类型。
3. 了解领导授权的程序。

（一）领导授权的含义

领导不可能一个人包打天下，需要把手中掌握的一些权力下放给下属，让他们拥有一些自主的权力。所谓领导授权，就是在团队内部，领导者将自己的部分职权授予某些团队成员，以增加团队成员工作的自主性，从而为被授权者提供完成任务所必需的客观条件。简单的说，就是让别人去做原来属于自己的事情，具体包括"做什么，让谁做，怎么做到最好"。

授权不等于放权。放权是把本应该属于下级的权力归还下级，以便上级集中精力处理更高层次、更广领域的工作；同时，也有利于下级积极主动地、机制灵活地处理好自己职责和权限范围内的工作。授权并不意味着上级放弃自己的职责，伴随授权的是领导者对下属应具备更高的指导能力及担负更大的连带责任。此外，授权不是参与、不是弃权、不是授责、不是代理职务、不是助理或秘书职务、不是分工。

> 一个公司最大的不幸就在于有才不知、知而不任和任而不用。这就是说用人的最高境界是：授权给他，让他去干，让他去为他所做的事负责任。帮助部属成功，便是整个公司的成功，当然更是领导自己个人的最大成就。

小案例

飞利浦"大象"到"群狮"的蜕变

"我希望飞利浦更像是一群猛狮，快速群猎。"这是飞利浦全球CEO万豪敦给飞利浦的定位。"与亚洲竞争者相比较，飞利浦组织太笨重，不够快。""我们不可能坐在阿姆斯特丹总部，给出真正贴近当地市场的解决方案。"

"巨象"如何变身为"群狮"？授权是其策略之一。如大中华地区的分公司就获得可以单独进行损益核算的授权，这一举措当时在飞利浦集团内还是第一次。在人事和财务两方面，大中华区首席执行官也有决定权，改变了过去大中华区在管理层级上的尴尬，成为区域市场的决定者。决策权下放的结果就是决策和创新的速度加快，产品周期缩短，从而能更迅捷地反映和满足消费者和市场的需求。

（二）领导授权的原则

1. 适当原则

适当原则要求领导需要通过一定程序进行的、一定限度内的授权，而不是无限授权。

2. 责任原则

责任原则要求领导授权的同时要明确下属的责任，即带责授权。

3. 可控原则

可控原则要求领导授权后能够对授权对象和所授权利有控制力，而不是授权后即失控，不能收回或监督。

4. 信任原则

信任原则要求领导对将要被授权的下属一定要有充分的了解和考查，一旦授权就要对下属给予充分信任，即"疑人不用，用人不疑"。

5. 考绩原则

考绩原则要求领导授权后，就要定期对下属进行考核，对下属的用权情况给予客观的评价，并与下属的切身利益结合起来。

> 10个人的时候，你走在最前面，100个人的时候，你走在中间，1000个人的时候，你走在后面。
> ——［日］松下幸之助

（三）领导授权的程序

拥有良好的信任气氛的团队比较适合于授权，但是领导者在真正授权的过程中仍然需要考虑如何能够更加有效地分派任务。授权是一个很复杂的过程，不仅仅是分派任务并希望下属完成，还需要向下属下达正确的指令，并从各方面支持下属。授权的程序主要是：

- 第一步：选定需要授权的工作。
- 第二步：选定能够胜任工作的人。
- 第三步：确定授权工作的时间、条件和方法。

- ●第四步：制定一个确切的授权计划。
- ●第五步：授权工作。
- ●第六步：检查下属的工作进展情况。
- ●第七步：检查和评价授权工作系统。

（四）领导授权的类型

根据工作授权的必要性和紧迫性，有四种类型的授权：

类型	特征
必须授权的工作	下属能做好或做得更好；经常重复；无风险或风险较低的；非生产性的。
应该授权的工作	在上司的教练或培训下，基本掌握了此项技能；过去虽然没做过，但有挑战性，且风险不大；可以通过关键点进行控制的；应该授权的工作是工作授权解决的重点。
可以授权的工作	难度较大，需要的能力较高；培养人，发现人的重要方式；责任重大，要勇于担当。
不应授权的工作	需要身份的；设定工作目标和标准；重大决策；重要信息须保密的；人员甄选；重要财权。

（五）领导授权五不要

1. 不要一次授完

如果授权的工作内容较多，可以分阶段告知员工。完成第一阶段后再授权给他第二阶段的工作。如果授权的工作需要比较长的完成时间，事先跟员工订好定时回报进度的时间表，领导不会到最后才知道事情出了问题，来不及做补救。

> 管得少，就是管得好。
> ——[美]杰克·韦尔奇

小问题

有一家小家电公司为了提升销售量，制定了一个授权计划：给分区经理和员工充分授权，使一线人员不需经过上级的层层批准，就有权独立处理顾客的特殊要求，其中包括修改现有的产品和服务，调货甚至降低价格。部分一线人员为取悦客户，无原则地大幅压低价格、增加附加服务。由于授权太过充分，有一个副经理竟然在没收到客户定金的情况下赊销了价值30万元的原材料。另一个销售人员则以产品降价10%为条件从客户手里收取回扣。

结果：新产品虽然热销，顾客满意度也在提升，却出现了销量大、利润低的情况。

现在该公司面临一个困惑：要不要收回"授权"，回到以前优惠20元钱就要审批的时候？

2. 不要迟疑不决

领导应该把工作精力集中用在非亲自做不可的事情上，其他的都属于适合授权给员工的工作。应该授权的立刻直接授权，把时间留给更重要的事情。

3. 不要事必躬亲

授权时明确告知员工你需要什么，以及为什么需要，之后就给予员工自由，放手让他挑选他觉得完成工作最适合的方法。即使员工选的方法，不是你觉得最好的方法也没有关系。重点在于，他能不能在你指定的时间内圆满完成工作，过程只是他在摸索学习。

4. 不要失去耐心

授权并不容易做好，需要多加练习。即便拥有全世界顶尖助理的人，一开始也无可避免地，会跟助理有一段磨合期。不要因为几次授权不成功就放弃，抱着"还不如我自己做比较快"的心态，又回到大事小情通通自己一手包的状态。

> 成功授权最有效工具是问问题而非直接给予指导。如果你信任你的员工，但是告诉他们如何做每一件小事，这一信息很清楚地表明你并不真正信任他们。

▶ 小思考

一位毕业于哈佛 MBA 的美国高管，曾在一家《财富》500 强的美国制造企业中取得过良好业绩。他在来到中国工作时，以为对中国员工授权就像对美国员工一样。因此，在觉察到中国公司某个生产环节需要改进时，这位高管没有发号施令，而是要求中国高管团队提出修改建议。

"我告诉他们，我觉得他们是中国的制造专家，可以出色地完成这项任务。"这位高管说，"随后，我询问他们是否有问题，并随时可以找我询问或发表见解。他们没提出任何问题，所以，我告诉他们会在两周后查看改进结果。"

两周以后，这位高管发现他们什么都没干。"这些员工怎么了？"他问道，"如果我给美国的团队授权，他们一定会提交预期成果的。"

分析：请从文化差异等因素讨论为什么出现这种状况。

二、案例分析 Case Study

案例一：松下的授权

1961 年，松下在电机事业部诚恳地对部下说："我虽然有些生活经验，可是从某种角度来看，我觉得自己是公司里最差的人。我最年长，记忆力、体力等各方面都无法和年轻人比，没有一个方面能超过各位。最差的我既然当了领导，为了实现经营理念，我必须接受各位来指导工作。"

> 有效授权是现代企业管理对企业领导者提出的更高要求。面对瞬息万变的市场风云，应对实力强劲的竞争对手，您能否高屋建瓴、运筹帷幄？能否最大限度地调动员工的积极性，充分发挥组织的整体优势？

松下作为世界上很优秀的经营巨匠，他的部下都不会认为它是最差的人。他把自己当做最差的人的诚恳和虚心，是为了发现别人的长处、才能。由此建立起依赖员工、上下一体的机制。

松下曾说过，作为老板，如果公司规模小，那只要率先垂范，做出表率，不需对员工用命令的口气说"你去做这个"，也许就能把公司经营好；如果公司有成百上千员工，老板不可能事事通晓，亲力亲为，甚至根本无法顾及，这时就不能不下命令了，而且要从心底发出"请你做这个"的请求；如果员工有1万人，"请"也不行了，而是要"拜托"，要有"万事拜托"的心态；如果员工有5万人，不用"双手合十，万事拜托"的心态去做，就无法利用下属的才能为你做事了。他就是秉承着谦虚平淡的态度与员工处事的。员工为其办起事来大都义无反顾。如1924年，地震后的东京复建迅速，松下拟定重新在东京设立办事处，决定派宫本去。当时的东京，地震的余烬还没完全铲除，到处都是烧过的房屋。面对艰辛，宫本却因老板的信任，秉着"壮士一去不复返"的心态，怀着拼命努力、不辱使命的决心来到东京。他用40元租了一间只有7平方米的居所，白天办公，晚上睡觉。在当时极度困难的条件下，当年就取得了惊人的业绩，销售所向披靡。

一个优秀的老板必定拥有很强的影响力。其影响力来自两方面：一是他所拥有的权利，叫权力影响力；二是他的人格魅力，叫人格影响力。老板是一家之主，员工也是公司的主人。员工是老板请来做事的，必须要以诚相待，以礼相敬。松下正是有了"最差"、"拜托"的心态，才真正把"权利"转变成"权威"。

案例二：授权还是分权？

一个省级经销商李老板把他属下的所有人员召集起来说："大家都很了解目前公司的情况，近段时间里也不断有人给我提建议。确实，目前公司发展到了这么大的规模，什么事都是我一个人说了算，这是不行的。所以，我开始授权，请大家替我分担一些担子。采购、仓管、财务、销售、服务等各个部门，你们都有各自的职责范围，从今天起，大家可以自己拍板。不过，在做出任何重大决策之前，请先征求一下我的意见，而且请记住，不要做那些我不会去做的决定。"

一切都安排妥当之后，李老板认为自己从今天开始，应该会过得轻松一些了。但接下来发生的场景却使李老板哭笑不得。采购部门认为要获得老板的赏识，就必须严格遵守老板原来的做法，即按公司原来的进货渠道，继续采购那些公司一直销售的产品。采购部的执行力也真够到位，他们甚至连产品型号、款式仍一如继往，不管销售部如何叫嚷，不管这些产品在当前是否适销对路，照进不误。因为他们坚信：严格遵守老板的做法，就算做得没有老板好，至少也不会犯错误。如此一来，销售部的日子就不那么好过了。销售部面对着这些新进的过时的产品，急得像热锅上的蚂蚁。不过马上就有人提出解决办法，他们向老板提出：为了抵抗竞争，提高销售量，做些小小的促销活动吧。

办企业靠的是人才，在行业里我认为我的经理人是最优秀的。在企业里，我什么都不想干，不想管。我也告诉我的部下，不要整天想自己怎么把所有的事情做好，而是要想如何把事情让别人去干，找谁干，怎样为别人创造一个环境，你要做的是掌控住这个体系。

——何享健

促销活动是常事，李老板没有细加追问就同意了。于是销售部的员工们就下到各销售实地去，像钦差大臣一样自作主张给客户赠送了大量的促销品，向客户承诺更多的服务内容，产品销量快速上升，但到月底一算，销售总量上升了，营业利润总额却比以前下降了。

企业授权之后怎么乱成了一锅粥？李老板于是又召集下属说："我们需要加强组织管理。公司需要更多的控制。"

该案例中，李老板所谓的授权，其实是分权。团队领导所分派的任务可能是制定决策，也可能是执行决策。分派的任务是实施一项已经制定的决策，并且所授予的权力本质上对全局没有影响时，称其为"授权"。但如果所分派的任务就是制定决策，也就是说，让部属决定应该实施的内容，称为"分权"。

案例三：授权是组织运作的关键

1995年2月27日，世界上有着233年历史的巴林银行垮了。拥有4万员工、下属四个集团，全球几乎所有的地区都有分支机构的巴林银行怎么会垮呢？因为一个人——李森——巴林银行曾经最优秀的交易员之一。李森当年才28岁，是巴林银行新加坡分行的经理。他是25岁进入巴林银行的，主要做期货买卖。之前李森的工作非常出色，业绩也很突出，据说他一个人挣的钱一度达到整个银行其他人的总和。为了表示巴林银行对人才的重视，董事会决定采取一个政策，让李森拥有先斩后奏的权利。

可巴林银行没有料到，正是这一决定，使巴林银行走上了毁灭的道路。从1994年年底开始，李森认为日本股市将上扬，未经批准就套汇衍生金融商品交易，期望利用不同地区交易市场上的差价获利。这一举动如果放在别人身上，早就引起上面的审查了，可是李森有先斩后奏的权利，没有人对此表示异议。后来，在已购进价值70亿美元的日本日经股票指数期货后，李森又在日本债券和短期利率合同期货市场上做价值约200亿美元的空头交易。这等于把整个巴林银行都压在了日经指数会升值上。

但不幸的是，日经指数并未按照李森的预测走。在1995年1月降到了18500点以下。在此点位下，每下降一点，巴林银行就损失200万美元。李森又试图通过大量买进的方法促使日经指数上升，但都失败了。随着日经指数的进一步下跌，李森越亏越多，眼睁睁地看着十亿美元化为乌有，而整个巴林银行的资本和储备金只有8.6亿美元。尽管英格兰银行采取了一系列的拯救措施，但都没能救活这家拥有233年历史的银行。

授权不是无限的，没有限制的授权是对团队的不负责任。

三、过程训练 Process Training

活动一：课堂讨论

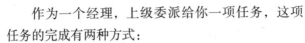

作为一个经理，上级委派给你一项任务，这项任务的完成有两种方式：

1. 仔细分析研究上级交给你的任务，制定工作方案，分析完成任务的可行性条件及资源，并把每一项工作具体落实到你下面的每一个成员。你自己准备所有的工作，安排每个员工的工作，并由你自己去解决工作中出现的每一个问题，同时一直关注工作的进展，直到它们被完成。

2. 当上级分派任务后，你把安排具体工作的权力分解到你的下级，由他们做出决定，而不是由你告诉他们每一个人应当做什么。一旦工作中出现问题，员工不必每次都得征求你的同意，他们自己有权做出决定。你的工作是汇总信息以保证整个工作方案顺利进行。

请讨论：你将采用上述哪一种方式呢？为什么？

活动二：他的授权方式

（一）活动过程

1. 所需材料：眼罩 6 个，20 米长的绳子一条。

2. 培训师选出一位总经理、一位总经理秘书、一位部门经理及一位部门经理秘书，六位操作人员。

3. 培训师把总经理及总经理秘书带到一个看不见操作人员的角落而后给他说明游戏规则：

（1）总经理要让秘书给部门经理传达一项任务，该任务就是由操作人员在戴着眼罩的情况下，把一条 20 米长的绳子作成一个正方形，绳子要用尽。

（2）全过程总经理不得直接指挥，一定要通过秘书传达指令给部门经理，由部门经理指挥操作人员完成任务。

（3）部门经理有不明白的地方也可以通过自己的秘书请示总经理。

（4）部门经理在指挥的过程中要与操作人员保持 5 米的距离。

（二）讨论

1. 作为操作人员，你怎样评价你的这位主管经理？如果是你，你会怎样来分派该任务？

2. 作为部门经理，你对总经理的看法如何？对操作人员在执行过程看法又如何？你认为还有什么改进的方法？

> **"球论"理论描述**
>
> 某一团队在选择合作伙伴和领袖时，只能在特定条件下和特定环境中作选择，这种选择不可能是一开始就能获得信任，只能以最重要的价值观和认同感为前提，对其余的某些选择只能在一定环境制约下作强迫性选择。这种选择虽然是有条件和强迫性的，但团队的成员应在选择之后加强彼此的理解、沟通、协调，求同存异，并努力寻求团队成员的相互信任和相互合作，共同建设优秀的团队，使团队的整体效益和团队成员的个体价值也达到最大化。

3. 作为总经理，你对这项任务看法如何？你认为哪些方面是可以改善的？

（三）总结

领导授权的目的简单来说就是：让自己无为，团队有为。原因很简单，高层无为，中层有为，基层无所不为，团队才能大有作为。让自己无用，团队有用，是领导最重要的战略部署；让自己无能，团队有能，是领导最重要的能力所在；让自己无为，团队有为，是领导在团队中最大的作为。

四、效果评估 Performance Evaluation

评估一：测试你的授权能力

（一）情景描述

1. 授权时最好将整个任务或项目的责任授权给一个人，而不是分摊给多个人。　　　　　　　　　　（　）

　　A. 正确

　　B. 错误

2. 授权如何能够提升总体生产力和效率？　　　　（　）

　　A. 通过将技能与人员对应，可以充分利用组织的资源

　　B. 通过减轻你的压力来提高效率

　　C. 通过关注团队努力而非个人努力来鼓舞士气

3. 确定任务的合适人选后，应该明确地传达你的想法，最好能面对面地与之会谈，开诚布公地进行讨论，沟通。以下事项中哪个是讨论过程中不适合出现的？　　　　　　　　　　　　　　（　）

　　A. 清楚阐述项目、任务或职能，说明所授权职责的范围

　　B. 调查可用资源以及是否需要任何特殊培训、辅导或协助

　　C. 新的工作权限对员工职业生涯和薪资水平的影响

4. 你会考虑用什么方法来确定授权内容和授权方式？　（　）

　　A. 按资历、工作责任或团队

　　B. 按任务、项目或职能

　　C. 看团队或直接下属中谁自告奋勇

5. 为了从授权行动中吸取经验教训，你应在每次任务结束时进行回顾和反思，与员工展开讨论，对结果进行评估。你认为讨论过程中不应涉及以下哪个要点？　　　　　　　　　（　）

　　A. 询问员工在此次授权中收获如何

　　B. 对出现的问题加以批评和指责

"明主好要，暗主好详。主好要则百事详，主好详则百事荒。"（《荀子·十一王霸》）聪明的老板善于抓住要点（纲领和战略），而愚笨的老板却喜欢事无巨细一齐抓，事事都管周详。老板善于抓住要点，一切事情都可以处理周详；老板喜欢事事都管周详，结果是一切事情都容易荒废。

C. 认可员工取得的成绩，并对表现出色之处进行褒奖和赞扬

6. 作为第一保健医疗用品公司的财务部经理，你想将更多的工作授权给下属完成。下列哪项措施可以帮助你保证授权的有效性？（　　）

    A. 通过将项目中的一小部分工作分配给下属来增强他们工作的主动性和担当意识

    B. 通过给团队每位成员分配同样难度的工作以确保授权的公平性

    C. 给下属接触公司核心业务的机会

    D. 将没有系统执行方案的任务分配给在该方面没有工作经验的团队成员，以尽快提高他们的工作能力

7. 考虑将任务合理地授权给合适的人时，以下哪些问题是最先应当考虑的？（　　）

    A. 此项任务要求具备什么样的思考能力？必须进行哪些活动？完成此任务需要具备哪些人际关系技能？

    B. 谁有时间来完成该任务？谁以前曾处理过此类任务？谁可能具备合适的设备？

    C. 此任务需要何时完成？谁会按照你希望的方式执行此任务？谁不会介意承担此任务涉及的额外工作？

8. 是否可以用授权这种方式作为员工晋升之前的能力考核手段？（　　）

    A. 可以。通过这种方式，可以考察员工的综合能力是否适应新职位的要求。

    B. 不可以。让员工展现不同于当前职位要求的能力，这对他们不公平。

> 两个人各自拿着一个苹果，互相交换，每人仍然只有一个苹果；两个人各自拥有一个思想，互相交换，每个人就拥有两个思想。
>
> ——[英]肖伯纳

9. 凭借高远的战略视野和深厚的行业经验，你被一家高科技发展公司聘用为销售经理。上任后，你决定让那些向你表达过晋升意愿的下属承担更多的工作职责。下列工作中哪一项是你可以进行授权的？（　　）

    A. 为整个部门构建一个业务发展计划与预算方案

    B. 和一位与公司首次进行合作的大客户就销售合同进行谈判

    C. 审阅每周销售报告并对销售进度落后的团队成员进行辅导

    D. 组织并全权负责今年的销售年会

10. 你认为以下哪种情况发生时需要从员工那里收回已授权的任务？（　　）

    A. 你自己完成任务所花费的时间要少于向员工提供指导的时间

    B. 任务的完成似乎不在掌控之中，你的管理能力可能受到挑战

    C. 如果得不到你或他人的协助就可能错过重要任务的最后期限

11. 将任务授权给现有人员中最有经验的人或授权那些具备有效执行任务所需的最低技能水平的人，哪个更具合理性？（　　）

    A. 授权给现有人员中最有经验的人

    B. 授权给那些具备有效执行任务所需的最低技能水平的人

12. 你已经将一项工作交给张丽两个月了，现在你需要检查一下他的工作进度。当你回顾自己辅导张丽的做法时，你意识到有时候你对她的干预多过支持。你的哪种做法可以被视为一种"干预"？（　　）

    A. 主动给张丽提供最佳行动建议，帮助她完成工作中最复杂的部分

    B. 在张丽需要的时候提供给她与项目有关的附加资料

    C. 让她知道在一个项目截止时间临近时，她应该向你寻求帮助

    D. 跟张丽分享你在做类似项目时的经验来帮助她避免犯同样的错误

（二）评估标准及结果分析：（每小题1分）

题号	1	2	3	4	5	6	7	8	9	10	11	12
参考答案	A	A	C	B	B	C	A	A	D	C	B	A
你的得分												

    1~4分：你的授权方面理论基础较为薄弱，需要全面提升授权能力。授权是成功管理者身上体现出来的最重要技能之一，也是"过度操劳"的管理者往往忽略或忽视的技能。

    5~8分：你已经具备了一定的授权能力，但还需要有针对性地强化能力短板，查漏补缺，系统化提升授权能力。

    9~12分：恭喜你！你已经拥有了较强的授权能力。

评估二：测试你的授权习惯

（一）情景描述

    假设你是一名管理者，下面的每一种陈述，请用数字 1 ~ 5 标出你的认可程度5（非常同意）、4（同意）、3（不确定）、2（不同意）、1（非常不同意）。

情景描述	得分
1. 我希望能够更多地授权，但是每次我授权后的工作总是不能达到我自己所期望的结果。	
2. 我认为自己没有时间进行有效地授权。	
3. 我非常仔细地检查员工的工作，但是我没有让他们知道。一旦有必要，我会及时纠正他们的错误，防止给我带来更多的麻烦。	
4. 对于一项工作，我总是全权授予，让员工没有任何干扰地完成工作，然后我再检查结果。	
5. 当我给予明确指导而工作仍然不能正确地完成时，我感到非常沮丧。	
6. 我认为我的员工缺乏责任感，所以我所授权的任何工作都不如我自己做得好。	
7. 我希望能够更多地授权，但是我认为我比被授权的人会做得更好。	
8. 我希望能够更多授权，但是如果被我授予任务的那个人不能胜任工作，我会严厉地批评他。	

9. 如果我授权给别人,那么我的工作就没有什么价值了。	
10. 当我授权一个工作任务后,却经常发现结果是如此糟糕,最后我只能自己去完成它。	
11. 我并不认为授权真的能够节省时间。	
12. 我总是明确和详细地进行授权,并清楚说明应该怎样完成。	
13. 我并不能像所希望授权的那么多,因为我的员工缺乏必要的经验。	
14. 我认为授权会使我失去控制权。	
15. 我会更多地授权,但我更是一名完美主义者。	
16. 我的工作时间总是比应该的工作时间要长。	
17. 我可以授予员工处理日常工作的权力,但是我认为那些非日常的工作必须由我来完成。	
18. 我的上司希望我能够细致地了解工作的全部细节。	
总分	

(二)评估标准及结果分析

每小题你所标的数字就是你该小题的得分。

18~35 分:你是一个比较优秀的授权者;

36~53 分:你还需要继续努力;

54~71 分:你的授权习惯及态度需要彻底改变;

72~90 分:你根本无法指挥你的下属。

第八章　团队激励

　　激励意味着行为，以及达到效果所需要的精力和努力。对于一个团队来说，尽管其成员具有各种各样的能力，但不一定能产生对团队的正面价值，成员能力和天赋的发挥在很大程度上取决于其需求水平的高低。人们加入某个团队，为达成某种目标而工作，是基于不同的需要和动机，如报酬、各种待遇、个人职业生涯发展等，激励正是通过满足成员的不同需要和动机，来引导其为团队的目标努力和做出贡献的过程。

　　激励的目的是调动一个团队或个人的积极性。激励能使每个成员士气高昂，使整个团队充满活力。即使非常努力的团队成员如果没有激励，这种努力都是不可持续的；对整个团队来说，缺乏激情、动力不足，是常见的现象，而这些将直接导致团队的覆灭。高效的团队必然具有有效的激励机制以维持团队激情。

　　团队激励与成员激励是有所区别的，需要遵循不同的原则，而不同的团队成员也需要采用不同的激励方法，才能达到激励目的，唤醒团队或成员的激情。

　　通过本章的学习，你将能够：
1. 了解激励的内涵、意义与过程。
2. 了解并掌握激励的相关理论。
3. 了解激励的一般原则。
4. 了解团队成员和领导激励的特殊要求。
5. 了解常用的激励方法。

第一节　激励及其原理

停发 2000 元奖金

　　一家外语培训公司的总经理在每年国庆节时都会额外给员工发放一笔 2000 元的奖金。但几年下来，总经理感到这笔奖金正在丧失它原有的功效，因为员工在领取奖金的时候反应相当平和，每个人都像领取自己的薪水一样自然，觉得是自己应得的，并且在随后的工作中也没有人会为这 2000 元表现得特别努力。既然奖金起不到激励作用，总经理决定停发，加上行业不景气，这样做也可以减少公司的一部分开支。但停发的结果却大大出乎意料，公司上下几乎每一个人都在抱怨总经理的决定，有些员工明显情绪低落，工作效率也受到不同程度的影响。总经理很困惑：为什么有奖金的时候，没有人会为此在工作上表现得积极主动，而取消奖金之后，大家都不约而同地指责抱怨甚至消极怠工呢？

> **最有效的激励艺术**
> 1．依需要和层级而变。
> 2．顺时间因场合而变。
> 3．看反应视情势而变。
> 4．明暗公私要分开。
> 5．顺逆杠头要合适。
> 6．动静大小要并用。

　　导致员工满意的因素与导致工作不满意的因素是有本质差别的。每年国庆节的 2000 元奖金只是消除了员工的不满意状态，而没有对员工产生积极的激励作用。这是因为与人们的不满情绪有关的因素，如规章制度、工资水平、工作环境、劳动保护等，处理得不好会引发人们对工作的不满情绪，但处理得好也只不过预防或消除了这种不满，而不能起真正的激励作用。

　　要想真正激励员工，首先需要了解激励是什么，为什么需要激励，以及激励是怎样发挥作用的。

一、能力目标 Competency Goal

　　激励能点燃成员的激情，促使其工作动机更加强烈，产生超越自我和他人的欲望，并将潜在的、巨大的内驱力释放出来，为组织的远景目标奉献自己的热情。一个好的领导行为能给员工带来信心和力量，激励员工朝着既定的目标前进。能否建立健全激励机制，能否有效地激励每一个员工，将直接关系到一个组织的发展。

通过本节的学习，你将能够：
1. 了解激励的内涵、意义。
2. 了解激励的过程。
3. 了解基本的激励理论。

> 奖励和惩罚只是一个硬币的两个不同面——而且这个硬币还不值什么钱。
> ——[美]艾尔菲·艾恩

（一）什么是激励

　　所谓激励，是指对人的行为具有激发、加强和推动作用，并且能够引导行为和精神状态指向目标的一种作用力。它含有激发和鼓励的意思，从管理活动的角度来说，激励的目的是为了使人形成工作动力，也就是人们常说的调动积极性，让成员自发而主动地把个人潜能发挥出来。激励是管理过程中不可或缺的环节和活动。有效的激励可以成为组织发展的动力保证，实现组织目标。

　　激励有物质激励和精神激励、外在激励和内在激励、正激励和负激励等不同类型。

小故事

　　一群孩子在一老人家门前嬉闹，吵嚷尖叫，老人不堪其扰。于是，他想了个办法，给每个孩子一块钱，并对他们说："你们让这儿变得热闹，我觉得自己年轻了不少，这点钱表示谢意。"孩子们很高兴，第二天一如既往来到这里。老人这次给的是五毛钱，说自己没有收入，只能少给一些，孩子们仍然兴高采烈地走了。第三天，老人只给一毛钱。孩子们勃然大怒："一天才一毛钱，知不知道我们有多辛苦！"他们发誓再也不会为老人而玩了，果然，老人的门前恢复了宁静。

　　这是一个典型的负激励的故事。

（二）激励的过程

　　激励，不仅是一种行为，也可以看作是需要获得满足的过程。心理学家认为，人类的行为基本上都是动机性的行为，也就是说，人的行为都是有一定目标的。而这种动机又起源于人的需求和欲望。有了需求和欲望就会产生动机，有了动机就会有行为。当需要未被满足时，就会产生紧张，使人的身体或心理失去平衡而感到不舒服，进而激发个体的内驱力，这种内驱力将导致寻求特定目标的行为。行为是为消除紧张和不舒服而达到目标的一种手段。当目标达到之后，原有的需求和动机也就消失了。

在团队工作中，被激励的团队处于一种紧张状态，为缓解紧张，他们会努力工作。紧张强度越大，努力的程度也就越高。如果这种努力能够成功地满足需要，紧张感将会减轻直至消除。需要注意的是，由于团队感兴趣的是与工作有关的行为，所以，这种努力必须要指向团队的目标，而且，还必须达到各成员行为方向一致所形成的共同合力，以避免成员们目标的相互抵消和冲突。下图说明了团队决定个体动机的因素。

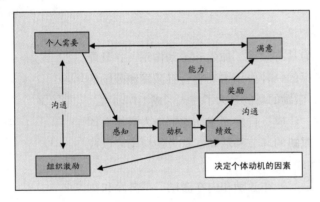

欧·亨利在他的小说《最后一片叶子》里讲了个故事：

一个生命垂危的病人从房间里看见窗外的一棵树，在秋风中树叶一片片地掉落。病人望着眼前的萧萧落叶，身体也随之每况愈下。她说："当树叶全部掉光时，我也就要死了。"一位老画家得知后，用彩笔画了一片叶脉青翠的树叶挂在树枝上。最后一片叶子始终没掉下来。只因为生命中的这片绿，病人竟奇迹般地活了下来。

人生可以没有很多东西，却唯独不能没有希望。正是这最后一片叶子的激励，让病人有了生的希望。

小故事

一只新装好的小钟放在了两只旧钟当中，两只旧钟"滴答""滴答"一分一秒地走着。其中一只旧钟对小钟说："来吧，你也该工作了，但我担心你走完三千二百万次以后，会吃不消"。"天哪！三千二百万次"小钟吃惊不已。"要我做这么大的事？办不到，办不到！"另一只旧钟说："别听他胡说，不用害怕，你只要每秒滴答摆一下就行了。""天下哪有这样简单的事情？"小钟将信将疑。"如果这样，我就试试吧。"

小钟很轻松地每秒钟"滴答"摆一下，不知不觉中，一年过去了，它摆了三千二百万次。

（三）激励理论

1. 需要层次理论

美国行为学和心理学家亚伯拉罕·马斯洛在 1943 年发表的《人类动机的理论》一书中提出每个人都有五个层次的需求：

（1）生理需求（physiological need）：生存所必需的基本生理需要，如对食物、水和睡眠和性的需要。

（2）安全需求（safety need）：包括一个安全和可预测的环境，它相对地可以免除生理和心理的焦虑。

（3）爱与归属的需求（love and belongingness need）：包括被别人接纳、爱护、关注、鼓励、支持等，如结交朋友，追求爱情，参加团体等。

（4）尊重需求（esteem need）：包括尊重别人和自尊重两个方面。

（5）自我实现需求（self-actualization need）：包括实现自身潜能。

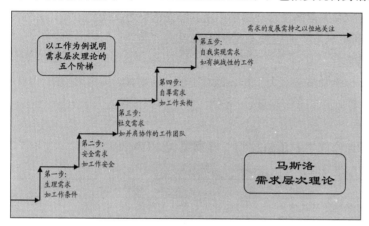

马斯洛认为，需求具有不同的层次，生理需求位于最底端，自我实现需求处于顶端，低层次需求比高级需求更容易实现。只有在满足了低层次需求之后，人们才会集中精力考虑高层次的需求。在实践中，马斯洛的需求层次理论得到了普遍认可，这主要归功于该理论简单明了、易于理解、具有内在的逻辑性。

▶ 小故事

驴子与狗

驴子与狗一起外出赶路，发现地上有一封密封好的信。驴子捡起来，撕开封印，展开信纸大声朗读。信里谈到饲料、干草、大麦以及糠麸。狗听到驴子读的这些，很不舒服，不耐烦地对驴子说："好朋友，快读下去，看有没有提到肉和骨头。"驴子将信全部读完后，仍没有发现信中提到狗所想要的东西，狗就说："把它扔了吧，朋友，都是些没有什么趣味的东西。"狗让驴子把信扔掉，除了说明它以自己的意愿代替驴子的意愿外，更重要的在于信没有对狗起到激励作用，对狗所感兴趣的东西没有涉及。

2. 双因素理论

双因素理论（Two Factors Theory）又称激励保健理论（Motivator-Hygiene Theory），由美国的行为科学家弗雷德里克·赫茨伯格（Fredrick Herzberg）提出。双因素理论认为引起人们工作动机的因素主要有两个：

> 世上并没有用来鼓励工作努力的赏赐，所有的赏赐都只是被用来奖励工作成果的。

（1）保健因素。保健因素是指造成员工不满的因素。保健因素不能得到满足，则易使员工产生不满情绪、消极怠工，甚至引起罢工等对抗行为；但在保健因素得到一定程度改善以后，无论再如何努力进行改善，往往也很难使员工感到满意。因此也就难以再由此激发员工的工作积极性，所以就保健因素来说："不满意"的对立面应该是"没有不满意"。

（2）激励因素。激励因素是指能造成员工感到满意的因素。激励因素的改善而使员工感到满意的结果，能够极大地激发员工工作的热情，提高劳动生产效率；但激励因素即使管理层不给予其满意的满足，往往也不会因此使员工感到不满意，所以就激励因素来说："满意"的对立面应该是"没有不满意"。

赫茨伯格认为，要想真正激励员工努力工作，必须注重激励因素，只有激励因素的满足，才会增强员工工作满意感，才能激发人的积极性。

3. X 理论和 Y 理论

X 理论和 Y 理论由美国管理学家道格拉斯·麦格雷戈（Douglas Mcgregor）在著作《企业中人的方面》提出。其两个假设是：

X 理论	Y 理论
员工天生不喜欢工作，并且尽可能地逃避工作。	员工视工作如休息和娱乐一般自然。
大多数人必须用强制、控制、引导或者威胁惩罚的办法，使他们为达到组织目标而努力。	如果员工对某项工作做出承诺，他们会进行自我指导和自我控制，以完成任务。
员工只要有可能就会逃避责任，安于现状。	一般而言，每个人不仅承担责任，更会主动寻求承担责任。
大多数员工喜欢安逸，没有雄心壮志。	绝大多数人都具备做出正确决策的能力，而不仅仅管理者才具备这一能力。

麦格雷戈的人性观点对于激励问题的分析在马斯洛需要层次的框架基础上进行解释效果最佳：X 理论假设较低层次的需要支配着个人行为，Y 理论则假设较高层次的需要支配着个人的行为。他本人则认为，Y 理论的假设相比 X 理论更实际有效，因此他建议让员工参与决策，为员工提供富有挑战和责任感的工作，建立良好的团队关系，这都会调动员工的积极性。

4. 期望理论

期望理论（Expectancy Theory），又称作"效用—手段—期望理论"，是由美国著名心理学家和行为科学家维克托·弗鲁姆（Victor H. Vroom）于 1964 年在《工作与激励》中提出来的。

该理论认为，人之所以能够从事某项工作并达成组织目标，是因为这些工作和组织目标会帮助他们达成自己的目标，满足自己某方面的需要。弗鲁姆认为，人们采取某项行动的动力或激励力取决于其对行动结果的价值评价和预期达成该结果可能性的估计。换言之，激励

有志者，事竟成，破釜沉舟，百二秦关终归楚；苦心人，天不负，卧薪尝胆，三千越甲可吞吴。

力的大小取决于该行动所能达成目标并能导致某种结果的全部预期价值乘以他认为达成该目标并得到某种结果的期望概率。

用公式表示为：M = E×V，即激励的效用 = 期望值 × 效价。

弗鲁姆的期望理论辨证地提出了在进行激励时要处理好三方面的关系，这些也是调动人们工作积极性的三个条件：

（1）努力与绩效的关系。

（2）绩效与奖励的关系。

（3）奖励与满足个人需要的关系。

简化的期望理论模式如下图：

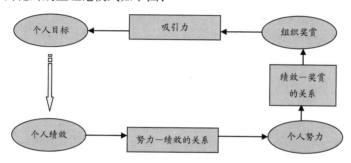

二、案例分析 Case Study

案例一：戴尔公司"70—20—10"法则和 "太太式培训"

戴尔在培训管理方面的核心内容是将重点放在员工的发展计划上。公司有一个名为"70—20—10"的员工发展框架，在这个体系中，他们会集中70%的员工通过工作经验来不断学习和提高，20%的员工通过辅导和指导提高自身，而另外10%的员工则进行正规学习计划。根据这一模型，10%的雇员的学习重点是在正式的课堂。他们的正规培训课程包括基本技能的培训和管理能力的培训，而重点放在领导力的培训上。另有20%的雇员的学习重点是接触不同领域的人和事，做跨领域的项目，比如鼓励员工参与BPI（业务流程再造）；或者在公司内部不同部门寻找不同的教练。其余70%的员工则是在工作的过程中，学习经验再造的机会。

每一年，戴尔中国的员工都要接受人均50小时的培训和教育，获益于多种多样的职业发展培训课程。现任戴尔大中华区市场总监孙伟伦介绍说，戴尔十分重视"工作中学习"。每个月都有学习的项目，可以给员工两天假去学习。"你可以任意自己挑课程，要去学习不用请假，跟你的经理说一下就可以。"这种培训的课程分为两种形式，一种是E-learning形式的网上学习，另一种是面对面的课程讲授。

> **精神激励的十大 黄金法则**
> 1. 员工就是"亲人"；
> 2. 员工就是"主人"；
> 3. 肯定人格尊严；
> 4. 感受工作乐趣；
> 5. 采纳建议；
> 6. 宽容失误；
> 7. 创新心理；
> 8. 耻辱心理；
> 9. 保持士气的常规方法；
> 10. 保持士气的特殊方法。

戴尔对销售人员"太太式培训"效果让销售部门尝到了甜头。所谓"太太式培训"就是把销售经理比喻为销售新人的"太太",销售经理像太太一样不断地在新人耳边唠叨、鼓励,让新人形成长期的良好销售习惯,从而让销售培训最终发挥作用。培训由培训经理和销售经理一起完成。销售新人不仅向直线经理汇报,还要向培训经理汇报。培训经理承担技能培训和跟踪、考核职能,负责每周给销售新人排名,并用电子邮件把排名情况通知他们。销售经理承担教练和管理职能,通过新人的最终执行,达到提高业绩的目的。先是为期三周的集中培训,由专家讲解销售的过程和技巧,邀请有经验的销售人员来分享经验。然后每周末召开会议,销售经理与培训经理都参加,检查新人上周进度,讨论分享工作心得,分析新的销售机会,制定下周的销售计划。销售经理与培训经理、新人们一起讨论新人的成长、下一步的走向,最终,"太太"在工作中能够自觉指导新人运用销售技巧,及时鼓励新人、有效管理新人。

培训激励的目标是使员工不断地更新知识,开拓技能,改进员工的动机、态度和行为,是企业适应新的要求,更好地胜任现职工作或担负更高级别的职务,从而促进组织效率的提高和组织目标的实现。戴尔的"太太式培训"从效果上反映了培训也是一种生产力,培训和其他学习机会都可以做为对员工进行激励的方法。特别是知识型员工,更注重个性的自由发挥和实现自己的人生价值,更看重企业能否给自己提供发展的机会。

培训能增强员工对企业的归属感和主人翁责任感。就企业而言,对员工培训得越充分,对员工越具有吸引力,越能发挥人力资源的高增值性,从而为企业创造更多的效益。有资料显示,百事可乐公司对深圳270名员工中的100名进行一次调查,这些人几乎全部参加过培训。其中80%的员工对自己从事的工作表示满意,87%的员工愿意继续留在公司工作。培训不仅提高了职工的技能,而且提高了职工对自身价值的认识,对工作目标有了更好的理解。

案例二:戴尔·卡耐基与继母

卡耐基小时候是一个公认的、非常淘气的"坏男孩"。在他9岁的时候,他父亲把继母娶进家门。当时他们是居住在维吉尼州乡下的贫苦人家,而继母则来自较好的家庭。

他父亲一边向他继母介绍卡耐基,一边说:"亲爱的,希望你注意这个全社区最坏的男孩,他可让我头疼死了,说不定会在明天早晨以前就拿石头扔向你,或者做出别的什么坏事,总之让你防不胜防。"

西洛斯·梅考克是美国国际农机公司的创始人。有一次,一个老工人违反了工作制度,酗酒闹事。按照公司管理制度的有关条款,他应受到开除的处分。决定一发布,那位老工人立刻火冒三丈,他委屈地说:"当年公司债务累累时,我与你患难与共。3个月不拿工资也毫无怨言,而今犯了这点错就开除老子,真是一点情分也不讲。"梅考克平静地对他说:"你知不知道这是公司,是有规距的地方,这不是你我两个人的私事,我只能按规定办事。"

出乎卡耐基意料的是，继母微笑着走到他面前，托起他的头看着他，用纤细的手怜爱地轻轻抚摸卡耐基的头。她看着丈夫说："你错了，他不是全社区最坏的男孩，而是最聪明、但还没有找到发泄热忱的地方的男孩。"

继母说得卡耐基心里热乎乎的，眼泪几乎滚落下来。就是凭着她这一句话，他和继母开始建立友谊。也就是这一句话，成为激励他的一种动力，促使他去帮助千千万万的普通人走上成功和幸福的道路。因为在他继母来之前没有一个人称赞过他聪明。他的父亲和邻居认定他就是坏男孩，但是继母只说了一句话，便改变了他的命运。

卡耐基14岁时，继母给他买了一部二手打字机，并且对他说，相信他会成为一位作家。他接受了她的想法，并开始向当地的一家报纸投稿。他了解继母的热忱，也很欣赏她的那股热忱，他亲眼看到她是如何用她的热忱改善他们家庭的。

来自继母的这股力量，激发了他的想象力，激励了他的创造力，帮助他和无穷智慧发生了联系，使他成为20世纪最有影响力的人物之一。

一句话可以毁掉一个人的信心，甚至破灭他对生存的希望；但一句话也可以鼓励一个人从失落中走出来，或让人从新的角度认识自己，从此改变他的人生。所以在任何时候，我们都不要吝啬一句鼓励的话，给一个信任的眼神，做一件力所能及的小事。一个人的力量对于自己也许是很有限的，但他却可能帮助激发另一个人的无穷潜能。

戴尔·卡耐基的继母对他的激励和教诲使他成了20世纪最伟大的教育家之一，美国现代成人教育之父。他一生致力于人性问题的研究，运用心理学和社会学知识，对人类共同的心理特点，进行探索和分折，开创并发展出一套独特的融演讲、推销、为人处世、智能开发于一体的成人教育方式。可以说，没有继母的激励就没有卡耐基的成就。

三、过程训练 Process Training

活动一：争夺奖金

学习有时候挺枯燥，有些人能学习自己真正感兴趣的东西而化被动为主动，有些人不能。因为培训师要知道利用一些小技巧来提高学员的积极性。

（一）活动过程

1. 培训师选出一些曾经向学员讲授过的知识，比如一个新的沟通

当年英国政府把国内的重罪囚犯流放到澳大利亚，并雇佣一船运公司负责运输。囚犯在船上病死、饿死、虐待死、自杀的不计其数，真正活着抵达澳大利亚的寥寥无几。后来政府按活着到达澳大利亚的囚犯人头数付费给船运公司。游戏规则改变后，在船运途中死亡的囚犯几乎为零，所有的囚犯基本能安全抵达澳大利亚。

技巧或一个管理理念等。

2. 对每个问题设计出一些正确选项和错误选项，把它们混在一起，写在一张大纸上，不要让学员看到。

3. 将学员分成 3~5 人一组，让他们来分别答题，要求他们选择正确的答案。

4. 3 分钟后停止活动，各组学员回到座位上。

5. 把题目公布出来，让大家指出答案中的错误。

6. 每挑出一个真正的错误，可加 1 分，获胜的小组可以得到 10 元钱的奖励。

（二）问题与讨论

1. 没有物质奖励与有物质奖励对学员心理上有什么影响？

2. 加入物质奖励是否对提高学员参加游戏的积极性有所帮助？为什么？

（三）总结

这个活动采用的是竞争机制和物质刺激，游戏既增强了学员的竞争意识，又向他们提供了获得奖励的机会。通过这个游戏，还可以测试学员的学习效果。

活动二：笑容可掬

本活动以一个很热闹的形式，加强了团队之间的沟通与交流，同时通过正面激励来增进彼此之间的感情。

（一）活动过程

1. 让学员站成两排，两两相对。

2. 两排各派出一名代表，立于队伍的两端。

3. 相互鞠躬，身体要弯腰成 90 度，高喊：某某某，你好。

4. 向前走交汇于队伍中央，相互鞠躬高喊一次。

5. 鞠躬者与其余成员均不可笑，笑出声者即被对方俘虏，需排至对方队伍最后。

6. 依次交换代表人选。

（二）问题与讨论

1. 这个游戏给你最大的感觉是什么？做完这个游戏之后，你有没有觉得心情格外舒畅？

2. 本游戏给你的日常生活与工作以什么启示？

拿破仑在一次打猎的时候，看到一个落水男孩，一边拼命挣扎，一边高呼救命。这河面并不宽，拿破仑不但没有跳水救人，反而端起猎枪，对准落水者，大声喊到：你若不自己爬上来，我就把你打死在水中。那男孩见求救无用，反而增添了一层危险，便更加拼命地奋力自救，终于游上岸。

（三）总结

1. 人们常说，当你面对生活的时候，你实际上是在面对一面镜子，你笑，生活笑，你哭，生活也在哭。面对别人的时候也是这个道理，要想获得别人的笑容，你首先要绽放自己的笑容。"己所不欲勿施于人"，既然你不想让别人对你绷着脸，为何要对别人绷着脸呢？

2. 在团队合作中，彼此之间保持默契，维系一种快乐轻松的氛围，会非常有利于大家彼此之间的沟通，也会加快我们的合作步伐。

活动三：掌声响起来

欢快鼓舞的情绪有助于营造充满激情、热烈、蓬勃向上的氛围。

（一）活动过程

1. 走进与会人员聚集的房间，然后让每个人站起来并张开双臂。

2. 告诉他们，为了使他们的头脑清醒并尽快地消化理解在课程中掌握的知识，请学员做一个有趣的试验，本试验有助于他们的血液循环，并且可以帮助他们在课程开始的时候集中注意力。

3. 请大家向两侧伸展双臂，然后迅速拍手，然后再伸展双臂，重复这个动作 10 次，动作要快。

4. 问问学员感觉如何。

（二）问题与讨论

活动结束后，培训师有一种被激励的感觉？

（三）总结

1. 当大家一起做这个活动的时候就能把每个人的兴奋点挑起来，然后使得大家都能集中精神注意听下面的课程，这是一个激励大家记忆力的好方法。

2. 本活动可以营造出一种轻松愉快的氛围，有助于学员之间的相互沟通和合作。

由于团队成员之间的高度互赖及利益共享，每位成员都面临着是否合作的困境：如果自己不合作，而其他成员皆努力付出，那就能坐享团队的成果；但如果所有团队成员都作此想，那该团队将一事无成，结果每个人都受到惩罚。从另一方面说，如果自己全心投入，而其他成员皆心不在焉、懒散懈怠，那么到时由于自己的努力为团队取得的成果就会被其他成员所瓜分。

——陈晓萍

四、效果评估 Performance Evaluation

评估：哪种需求对你最为重要

（一）情景描述：

把你对下面问题的反应做一个排列，将你认为最为重要的或最为真实的反应列为 5，其次列为 4，依此类推，对你来说最不重要或最不真实的反应列为 1。

例：我最爱从事的工作是：

A. __4__ 独自一人工作；

B. __3__ 有时与其他人共同工作，有时独自一人工作；

C. __1__ 作演讲；

D. __2__ 与他人共同讨论；

E. __5__ 从事室外工作。

1. 总的来说，一项工作对我最为重要的是：

A. ____ 工资是否足够满足我的需要；

B. ____ 是否提供建立伙伴关系或良好人际关系的机会；

C. ____ 是否有良好的福利待遇，且工作安全；

D. ____ 是否给我足够的自由和展示自己的机会；

E. ____ 是否根据我的业绩而有晋升的机会。

2. 如果我打算辞去一项工作，很可能是因为：

A. ____ 这项工作很危险，比如没有足够的工作设备或安全设施极差；

B. ____ 由于企业不景气或筹措资金困难，因而能否继续被聘用是个未知数；

C. ____ 这是个被人瞧不起的职业；

D. ____ 这工作只能独自一人来做，无法与他人进行讨论和沟通；

E. ____ 对我来说这项工作缺乏个人意义。

3. 对我来说，工作中最为重要的奖赏是：

A. ____ 来自于工作本身，即这是一项重要而具有挑战性的工作；

B. ____ 满足人们从事工作的基本原因，如丰厚的工资、宽敞的居室及其他经济需求；

C. ____ 提供了多种福利待遇，如医疗保险、旅游休养假期、退休保险等等；

D. ____ 体现了我的能力，比如我所做的工作得到了承认，我知道自己是本公司或本专业中最优秀的工作者之一；

E. ____ 来自于工作中的人际因素，也就是说，有结交朋友的机会和成为群体重要一员的机会。

> 一切内心要争取的条件、希望、愿望、动力都构成了对人的激励。——它是人类活动的一种内心状态。
> ——[美]贝雷尔森

4. 我的工作士气受到下面因素的极大干扰:
   A. ____前途不可预知;
   B. ____工作成绩相同, 但其他人得到了承认, 我却没有;
   C. ____我的同事对我不友好或怀有敌意;
   D. ____我感到压抑, 无法发展自己;
   E. ____工作环境很差, 没有空调、停车不方便、空间和照明不充足、卫生设施太差。

5. 决定是否接受一项提升时, 我最为关心的是:
   A. ____这是否是一项让人感到自豪的工作, 并受人羡慕和尊敬;
   B. ____接受这项工作对我来说是否是场赌博, 我是失去的可能比我得到的要多;
   C. ____经济上的待遇是否令人满意;
   D. ____我是否喜欢那些我将与之共事的新同事, 并且能够与他们和睦相处;
   E. ____我是否可以开拓新领域并做出更有创造性的工作。

6. 能发挥我最大潜力的工作是这样的:
   A. ____员工之间有种亲情关系, 大家相处得很愉快;
   B. ____工作条件 (包括设备、原材料以及基础设施) 安全可靠;
   C. ____管理层善解人意, 我的工作也很有保障, 不太可能被解聘;
   D. ____我可以从个人价值被承认中感受到工作的回报;
   E. ____对我所做的成绩能得到承认。

7. 如果我目前职位出现下面情况, 我将考虑另换工作:
   A. ____不能提供安全保障和福利待遇;
   B. ____不能提供学习和发展的机会;
   C. ____我所做出的成绩得不到承认;
   D. ____无法提供亲密的人际交往;
   E. ____不能提供充分的经济报酬。

8. 令我感到压力最大的工作环境是:
   A. ____与同事之间有严重的分歧;
   B. ____工作环境很不安全;
   C. ____上司喜怒无常、捉摸不定;
   D. ____不能充分展示自己;
   E. ____没有人认可我的工作质量。

9. 我将接受一项新工作, 如果:
   A. ____这项工作是对我潜力的考验;
   B. ____这项工作能提供更丰厚的工资和良好的环境;
   C. ____工作有安全保障, 且能长期提供多种福利待遇;
   D. ____新工作被其他人尊重;

> **团队激励口号**
> 1. 永不言退, 我们是最好的团队!
> 2. 成功绝不容易, 还要加倍努力!
> 3. 因为自信, 所以成功!
> 4. 相信自己, 相信伙伴!
> 5. 一鼓作气, 挑战佳绩!
> 6. 因为有缘我们相聚, 成功靠大家努力!
> 7. 今天付出, 明天收获, 全力以赴, 事业辉煌!
> 8. 目标明确, 坚定不移, 天道酬勤, 永续经营!

E. ＿＿＿可能与同事建立良好的人际关系。

10. 我将加班工作，如果：

A. ＿＿＿工作具有挑战性；

B. ＿＿＿我需要额外收入；

C. ＿＿＿我的同事们也加班加点；

D. ＿＿＿只有这样做才能保住我的工作；

E. ＿＿＿公司能承认我的贡献。

（二）评估标准及结果分析

把你对每个问题的 A、B、C、D 和 E 选择的相应分数填入下面评分表的对应项中。注意，评分表中的字母并不总是按字母顺序排列的。然后合计每一列的分数得到每种动机水平的总分。

问题 1	A	C	B	E	D
问题 2	A	B	D	C	E
问题 3	B	C	E	D	A
问题 4	E	A	C	B	D
问题 5	C	B	D	A	E
问题 6	B	C	A	E	D
问题 7	E	A	D	C	B
问题 8	B	C	A	E	D
问题 9	B	C	E	D	A
问题 10	B	D	C	E	A
总分					
动机水平	Ⅰ生理需求	Ⅱ安全需求	Ⅲ社会需求	Ⅳ尊重需求	Ⅴ自我实现需求

那些得分最高的需求是你在你的工作中识别出的最重要的需求。得分最低的需求表明已经得到较好的满足或此时你不再强调它的重要性。

第二节　激励原则

职场在线

命名激励

　　一家钢铁公司建立了一种新型的激励机制，对一线有建树的员工实行了"命名"奖。所谓"命名"奖，就是对技术娴熟、掌握先进设备的操作并推出更科学的操作法，便以其姓名作为操作法的名字。例如刘某某发明的一种高效的"卷控法"，被命名为"刘氏卷控法"；朱某某发明了一种新的"空分法"，就叫"朱氏空分法"等。由于"奖"得其所，"奖"得到位，极大地调动了广大员工的积极性，在先进设备前呈现出一种"人人参与，个个献策"的攻关氛围。据悉，该公司4年中，已有25种类似的操作法被广泛运用，每年可直接创利2000多万元。

　　同样，在施乐公司有一个老式的船长钟，这个钟被装在公司接待处与业务代表的办公区之间。只要某位业务代表签下一份订单，他就可以用力地、大声敲响那个钟。这使得每个谈成生意的业务代表都能立即获得认同与感谢。同时，也对那些没有机会敲钟的业务代表施加压力，他们虽然会强装笑脸地从桌子后面抬起头来，对谈成生意的代表表示祝贺，但他们会在心里告诉自己："我也可以做到，所以我要赶快想办法。"

　　IBM公司，最好的、最有力的、最成功的奖励方案之一是销售人员的月奖励——获奖者被授予一个证书和一个展示在他们写字台上的价值两美元的橡皮鸭模型。另一个成功的方案则是，获奖者得到的奖励是一次与CEO共进午餐的机会，在吃饭时，CEO将请获奖者谈谈他们的工作。

　　荣誉是工作热情的推进剂。给予团队成员适当的荣誉，能满足他们对成就感的渴望，使他们不断感受到自己工作的意义，从而最终对他们形成有效激励。榜样的力量也是无穷的，给优秀的成员以荣誉，能够为整个团队树立榜样，从而给其他团队成员以鼓舞、教育和鞭策，激发他们的仿效热情和学习愿望。

一、能力目标 Competency Goal

在了解了激励的含义、过程和原理之后，是否就能对团队或团队成员进行激励行为呢？不是的，在激励过程中，还有很多问题需要注意，我们把这些问题归结为激励的原则，在进行激励时一定要注意这些原则，并遵循它们。

通过本节的学习，你将能够：

1. 了解激励的一般原则。
2. 了解对团队成员的激励。
3. 了解对团队领导的激励。

（一）激励的一般原则

1. 公正合理，一视同仁

团队成员工作的动机和积极性，既会受他所得的绝对报酬的影响，而且还会受到相对报酬的影响。当个体把他的报酬与贡献的比率同他人的比率作比较时，如果比较相等，则认为公平合理并感到满意，从而心情舒畅，努力工作；否则就会感到不公正、不合理，从而影响工作情绪。

公正合理的原则要求领导必须对下属的贡献给予一视同仁的确认。如有不恰当之处，就会使下属有不公正的感觉。团队成员在评价自己所得报酬是否公正合理时所用的标准在一般情况下是以同事、同行、亲友、邻居等作为参照系，也可用自己做过的工作或担任过的角色作为参考依据。

小知识

热炉效应

Hot Stove Rule 是指组织中的任何人触犯规章制度都要受到惩处。它是由于触摸热炉与实行惩罚之间有许多相似之处而得名。"热炉"形象地阐述了惩处原则：一、热炉火红，不用手去摸也知道炉子是热的，是会灼伤人的——警告性原则。企业领导要经常对下属进行规章制度教育，以警告。二、每当你碰到热炉，肯定会被火灼伤——一致性原则。说和做是一致的，说到就会做到。也就是说，只要触犯规章制度，就一定会受到惩处。三、当你碰到热炉时，立即就被灼伤——即时性原则。惩处必须在错误行为发生后立即进行，绝不能拖泥带水，绝不能有时间差，以更达到及时改正错误行为的目的。四、不管是谁碰到热炉，都会被灼伤——公平性原则。不论是企业领导还是下属，只要触犯企业的规章制度，都要受到惩处。在企业规章制度面前人人平等。

有这样一个小企业的老板，他视员工如兄弟，强调"有福共享，有难同当"，并把这种思路贯穿于企业的管理工作中。当企业的收入高时，他便多发奖金给大家；一旦企业产品销售状况不好，他就少发甚至不发奖金。一段时间后，却发现大家只是愿意"有福共享"，而不愿有难同当。在有难时甚至还有员工离开公司，或将联系到的业务转给别的企业，自己从中拿提成。这位老板有些不解。

2. 适时适度，恰到好处

激励在操作过程中，必须掌握适时适度原则，追求最佳适度，也就是我们常说的"掌握火候"、"恰到好处"、"注意分寸"等。

要把握激励的时机，"雪中送炭"和"雨后送伞"的效果是不一样的。激励越及时，越有利于将人们的激情推向高潮，使其创造力连续有效地发挥出来。

奖励与惩罚不适度都会影响激励的效果，同时增加激励成本。奖励过重会使员工产生骄傲和满足的情绪，失去进一步提高自己的欲望；奖励过轻起不到激励效果，甚至让员工产生不被重视的感觉。惩罚过重会让员工感到不公，失去对公司的认同，甚至产生怠工或破坏的情绪；惩罚过轻会让员工轻视错误的严重性，可能还会犯同样的错误。

3. 按需激励，量身定制

激励的出发点是满足成员的需要，但团队成员的需要也存在各种各样的差异。即便是同一位员工，在不同的时间或环境下，也会有不同的需求。由于激励取决于内因，是员工的主观感受，所以，激励要因人而异。在制定和实施激励政策时，领导者必须深入地进行调查研究，不断了解员工需要层次和需要结构的变化趋势，量身定制并有针对性地采取激励措施，才能收到实效。

> 有奖励就有惩罚，这样可以有效地规避和阻断负面行为。同时正面激励要保持间断性，时间与数量要变化，形式多样，防止出现效力的递减（以免变成保健因素），而负激励要坚持连续性和及时惩罚，以消除员工的侥幸心理。

▶ 小故事

松下幸之助在一家餐厅招待客人，一行六个人都点了牛排。吃完后，松下让助理去请烹调牛排的主厨过来，他还特别强调："不要找经理，找主厨。"助理注意到，松下的牛排只吃了一半，心想一会的场面可能会很尴尬。

知道请客人来头很大，主厨非常紧张地问："是不是牛排有什么问题？""烹调牛排，对你已不成问题，"松下说，"但是我只能吃一半。原因不在于厨艺，牛排真的很好吃，你是位非常出色的厨师，但我已80岁了，胃口大不如前。"大家非常困惑，过了好一会才明白怎么一回事。"我想当面和你谈，是因为我担心，当你看到只吃了一半的牛排被送回厨房时，心里会难过。"

客人听见松下如此说，更佩服松下的人格并更喜欢与他做生意了。

时刻真情关怀部属感受的领导，将完全捕获部属的心，并让部属心甘情愿为他赴汤蹈火！对别人表示关心和善意，比任何礼物都能产生更多的效果。

4. 持续激励，动力永续

管理需要不断完善，人才需要持续激励。只有持续的激励才能持续地调动员工的积极性与创造性，使企业充满活力与激情。

从员工层面，随着员工素质、员工水平的不断提高，员工的需求不断提高，随之配套的激励水准也需相应提高。比如，当新分配的应届毕业生最初的激励也许是温饱问题，有份不错的工作即能发挥员工的积极性。但当工作稳定后，员工需要的是培训、提高和发展。从企业层面，持续激励的重点将向重点部门、骨干员工倾斜。

诚然，高工资、高待遇是较为有效的激励方式之一。但如果使用不当，或配套措施不力，往往会成为一种"短效"的激励方式。对企业来讲，提高工资不仅增大企业人工成本，同时，高工资又可能助长部分员工"小富即安"的心理，成为企业助长惰性，扼杀创新的温床。因此，只有持续地开发员工的新需求，实施持续激励的手段，才能使员工的工作激情鲜活长新，使企业充满活力。

5. 正负激励，相辅相成

所谓正激励，就是对员工符合公司目标的期望行为进行奖励，以使这种行为更多地出现，提高员工的积极性。所谓负激励，就是对员工违背公司目标的非期望行为进行惩罚，以使这种行为不再发生，使员工积极性朝正确的目标方向转移。正负激励都是必要而有效的，但是，长期使用正激励，对员工的心理影响会逐步淡化，特别是对于高薪白领阶层。而负激励的心理影响因为是巨大的，所以其产生的正面效应远远大于负面效应。因此，实际运用中遵循正负激励，相辅相成的原则，才能最大限度地发掘员工潜力，并引导员工将自身潜力转化为生产力。

> **有效激励的要求**
> 1. 激励员工从结果均等转移到机会均等，并努力创造公平竞争环境。
> 2. 激励要把握最佳时机。
> 3. 激励要有足够力度。
> 4. 激励要公平准确、奖罚分明
> 5. 物质奖励与精神奖励相结合，奖励与惩罚相结合。
> 6. 推行职工持股计划。
> 7. 构造员工分配格局的合理落差。

（二）对团队成员的激励

在对团队成员进行激励时，要把工作绩效以及对团队的其他贡献与团队成员的报酬收入紧密结合起来，采用以绩效为中心的激励。

根据团队成员的不同特点进行有针对性的激励：

类型	表现	激励原则
善于听命执行的守成者	负责任、守纪律，但不愿冒险	要定期表扬，侧重于有形奖励
喜欢迎接挑战的叛逆者	喜欢行动，不重理论，追求自由	交给他们新任务，让他们去学习组建新团队
有远见卓识的策略者	善于思考和分析复杂问题，不仅看眼前，也重视未来	对他更多授权或实行弹性工作时间
追求人际和谐的尊重者	重视人际关系的和谐，追求公平	表扬他们对同事的友情与工作中的合作精神

小故事

有个叫阿巴格的人，生活在内蒙古草原上。有一次，年少的阿巴格和他爸爸迷了路，阿巴格又累又怕，到最后快走不动了。爸爸就从兜里掏出5枚金币，把1枚埋在草堆里，把其余的4枚金币放在阿巴格的手里，说："人生有五枚金币，童年、少年、青年、中年、老年，你现在才用了1枚——就是埋在草里的一枚，你不能把5枚都扔在草原里，你要一点一点地用，每一次都拿出不同的来，这样才不枉人生一世。今天我们一定要走出草原，你将来也一定要多走些地方，多看看，不要让你的金币没有用处就扔掉了。"

在父亲的鼓励下，那天阿巴格走出了草原。长大后，阿巴格离开了家乡，成了一名杰出的船长。

（三）对团队领导的激励

高素质的领导是团队成功不可或缺的条件，要建立和完善团队激励，更应该对团队领导实施有效的激励。

1. 引入竞争机制

团队领导是团队的经营决策者，是联系团队成员的桥梁，是下情上达和上情下达的重要沟通渠道。建立开放、流动的用人机制，实行领导岗位竞争上岗，有利于选拔优秀人才和保证团队经营管理决策的顺利实施。

2. 适度授权

授权可以增强各层次领导的工作责任感和积极性，既能够满足领导的权利需要，也可以使领导真正有效地从事工作。但要注意授权适度，有效监督，防止滥用职权。

3. 运用薪酬激励

确定合理的薪酬水平，将领导的个人报酬与预期工作业绩直接挂钩，有利于激励的实现。

4. 强调精神激励

高层次领导往往有着更高层次的需要，他们往往追求自我价值的实现，在工作中，突出他们的经营思想、创新精神，承认他们的工作努力和绩效，往往比物质奖励更具有威力。

> 公司的员工就像你的种子一样，你给他们的鼓励就像灌溉和浇水，他们会不断地成长，你在花园中，公司里的花园会长杂草，将他们拔掉，将绩效不好的员工赶出去，你的工作不是吓别人，而是帮助员工不断地发展，就像美丽的植物和花朵一样，能够长得非常漂亮。
>
> ——[美]杰克·韦尔奇

二、案例分析 Case Study

案例一：危机时的激励

1933 年，正当经济危机在美国蔓延的时候，加利福尼亚的一家纺织公司，因一场大火化为灰烬。3000 名员工悲观地回到家中，等待董事长宣布公司破产和失业风暴的来临。

在无望而漫长的等待中，他们终于接到了董事长办公室的一封信。信中说公司向全体员工继续支付薪水一个月。员工们欣喜万分，纷纷打电话给董事长亚伦·波斯表示感谢。

一个月后，正当他们为下个月的生活发愁时，他们又接到了董事长办公室发来的第二封信。信中再次说还要支付全体员工薪酬一个月。3000 名员工接到信后，不再是意外和惊喜，而是热泪盈眶。

第二天，他们纷纷涌向公司，自发地清理废墟，擦洗机器，还有人主动去南方联系被中断的货源……

三个月后，这家纺织公司重新运转起来。

后来，这家公司已经成为美国最大的纺织品公司，它的分公司遍布五大洲 60 多个国家。

雪中送炭胜过锦上添花，对困境中的团队成员进行及时的帮助，更能激发他们的奉献精神，增强他们对团队的向心力和凝聚力。激励团队成员应适时进行，要抓住合适的时机，同时还要选用最恰当的策略。

案例二：激励要按需进行

公司某项目经理参加管理学培训后，应用了如下激励手段：首先是放权，让员工有充分的决策权，赋与其更多的工作和责任，同时改变以往批评责备的管理方式，采用赞扬和赏识的方式来沟通。一段时间后，员工积极性不仅没有提高，不满反而增加了。员工一致认为，经理是通过花言巧语欺骗他们工作，他们希望的是与责任对等的薪酬水平。另外，由于经理只表扬，一些犯错的员工没有得到惩罚，引起群起效仿，经理的威信和管理效力也开始降低。

以上案例中经理的出发点是想采用激励来鼓励员工，但结果却事与愿违。其症结首先是对该群体选错了激励方式。根据马斯洛的层次需要论，人的追求分为五个等级，依次是生存需要、安全需要、社交和归属需要、尊重需要及自我价值需要。只有当低一级的需要满足时，高一级别的需要才表现出来。项目部员工正是为生计奔波时期，对生存和安全的要求最为迫切。然而经理的激励措施只让员工工作内容和责任增加了，收入却没有提高，劳动与报酬不对等，自然产生不满。其次，经理一直发表鼓励的、表扬的言论，当看到一些犯错员工没有受到惩罚时，其他员工心理出现不平衡，认为经理软弱缺乏原则。

该案例说明：激励首先应该按需激励，对于中高层管理人员来讲，当物质激励的刺激不起作用时，精神激励往往更有效。其次，应坚持双向激励，激励不是一味的鼓励和表扬，必须奖罚分明，维护公正合理的形象。

案例三：霍夫曼的沟通激励

霍夫曼先生是某跨国公司亚洲地区的营销总监，他率领着一个工作效率极高的营销团队。在某个周一的早晨，霍夫曼先生 8:30 上班后做了以下的事：

8:32：与职员弗朗多并肩立于窗前，观赏楼下停车场上弗朗多新购买的跑车；

8:34：与勒让德主任谈足球；

8:36：倾听了菲丝秘书谈她姐姐的婚礼；

8:39：与阿夏尔主任闲聊几句，顺便浏览了阿夏尔主任的一份项目报告摘要；

8:45：邀约了6位公司成员，走进丽丝女士办公室。用5分钟时间为丽丝女士在新加坡市场的营销成功举行简短的、小范围的庆祝仪式；

8:57：继续与贝特雷特先生谈关于调动工作的问题，就此而言，这已是霍夫曼先生第六次与贝特雷特先生谈这一问题了；

9:10：帮助安妮小姐整理一份向集团公司董事会提交的公共关系汇报的纲要；

9:18：向杰克提出更新网页的两点想法；

之后，至9:30，霍夫曼在会议室正式举行工作会议，全体参会人员均表现得信心十足，摩拳擦掌。

霍夫曼先生所领导的，确实是一个朝气勃勃的优秀团队。

在这个周一的早晨，8:30上班，霍夫曼先生却在9:30才正式召开工作会议。宝贵的周一上午整整一个小时的时间，看起来好像是白白浪费了，其实不然。

其实，在这一个小时里，霍夫曼先生所做的某些事，例如浏览项目报告摘要、听取发言提纲、整理汇报纲要等，原本就属于工作内容。值得注意的是，霍夫曼先生在做这些事时，采用的是"顺便"、"帮助"等方式。也就是说在9:30正式召开工作会议之前的这一个小时内，霍夫曼先生刻意地把"工作"放在"次要"的位置，强调的是员工自身的"优先权"。

他观赏员工新买的跑车，与员工谈论足球，倾听秘书谈论其姐姐的婚礼，还为取得良好业绩的员工举行庆祝仪式，看起来也都是些"琐事"，但对团队来说却至关重要，因为这就是激励，是一种非常重要的情感激励、沟通激励。

在周一的早晨，在一周中最初的一段工作时间里，聪明的管理者都注重与员工进行沟通。他们把一段宝贵的时间花费在员工身上，其真正的目的并非是要与员工交流什么有价值的信息，而是要了解员工的生活和工作状况。员工们想要的，往往不单纯是金钱方面的激励。身为团队管理者，不要忽略了这些"琐事"。有时，把一件小事做得最好，可以"四两拨千斤"，甚至可以产生撼人心魄的震撼，激励团队。

> **应奖励和不应奖励的 10 种行为（二）**
>
> 5．奖励多动脑筋而不是一味苦干。
>
> 6．奖励使事情简化而不是使事情不必要地复杂化。
>
> 7．奖励沉默而有效率的人而不是喋喋不休者。
>
> 8．奖励有质量的工作而不是匆忙草率的工作。
>
> 9．奖励忠诚者而不是跳槽者。
>
> 10．奖励团结合作而不是互相对抗。

三、过程训练 Process Training

活动：小组讨论

本活动通过讲故事的形式，让学员理解培训课程中"激励"的重要性。这个故事采取生动的比喻，将管理学中的"激励"向学员娓娓道来，并对他们的行为有所启发，可以指导他们的学习和工作。同时，当学员的学习积极性和接受力下降时，也可以通过讲这种小故事来缓解压力。

（一）活动过程

1. 让学员坐好，尽量采用让学员舒服和放松的姿势。

2. 培训师给学员讲述如下故事：

有一对夫妇在乡间迷了路，他们发现一位老农夫，于是停下来问："先生，你能否告诉我们，这条路通往何处呢？"老农夫不假思索地说："孩子，如果你照正确的方向前进的话，这条路将通往世界上你想要去的任何地方。"

3. 讲完故事后，让学员们就此故事展开讨论，让他们讲讲听完这个故事后得到什么启发。

> 有效奖惩体系的一个核心特征便是能帮助你实现目标。

（二）问题与讨论

1. 你觉得这个故事怎么样？

2. 从这个故事中，你得到什么启发？

3. 你对"激励"有什么新的认识？

（三）总结

1. 这是一个很有意思也很有寓意的故事。这个故事告诉我们，你可能已经在正确的道路上，如果站着不动，你就好像迷路了。与"生在福中不知福"的道理一样，很多人都不珍惜自身所拥有的，而叹息自己怀才不遇，其实我们只要认真把自己的本职工作做好，或是比别人要求我们做得更多一点，将会发现世界在我们面前豁然开朗。

2. 引导学员了解这一层意思后，可以鼓励他们多想一些激励的方法。这个环节本身就是一个激发学员潜能的例子。让学员们自己想一些激励法也可以帮助加深记忆，以便将这种理念带到工作中去。

四、效果评估 Performance Evaluation

评估：激励能力

（一）情景描述

激励是团队领导者的必修课，有效激励可以将员工的潜能变成生产力和竞争力。你是否是一个懂得激励的团队领导？下面一共有 20 道题，请你按照你的想法选出一个唯一选项。每道题的选项都是：完全不同意、有点不同意、有点同意和完全同意，分别计 0、1、2、3 分，计算总分并对照结果分析。

情景描述	得分
1. 团队成员的工作做得非常好，其工资应该立即增加。	
2. 好的工作描述很有价值，它使团队成员知道该做什么工作。	
3. 团队应记住：他们是否继续工作下去，要看公司能否进行有效的竞争。	
4. 管理人员应关心团队成员的工作条件。	
5. 管理人员应在团队成员中尽力营造友好的气氛。	
6. 工作绩效高于标准的团队成员，应予表扬。	
7. 在管理上对人漠不关心，会伤害人的感情。	
8. 要使团队成员感到，他们的技能和力量都在工作中发挥出来了。	
9. 退休金与补贴的合理发放和团队成员子女的工作安排是使成员安心工作的重要因素。	
10. 几乎可以使每种工作都具有激发性和挑战性。	
11. 许多团队成员都想在工作中干得非常出色。	
12. 领导者在业余时间安排社会活动，这表明对团队成员的关心。	
13. 一个人对工作感到自豪，就是一种重要的报酬。	
14. 团队成员希望在工作上被称为"佼佼者"。	
15. 非正式群体中的良好关系是十分重要的。	
16. 个人奖励会改进团队成员的工作绩效。	
17. 团队成员要能和高层管理人员接触。	
18. 团队成员一般喜欢自己安排工作，自主决定，不需要太多监督。	
19. 团队成员的工作要有保障。	
20. 团队成员要有良好的设备进行工作。	
总分	

（二）评估标准及结果分析

41~60 分：表明你十分了解激励对于管理的重要性，且运用很好；

21~40 分：表明你知道激励对于管理的重要性，但是做得还很不够；

0~20 分：表明你不知道如何激励团队成员，这是十分危险的事情，那你就要想想怎样改进这方面的能力。

第三节　激励方法

职场在线

索尼公司的内部招聘制度

有一天晚上，索尼董事长盛田昭夫按照惯例走进职工餐厅与职工一起就餐、聊天。他多年来一直保持着这个习惯，以培养员工的合作意识和与他们的良好关系。这一天，盛田昭夫忽然发现一位年轻职工郁郁寡欢，满腹心事，闷头吃饭，谁也不理。于是，盛田昭夫就主动坐在这名员工对面，与他攀谈。几杯酒下肚之后，这个员工终于开口了："我毕业于东京大学，有一份待遇十分优厚的工作。但是，进入索尼之前，对索尼公司崇拜得发狂。当时，我认为我进入索尼，是我一生的最佳选择。但是，现在才发现，我不是在为索尼工作，而是为课长干活。坦率地说，我这位课长是个无能之辈，更可悲的是，我所有的行动与建议都得课长批准。我自己的一些小发明与改进，课长不仅不支持，不解释，还挖苦我赖蛤蟆想吃天鹅肉，有野心。对我来说，这名课长就是索尼。我十分泄气，心灰意冷。这就是索尼？这就是我的索尼？我居然要放弃了那份优厚的工作来到这种地方！"这番话令盛田昭夫十分震惊，他想，类似的问题在公司内部员工中恐怕不少，管理者应该关心他们的苦恼，了解他们的处境，不能堵塞他们的上进之路，于是产生了改革人事管理制度的想法。之后，索尼公司开始每周出版一次内部小报，刊登公司各部门的"求人广告"，员工可以自由而秘密地前去应聘，他们的上司无权阻止。另外，索尼原则上每隔两年就让员工调换一次工作，特别是对于那些精力旺盛，干劲十足的人才，不是让他们被动地等待工作，而是主动地给他们施展才能的机会。在索尼公司实行内部招聘制度以后，有能力的人才大多能找到自己较中意的岗位，而且人力资源部门可以发现那些"流出"人才的上司所存在的问题。

给予团队内部成员更多的晋升机会是激励团队成员的最有效方法之一，这需要建立一个良好的制度与规划。首先，可以通过一定的方式将空缺职位信息传达给团队内的所有成员。其次，建立人事记录。可以发现那些具有发展潜力的人才。

> 一个没有受激励的人，仅仅能发挥他的能力的20%~30%，而一旦受到激励，他的能力可以发挥到80%~90%，相当于激励前的3~4倍，可见激励所起的重大效应。
>
> ——[美]威廉·詹姆斯

一、能力目标 Competency Goal

激励不仅要遵循一定的原则，还要讲究方法，灵活运用，才能收到预期的效果。对于激励的方法，通常可以分为环境激励、能力激励、目标激励和成就激励。这些激励方法需要在实施过程中灵活应用，也可以多种方法互相配合。

通过本节的学习，你将能够：
了解环境激励、能力激励、目标激励和成就激励的一般方法。

（一）环境激励

环境激励包括软件环境、硬件环境和物质等方面的激励。

1. 软件环境激励

积极健康的团队文化、良好的规章制度、和谐的人际关系等都可以对员工产生激励。这些软件环境可以改善员工的精神状态，建立良好的上下级关系，激发员工的活力与热情，从而熏陶出更多的具有自豪感和荣誉感的优秀员工，为员工的公平、尊重、信任等重要需求的满足提供保障。

2. 硬件环境激励

团队工作的客观环境，如基础设施设备、办公环境、环境卫生等都可以影响团队成员的工作情绪。

3. 物质环境激励

物质激励的内容包括工资、奖金、股权和各种公共福利。它是一种最基本的激励手段，因为获得更多的物质利益是普通成员的共同愿望，它决定着成员基本需要的满足情况。

小案例

德国企业里的工厂委员会

在德国企业里，参与管理主要通过工厂委员会的协商、董事会的共同决策、监事会的制衡及其他一些方式实现。工厂委员会由不包括管理阶层的所有员工选举代表组成，委员会定期与雇主举行联合会议。法律规定雇主有义务向工厂委员会提供各种信息和有关文件，尤其是涉及财务生产、工作流程的改变等方面。员工超过100人的企业，工厂委员会必须委任一个财务委员会，定期与管理层会面，了解公司的财务状况；1000人以上的企业，每季度雇主还必须书面报告企业各方面的情况。委员会几乎可以对企业中所有重大的决策与举措表达看法。在工作时间、工资福利等方面，委员会还具有共同决策权，特别是当发现劳动条件的改变损害了员工的人性化需要时，可以要求雇主予以改变或赔偿。

团队十种不同类型人的激励方式（一）

1. 分析型的人：他们需要一个在某领域有特长的领导，并相信他会使整个团队受益。他们更希望得到与贡献相当的回报。不要认为你奖励整个团队，他们会高兴。

2. "架构型"的人：他们认为他们帮助了公司的进步。他们希望有一个做事有条不紊，有能力的领导。希望得到及时的肯定，一封鼓励的邮件是和他们交流的方式。

3. 维护和平者：他们希望每个人都朝同一方向前进。从不求回报和认知。所以由你决定回报什么。

（二）能力激励

为了让自己将来生存得更好，每个人都有发展自己能力的需求。我们可以通过培训激励、授权激励、目标激励和竞争激励满足员工这方面的需求。

方法	具体内容
培训激励	培训激励对青年人尤为有效，可以提高成员实现目标的能力，为承担更大的责任、更富挑战性的工作及提升到更重要的岗位创造条件。在许多著名的团队里，培训已经成为一种正式的奖励。
授权激励	重任在肩的人更有积极性。有效授权是一项重要的管理技巧。通过授权，管理者可以提升自己及下属的工作能力，更可以极大地激发起下属的积极性和主人翁精神。
竞争激励	竞争是增强组织活力的无形按钮。良性的竞争机制，是一种积极的、健康的、向上的引导和激励。竞争，能充分调动成员的积极性、主动性、创造性和争先创优意识，全面地提高团队活力。

（三）目标激励

目标激励是指设立合适的目标来激发人的动机和行为，达到调动人的积极性的目的。在团队管理中，目标激励要求以明确的组织目标为依据，对其进行纵向和横向的层层分解，形成各部门甚至每一位成员的具体目标。

目标激励要注意以下几点：第一，员工个人目标的设置，应结合其工作岗位的特点，充分考虑员工个人的特长、爱好和发展，将个人目标与组织目标相结合，使组织目标包含较多的个人目标，使个人目标的实现离不开为实现组织目标所做的努力。第二，要培育团队的共同目标，去超越个人目标。第三，目标的设立必须以SMART原则进行衡量。（参见第五章第一节"团队目标"）。

无论是组织目标还是个人目标，一经确定，就应大张旗鼓地进行宣传，让全体员工深刻认识到自己工作的意义和前途，激发员工强烈的事业心和使命感，使员工在工作过程中达到自我激励、相互激励。

▶ 小故事

一百多年前的一天，一位牧羊人带着两个儿子赶着羊来到一个山坡上，一群大雁鸣叫着从他们头顶飞过，很快消失在远方。小儿子问："大雁要往哪里飞？"牧羊人说："它们要去温暖的地方，在那里安家，度过寒冷的冬天。"大儿子眨着眼睛羡慕地说："要是我也能像大雁那样飞起来就好了。"小儿子也说："要是能做一只会飞的大雁该多好啊！"

牧羊人沉默了一会儿，对他们说："只要你们想，你们也能飞起来。"

两个儿子试了试，都没飞起来，用怀疑的眼神看着父亲，牧羊人说："我飞给你们看。"于是他张开双臂，但也没飞起来。可是，牧羊人肯定地说："我因为年纪大了才飞不起来，你们还小，只要不断努力，将来就一定能飞起来，去想去的地方。"

两个儿子记住了父亲的话，并一直努力着，等他们长大——哥哥 36 岁，弟弟 32 岁时——他们果然飞起来了，因为他们发明了飞机。

他们是著名的莱特兄弟。

（四）成就激励

成就激励不是来源于员工成就需要已经满足了多少，而是来源于人们对满足自己成就需要的期望。根据作用不同，我们可以把成就激励分为榜样激励、荣誉激励、绩效激励、目标激励和理想激励等方面。

方法	具体内容
榜样激励	团队中的每位成员都有学习性。团队可以将优秀的成员树立成榜样，让其他成员向他们学习。虽然这个办法有些陈旧，但实用性很强。就像一个坏成员可以让大家学坏一样，一位优秀的榜样也可以改善团队的工作风气。
荣誉激励	为工作成绩突出的成员颁发荣誉称号，代表着团队对这些成员工作的认可。让成员知道自己是出类拔萃的，更能激发他们工作的热情。
惩戒激励	相对于荣誉激励而不得不为的反面激励方式。惩戒的作用不仅在于教育成员本人，更重要的是让其他成员引以为戒，通过适度的外在压力使他们产生趋避意识。
绩效激励	在绩效考评工作结束后，让成员知道自己的绩效考评结果，有利于成员清醒地认识自己。如果成员清楚团队对他工作的评价，就会对他产生激励作用。

▶ 小思考

张小姐是一家软件公司的销售主管，能力强，热爱工作，成绩显著。今年 5 月，被派到她喜欢的上海分公司，升任销售经理，薪水也增加了。但是，近期她工作不但没有热情，甚至有辞职的念头。经了解得知：原来，引起张小姐不满的原因来自她的上司。她的上司对张小姐刚到上海工作颇不放心，担心她做不好工作，总是安排一些很简单的工作，并且在张小姐工作时也经常干预。张小姐工作能力较强，习惯独立思考问题、解决问题，对上司的频繁干预，张小姐非常不习惯，并逐渐导致不满。

假如你是张小姐的上司，你怎么做？

二、案例分析 Case Study

案例一：总裁的特殊激励

美国西南部一家大型公用事业公司业绩不振，亟待扭转，公司总裁采用了一种非常特殊的手段。他让公司的中层主管上报哪些是公司最具影响力的人。

"不要管职称和岗位！""哪些人代表了本公司的决心？"他想知道，公司若想把决策贯彻下去，需要得到哪些人的支持？

经过一个星期的深思熟虑，中层主管们上了一份耐人寻味的名单，上面列名的舆论领导者，都是很典型的员工，他们包括了一些工程师、应收账款员、货运卡车司机、秘书、一些中层主管本身、甚至还包括了一名清洁工。

这名总裁随后召集了这 150 名一线主管及所有舆论领袖开了一次会。他交给大家一份议程和计划，说道："这是我们在财务上应有的表现，这是我们要用到核能发电的地区！这是我们生产效率应达到的水平……"展示了所有大目标和挑战，他总结道："我本来打算问中层主管该怎样来干，可是他们告诉我，诸位才是使公司运转的灵魂人物，所以，我邀请各位一起参与。我需要在场的各位协助。我应当有什么样的激励计划和奖励方案，才能使大家齐心协力来做这件事呢？"

这些舆论领袖回到各自的工作岗位后都在猜测："为什么他会问我？""工作还保不保得住？""提了意见后不知会不会被秋后算账？"可是总裁意志坚定，态度诚恳，确实是在征求意见。一些员工经过认真思考后，交回来的答案不仅令人惊奇，而且效果也非常好。

中层主管领导们不禁对这种反馈上来的意见感到震惊。觉得这是他们在数年前就应当做的。经过这次转型后，该公司开始步入正轨，并保持持续增长。

在这个案例中，总裁并没有首先问责，而是先肯定了各岗位员工对于公司发展的重要性，然后采用了开诚布公的沟通方式，同时邀约各层级各岗位的员工，请他们对公司的发展献计献策。员工在得到总裁的亲自邀约时已经感到受宠若惊，当知晓邀约的目的后，更是感到不可思议，最终当他们的建议被认可后，员工由衷地感到被尊重。

案例二：乔布斯的辉煌

乔布斯领导苹果公司创造辉煌的原因，是他卓越的领导能力和独特的激励手段，包括影响和改变世界的事业愿景、善用负激励、拥有现实扭曲力场等。

任何一个伟大的组织都有一个远大的愿景，苹果公司也不例外，乔布斯的梦想就是改变世界。这种改变世界的强烈愿望，是乔布斯强烈的内心呼唤，也正是它能够留住人才、吸引人才、激励人才的感召力之源。

众所周知，乔布斯并不是个和善的人，对待工作不合自己意愿的下属甚至可以用"残暴"、"恶毒"来形容，好的就是天才，不好的就是白痴，对不好的作品可能当众羞辱、毫不留情。无数员工因此而受不了在他手下工作的压力而辞职，他也"当之无愧"地被冠以"地狱老板"的称号。然而无论是作为苹果公司的创始人、临时 CEO 还是

团队十种不同类型人的激励方式（二）

4.喜欢表达的人：当项目被公开讨论，或大家可以参与时，他们感觉更受激励。他们喜欢宏大的、正式的公共认可。

5.重视员工的人：他们必须对领导和项目有信心，想事先知道会得到何种回报，并确信回报的承诺。

6.严厉的驱动者：他们是独立的思考者。大家意见一致会是极大的激励。他们会公布喜欢额外的什么报酬，而且希望立刻得到。

CEO，他以其不可抗拒的号召力，又确实总能找到一群人为他卖命，不顾一切地满足他对产品的需求——这不得不说是一件怪事！当乔布斯希望某位他欣赏的人加入自己的团队时，无论是设计师还是高层领导者，没有一个能成功拒绝他的邀请。他有着不可思议的阅人能力，可以看出他人心理上的优势、弱点以及不安全感。他能在别人毫无防备的情况下，直击对方心灵最深处，让你觉得自己很渺小，自己在畏缩，而且让你知道他能摧毁你，这些都让你感觉自己变弱了，你渴望得到他的认可，然后他就可以把你推向神坛并彻底拥有你。

这种有意而为的"残暴"，乔布斯并不认为不妥，而认为是"超级诚实"和"有效激励"的表现。这种"残暴"有什么效果呢？那些没有被摧毁的人都变得更为强大，甚至在"残暴的刺激"下，他们能更好地完成任务，他们的工作都超出了自己的预想，既是出于畏惧，又是渴望取悦乔布斯，也是意识到自己身上背负着这样的期待。在这种环境下，大多数人完成了不可能完成的任务，团队协作开发出了iMac、iMad、iPhone、iPad等多个划时代的产品。大多数人心力交瘁，感情深受伤害，但事后却觉得，那些痛苦都是值得的，能够和乔布斯并肩作战，就是世界上最幸运的人。乔布斯领导的团队成员及合作伙伴多是业界一流人才。多年来，无论是私人生活还是职业生涯，在乔布斯的核心圈子里集中的都是真正的强者，而不是谄媚者。

乔布斯"不择手段"的目的就是完成使命。虽然在实现目标的过程中，管理者要充分考虑员工的各种需要，包括物质、情感及成长等，使得人本管理的成分越来越浓，但这种对员工本身的关注，最终还是为了充分调动其积极性、挖掘出更多的潜力，把组织的工作完成得更出色。

乔布斯的团队以及其成员，有着特殊的目标，即创造和改变世界。乔布斯运用了独特的激励出色地实现了组织目标，这一特殊激励手段总结经验是——对高度成熟的员工，具有远大理想的员工以及需要具有坚强毅力的团队，最有效的领导方式和激励手段就是不择手段的"目标导向"。因为这样的团队和员工需要的不是慰藉心灵的虚荣和同情，事业的持续成功和能力的不断提升才是对他们最大的激励。

案例三：猎人与猎狗

一个猎人，带着一只猎狗打猎。猎人的目标是想办法激励猎狗，以抓到尽量多的兔子。

猎狗将兔子赶出了窝，一直追赶它，追了很久仍没有捉到。猎人发现猎狗在追赶兔子时并没有尽全力，因为猎狗知道，它是唯一的，无论是否追得上，它都有饭吃。

猎人的解决办法：又买来几条猎狗，并规定凡是能够在打猎中捉到兔子的，就可以得到几根骨头，捉不到的就没有饭吃。

大兔子非常难捉到，小兔子好捉。猎狗们善于观察，发现了这个窍门，专门去捉小兔子，导致猎人收入下降。

猎人经过思考后，决定不将分得骨头的数量与是否捉到兔子挂钩，而是采用每过一段时间，就统计一次猎狗捉到兔子的总重量，按照重量来评价猎狗，决定一段时间内的待遇。

猎狗们捉兔子的数量又少了，而且越有经验的猎狗，捉兔子的数量下降的就越利害。

"我们把最好的时间都奉献给了您，主人，但是我们随着时间的推移会老，当我们捉不到兔子的时候，您还会给我们骨头吃吗？"

猎人做了论功行赏的决定。分析与汇总了所有猎狗捉到兔子的数量与重量，规定如果捉到的兔子超过了一定的数量后，即使捉不到兔子，每顿饭也可以得到一定数量的骨头。

其中有一只猎狗说："我们这么努力，只得到几根骨头，而我们捉的猎物远远超过了这几根骨头。我们为什么不能给自己捉兔子呢？"于是，有些猎狗离开了猎人，自己捉兔子去了。——狗才开始流失，并且那些流失的猎狗像野狗一般和自己的猎狗抢兔子。

猎人进行了改革，使得每条猎狗除基本骨头外，还可获得其所猎兔肉总量的n%，而且随着服务时间加长，贡献变大，该比例还可递增，并有权分享猎人总兔肉的m%。

猎狗们与猎人一起努力，将野狗们逼得叫苦连天，纷纷强烈要求重归猎狗队伍。

日子一天一天地过去，冬天到了，兔子越来越少，猎人们的收成也一天不如一天。而那些服务时间长的老猎狗们老得不能捉到兔子，但仍然在无忧无虑地享受着那些他们自以为是应得的大份食物。终于有一天猎人再也不能忍受，把他们扫地出门，因为猎人更需要身强力壮的猎狗。

被扫地出门的老猎狗们得了一笔不菲的赔偿金，于是他们成立了Micro Bone公司。他们采用连锁加盟的方式招募野狗，向野狗们传授猎兔的技巧，他们从猎得的兔子中抽取一部分作为管理费。当赔偿金几乎全部用于广告后，他们终于有了足够多的野狗加盟。公司开始赢利。

Micro Bone公司许诺给加盟的猎狗能得到公司n%的股份。这实在是太有诱惑力了。这些自认为是怀才不遇的野狗们都以为找到了知音：终于做公司的主人了，不用再忍受猎人们呼来唤去的不快，不用再为捉到足够多的兔子而累死累活，也不用眼巴巴地乞求猎人多给两根骨头而扮得楚楚可怜。这一切对这些野狗来说，这比多吃两根骨头更加

美国IBM公司有一个"百分之百俱乐部"，当公司员工完成他的年度任务，他就被批准为该俱乐部会员，他和他的家人被邀请参加隆重的集会。结果，公司的雇员都将获得"百分之百俱乐部"会员资格作为第一目标，以获取那份光荣。

受用。于是野狗们拖家带口地加入了 Micro Bone，一些在猎人门下的年轻猎口也开始蠢蠢欲动，甚至很多自以为聪明实际愚蠢的猎人也想加入。好多同类型的公司像雨后春笋般地成立了，Bone Ease，Bone.com，China Bone……一时间，森林里热闹起来。

面对如此情景，猎人对 Micro bone 公司垂涎欲滴，便与老猎狗们谈判。老猎狗出人意料地顺利答应了猎人，把 Micro Bone 公司卖给了猎人。老猎狗们从此不再经营公司，转而开始写自转《老猎狗的一生》，又写：《如何成为出色的猎狗》、《如何从一只普通猎狗成为一只管理层的猎狗》、《猎狗成功秘诀》、《成功猎狗 500 条》、《穷猎狗，富猎狗》……并且将老猎狗的故事搬上屏幕，取名《猎狗花园》，四只老猎狗成为了家喻户晓的明星，收版权费，没有风险，利润更高。

如何激励对任何一个团队或团队成员来说都是至关重要的，如果你是那个猎人或其中的一条猎狗你又会怎么做呢？

三、过程训练 Process Training

活动：设计激励方案

（一）活动过程
由培训师向学员概述如下案例。

陈明、李东和张君

假如你现在负责一个部门，并有三个下属：陈明、李东和张君。保证这个部门成功发展的关键在于使这些员工尽可能地保持着积极进取的状态。下面是对每一位下属的简要介绍。

陈明是那种令人难以理解的雇员。他的缺勤记录比平均水平要高许多。他非常关心他的家庭（他有一个妻子和三个小孩），而且认为他的家庭应该是他生活的中心，公司能够提供的东西对他的激励非常小。他认为，工作仅仅是为他的家庭的基本需要提供财务支持的一种手段而已，除此之外很少有什么别的意义。总的来说，陈明对本职工作尽职尽责，但所有试图让他多干活儿的尝试都失败了。陈明是一个友好而可爱的人，但对公司而言他仅是个够格的员工。只要他的工作一达到业绩要求的最低标准，他就希望能去"干他自己的事"。

李东在许多方面与陈明正好相反。与陈明一样，他也是一个讨人喜欢的家伙，但与陈明不同，李东对公司的规章制度和报酬制度都积极响应和执行，而且对公司有很高的个人忠诚度。李东的毛病在于他做事的独立性不是特别强。他对那些指派给他的任务完成得非常好，但他的创新精神不足，在自己干活儿时依赖性比较强。他还是一个相

超弹性工作时间

美国一个毕业于斯坦福大学的年轻人，一直想找一个既可以赚大钱又不耽误他白天打高尔夫球的工作。当硅谷一家计算机系统集成公司了解到他真的很有才华和能力以后，决定满足他的要求。于是，此人白天打高尔夫球，晚上工作，而且工作质量和效率很高。该公司和这个年轻人都感到很满意，到现在也没有离开公司。人们将这种工作时间称为"超弹性工作时间"。

当内向的人，在同部门以外的人士打交道时显得信心不足。这在某种程度上会给他的业绩带来一些伤害，因为他不能够在短时间内把自己或本部门推销给别的部门或公司的高层管理机构。

相反，张君是一个非常自信的人。他为金钱而工作，而且会为了更多的钱而更换工作。他的确为公司努力工作，但也期望公司能回报他。在他目前的岗位上，他觉得对一周 60 个小时的工作没有什么不满，如果薪水是这样的话。尽管他也有一个家，并且在供养他的母亲，但如果他已经多次要求，而他的雇主还不给他加薪的话，他会毫不犹豫地辞职而去。他确实是自己的驾驶员。张君的前任直接上司杨力指出，尽管张君确实为公司干得很出色，但他的个性实在太强了，对于他的离去他们还是感到欣慰。张君的前任老板说，张君似乎总在不断地要求。如果不是为了更多的钱，那么就是为了更好的福利待遇，似乎他从来也不会满足。

（二）问题与讨论

1. 如何分别激励陈明、李东和张君？
2. 本案例对如何做好激励有哪些启示？
3. 由各小组设计出针对这三人的激励方案。

四、效果评估 Performance Evaluation

评估：激励管理能力

（一）情景描述

在团队中，团队激励管理能力是指团队成员进行自我激励和采用各种激励方式激励团队成员的能力，这种激励能有效地鼓舞团队全体成员，发挥成员的最大潜能。请通过下列问题对自己的该项能力进行差距测评。

1. 你如何认识团队激励？　　　　　　　　　　　（　）
   A. 需要把团队看成一个整体　　　B. 离不开个体激励
   C. 是个体激励之和

2. 你如何看待绩效标准与由此产生的激励效果的关系？　（　）
   A. 绩效标准决定着激励效果
   B. 绩效标准影响着激励效果
   C. 影响有限

3. 你如何对待团队成员提出的反对意见？　　　　　（　）
   A. 进行奖励　　　　　　　　　B. 进行鼓励
   C. 根据自己的判断决定是否接受

人们往往高估自己处理人际关系的能力。即使你对"人们往往高估自己处理人际关系的能力"的观点表示认可，你依然会觉得这样的事情不会发生在你自己身上。
——[美]弗兰克·拉夫斯托

4. 你一般什么时候会对团队成员进行奖励？　　　　　（　　）

    A. 及时　　　　　　　　　　B. 定期

    C. 在下属有重大贡献时

5. 你如何看待良好福利的作用？　　　　　　　　　（　　）

    A. 能有效激励团队成员　　　　B. 能够稳定团队成员

    C. 能改善团队与成员的关系

6. 你如何才能对团队成员进行有效激励？　　　　　（　　）

    A. 针对需求　　　　　　　　B. 精神与物质相结合

    C. 高物质奖励

7. 你一般如何选择激励方式？　　　　　　　　　　（　　）

    A. 因人而异，因事而异　　　　B. 多种激励方式并用

    C. 总是惯用某种激励方式

8. 作为团队管理者，你如何对团队进行目标激励？　（　　）

    A. 我协助成员设定目标　　　　B. 让成员自己设定目标

    C. 我为团队设定一个目标

9. 你如何认识批评和惩罚对团队成员的影响？　　　（　　）

    A. 是一种激励方式

    B. 确保成员朝正确的方向前进

    C. 可减少不良行为的发生

10. 作为团队管理者，你如何认识自身的行为对成员的影响？

    　　　　　　　　　　　　　　　　　　　　　（　　）

    A. 好的行为是一种示范激励　　B. 以身作则为成员树立榜样

    C. 影响有限

> 企业最有效的激励应当是金钱与非金钱的有机结合，其比例为8:2。

（二）评估标准及结果分析

选 A 得 3 分，选 B 得 2 分，选 C 得 1 分

24 分以上，说明你的团队激励管理能力很强，请继续保持和提升。

15 ~ 24 分，说明你的团队激励管理能力一般，请努力提升。

15 分以下，说明你的团队激励管理能力很差，急需提升。

附录一：

全国职业核心能力认证（CVCC）介绍

（来源：www.cvcc.net.cn）

一、内容

职业核心能力(Key skills)，又称为关键能力，是专业能力之外、广泛需要并且可以让学习者自信和成功地展示自己，并根据具体情况如何选择和应用的、可迁移的基本能力。职业核心能力认证项目是全国职业核心能力认证办公室研发团队在吸收了英国、美国、德国等西方发达国家最新能力教育和培训成果基础上，组织国内人力资源管理学、心理学、语言学和教育测量学等方面的专家开发研制的一项标准化测试。通过培训和测评，就业者可以成功地提升在生活、学习和职业场景中的效率和质量。2010年5月20日，教育部教育管理信息中心正式向全国发文推广职业核心能力认证项目。职业核心能力认证课程包括如下模块：

1.基础核心能力

职业沟通 Vocational Communication；

团队合作 Teamwork；

自我管理 Self-management。

2.拓展核心能力

解决问题 Problem Solving；

创新创业 Innovation and Entrepreneurship；

信息处理 Information and Communication Technology。

3.延伸核心能力

演讲与口才 Speech and Eloquence；

礼仪训练 Etiquette Training；

营销能力 Marketing Capabilitiles；

领导力 Leademhip；

执行力 Executive Ability。

CVCC等级测评由过程测评和笔试两部分组成，总分为500分。其中，过程测评150分，笔试350分，笔试包括专业能力考试和职业能力测评。参加等级测评的考生除参加笔试外，还须在持有《全国职业核心能力认证专业教师证书》的教师和培训师指导下，用两个星期或两个星期以上的时间完成《全国职业核心能力水平等级认证过程测评文件包》。

二、测试对象

高中毕业以上（含高中毕业）文化程度的即将就业和已就业人群。

三、测试用途

全国职业核心能力认证测试致力于为所有希望提高职业核心能力的应试者提供服务，并为学校、企事业单位和政府机关提供最优的人力资源解决方案。其主要用途包括：

1.为求职人员和在职人员了解、发展自身职业核心能力提供依据。

2.为高等院校培养学生综合素质、提升毕业生就业率提供有效的教育培养与综合评价手段。

3.为用人单位在人员招聘、选拔、任免等决策过程中评价相关人员职业核心能力提供参考依据，为用人单位培训与人才测评提供权威而高效的解决方案。

如需了解更多资料，请参阅全国职业核心能力认证网：www.cvcc.net.cn，或发邮件至教育部邮箱 cvcc@moe.edu.cn。您还可以关注全国职业核心能力认证办公室的微信平台：CVCC2006。

附录二：

团队合作水平等级标准

第一部分 初级

（一）标准

基本了解个人与团队的关系、团队合作基础理论、技能与方法，在团队合作过程中具有一定的职业态度，具备一定的团队合作所需的各种基本能力，在团队合作中能胜任一般团队成员角色。

（二）过程测评要求

1．在团队合作实践过程中基本了解团队特点和要素，并基本能够完成团队成员的角色定位；

2．愿意参与营造团队氛围，能够与其他团队成员建立基本团队信任与合作关系，认可团队精神，具有一定的参与团队文化建设的能力与意愿；

3．了解团队沟通的基本原则，具备团队沟通的基本技巧；

4．可以简要分析并基本概括出团队冲突的原因，能够根据不同类型团队冲突选择并运用恰当的处理方式与处理技巧；

5．基本了解团队培育与团队领导力培养的一些基本理论与具体策略、流程与方法；

6．基本了解团队激励与绩效评估的基本理论与具体策略、流程与方法；

7．愿意并能够参与、配合开展团队创新活动。

（三）原理应用笔试要求

1．基本了解职业沟通基础理论、技能与方法；

2．能够就一般主题开展具有一定批判性和建设性的对话，具有与他人进行互动沟通、追求一定沟通效果的职业态度；

3．在完成倾听、说服、理解表达、冲突处理、主题演讲、商务谈判等任务时，具有一定的沟通技巧与综合分析能力。

第二部分 中级

（一）标准

能够理解个人与团队的关系，能够理解团队合作基本理论、技能与方法，在团队合作过程中具有追求良好团队合作效果并建立和谐团队合作关系的基本职业态度，基本具备独立完成各项团队合作任务的能力，在团队合作中能胜任建设性骨干团队成员角色。

（二）过程测评要求

1．在团队合作实践过程中能够理解团队特点和要素，较为准确地完成团队成员的角色定位。

2．积极参与营造团队氛围，能够与其他团队成员建立团队信任与合作关系，认可并努力践行团队精神，具有参与团队文化建设的能力与意愿。

3．理解团队沟通的基本原则，基本具备团队沟通技巧。

4．能够具体分析并较为准确地概括出团队冲突的原因，对不同类型团队冲突能够较为灵活地运用处理方式与处理技巧。

5．理解团队培育与团队领导策略、方法，能够参与团队培育并具有一定的团队领导能力。

6．能够理解并合理运用团队激励与绩效评估方法。

7．能够参与团队创新并胜任一定的创新任务。

（三）原理应用笔试要求

1．基本理解并运用职业沟通的基本理论、技能与方法；

2．能够就较深入的主题开展比较具有批判性和建设性的对话，具有与他人积极互动、追求良好沟通效果的职业态度；

3．基本具备完成倾听、说服、理解表达、冲突处理、主题演讲、商务谈判等任务所需的沟通技巧与综合分析能力。

第三部分　高级

（一）标准

全面理解个人与团队的关系，能够掌握并灵活运用团队合作基本理论、技能与方法，在团队合作过程中具有积极追求最佳团队合作效果并建立和谐团队合作关系的职业态度，具备独立完成团队建设与领导合作、团队精神与团队文化建设、团队沟通激励与创新、团队冲突处理与绩效评估等任务的能力，在团队合作中能胜任团队骨干成员和团队领导的角色。

（二）过程测评要求

1．在团队合作实践过程中能够掌握团队特点和要素，准确完成团队成员或团队领导的角色定位。

2．能够积极引导并参与营造团队氛围，与其他团队成员建立良好的团队信任与合作关系，切实践行团队精神，积极参与团队文化建设。

3．掌握团队沟通的基本原则，具备团队沟通技巧。

4．能够具体分析并准确而全面地概括团队冲突的原因，能够灵活运用各种方式与技巧恰当而有效地处理不同类型的团队冲突。

5．掌握团队培育与团队领导策略、方法，积极参与团队培育并具有较强的团队领导能力。

6．掌握团队激励与绩效评估的理论、流程与方法，并能够在团队合作实践中灵活而合理运用。

7．积极倡导并参与团队创新，胜任团队创新任务。

（三）原理应用笔试要求

1．能够掌握并熟练运用职业沟通的基本理论、技能与方法；

2．能够就复杂主题开展批判性和建设性对话，具有积极追求最佳沟通效果并建立和谐关系的职业态度；

3．具备完成倾听、说服、理解表达、冲突处理、主题演讲、商务谈判等任务所需的沟通技巧与综合分析能力。